DESCUBRE 1A

Lengua y cultura del mundo hispánico

SECOND EDITION

VISTA®
HIGHER LEARNING

Boston, Massachusetts

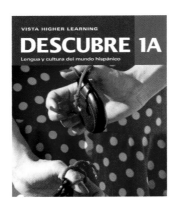

Publisher: José A. Blanco

President: Janet Dracksdorf

Vice President, Editorial Director: Amy Baron

Senior National Language Consultant: Norah Lulich Jones

Executive Editor: Sharla Zwirek

Editorial Development: Diego García, Erica Solari

Project Management: Maria Rosa Alcaraz, Sharon Inglis, Adriana Lavergne, Elvira Ortiz

Technology Editorial: Lauren Krolick, Paola Ríos Schaaf

Design and Production Director: Marta Kimball

Senior Creative Designer, Print & Web/Interactive: Susan Prentiss

Production Manager: Oscar Díez

Design and Production Team: Liliana Bobadilla, María Eugenia Castaño, Michelle Groper, Mauricio Henao, Andrés Vanegas, Nick Ventullo

Printed in Canada.

DESCUBRE Level 1A Student Edition ISBN: 978-1-61857-201-1

Library of Congress Control Number: 2012945952

2 3 4 5 6 7 8 9   TC   17 16 15 14 13

DESCUBRE 1A

Lengua y cultura del mundo hispánico

SECOND EDITION

Table of Contents

	contextos	fotonovela

Lección 1
Hola, ¿qué tal?

Lección 2
En la clase

Lección 3
La familia

Table of Contents

| contextos | fotonovela |

Lección 4
Los pasatiempos

Consulta

cultura	estructura	adelante

OCÉANO ÁRTICO

Mar de Siberia Oriental

Mar de Beaufort

Bahía de Baffin

GROENLANDIA (DINAMARCA)

RUSIA

Alaska (EE.UU.)

Mar de Bering

Bahía de Hudson

CANADÁ

Mar del Labrador

ESTADOS UNIDOS

OCÉANO ATLÁNTICO

Trópico de Cáncer

MÉXICO

Golfo de México

ISLAS BAHAMAS
REPÚBLICA DOMINICANA

CUBA

PUERTO RICO (EE.UU.)

BELICE

HAITÍ

SAN CRISTÓBAL Y NIEVES
ANTIGUA Y BARBUDA

JAMAICA

Islas Hawái (EE.UU.)

SAN VICENTE Y LAS GRANADINAS

GUADALUPE (FRANCIA)
DOMINICA
MARTINICA (FRANCIA)
BARBADOS
SANTA LUCÍA

ISLAS MARSHALL

GUATEMALA
EL SALVADOR
HONDURAS
NICARAGUA
COSTA RICA
PANAMÁ

Mar Caribe

GRANADA

VENEZUELA

TRINIDAD Y TOBAGO
GUAYANA FRANCESA (FRANCIA)

ESTADOS FEDERADOS DE MICRONESIA

KIRIBATI

OCÉANO PACÍFICO

COLOMBIA

GUYANA

NAURU

Islas Galápagos (Ecuador)

ECUADOR

SURINAM

ISLAS SALOMÓN

ISLAS TUVALU

SAMOA OCCIDENTAL

PERÚ

BRASIL

VANUATU

FIYI

SAMOA ORIENTAL (EE.UU.)

BOLIVIA

APIA

PARAGUAY

NUEVA CALEDONIA (FRANCIA)

Trópico de Capricornio

Isla de Pascua (CHILE)

URUGUAY

NUEVA ZELANDA

CHILE ARGENTINA

Islas Malvinas (ARGENTINA)

El mundo

- Países hispanohablantes
- Países con alto número de hispanohablantes

ANTÁRTIDA

180   150O   120O   90O   60O

OCÉANO ÁRTICO

Mar de Kara

Mar de Laptev

Mar de Barents

1. DINAMARCA 10. CROACIA
2. HOLANDA 11. BOSNIA–HERZEGOVINA
3. BÉLGICA 12. SERBIA
4. LUXEMBURGO 13. MONTENEGRO
5. SUIZA 14. ALBANIA
6. REPÚBLICA CHECA 15. MACEDONIA
7. ESLOVAQUIA 16. BULGARIA
8. HUNGRÍA 17. MALTA
9. ESLOVENIA

ISLANDIA

Mar de Noruega

SUECIA

NORUEGA

FINLANDIA

RUSIA

ESTONIA
LETONIA
LITUANIA

REINO UNIDO
IRLANDA
Mar del Norte
1
POLONIA BIELORRUSIA
2 ALEMANIA
3 4
6 7
UCRANIA
MOLDAVIA
KAZAJISTÁN
MONGOLIA
FRANCIA 5 AUSTRIA 8
9 10 RUMANIA
11 12
ITALIA 13
14 15 16
GRECIA
Mar Negro
Mar de Aral
COREA DEL NORTE
Mar de Japón

PORTUGAL ESPAÑA

GEORGIA
ARMENIA
TURQUÍA
UZBEKISTÁN KIRGUISTÁN
TURKMENISTÁN TAYIKISTÁN
CHINA
COREA DEL SUR
JAPÓN

GIBRALTAR (R.U.)
MARRUECOS
TÚNEZ ~17
CHIPRE
LÍBANO
ISRAEL
SIRIA
IRAQ
JORDANIA
AZERBAIYÁN
IRÁN
AFGANISTÁN
Mar Caspio

SAHARA OCCIDENTAL

ARGELIA LIBIA
EGIPTO
KUWAIT
BAHRÉIN QATAR
E.A.U.
ARABIA SAUDITA
OMÁN
PAKISTÁN
NEPAL
BUTÁN
TAIWÁN
OCÉANO PACÍFICO

CABO VERDE
MAURITANIA
MALÍ NÍGER CHAD SUDÁN
ERITREA YEMEN
INDIA
MYANMAR (BIRMANIA)
LAOS
Mar de China Meridional

SENEGAL
GAMBIA
GUINEA-BISSAU
GUINEA
BURKINA FASO
COSTA DE MARFIL
NIGERIA
SUDÁN DEL SUR
ETIOPÍA
YIBUTI
Mar Arábigo
BANGLADESH
TAILANDIA
CAMBOYA
VIETNAM
BRUNÉI
FILIPINAS
GUAM

SIERRA LEONA
LIBERIA GHANA TOGO
BENÍN CAMERÚN
REPÚBLICA CENTROAFRICANA
UGANDA KENIA
SOMALIA
SRI LANKA
Golfo de Bengala
MALASIA

GUINEA ECUATORIAL
GABÓN
RUANDA
BURUNDI
REPÚBLICA DEMOCRÁTICA DEL CONGO
TANZANIA
ISLAS MALDIVAS
SINGAPUR
INDONESIA
PAPÚA Y NUEVA GUINEA

REPÚBLICA DEL CONGO
CABINDA (ANGOLA)
ANGOLA
ZAMBIA
MALAWI
SEYCHELLES
COMORES
TIMOR ORIENTAL

OCÉANO ATLÁNTICO
NAMIBIA
ZIMBABUE
BOTSUANA
MOZAMBIQUE
MADAGASCAR
ISLA MAURICIO
AUSTRALIA

SWAZILANDIA
SUDÁFRICA LESOTO

OCÉANO ÍNDICO

N
O E
S

0 1,000 2,000 millas
0 1,000 2,000 kilómetros

ANTÁRTIDA

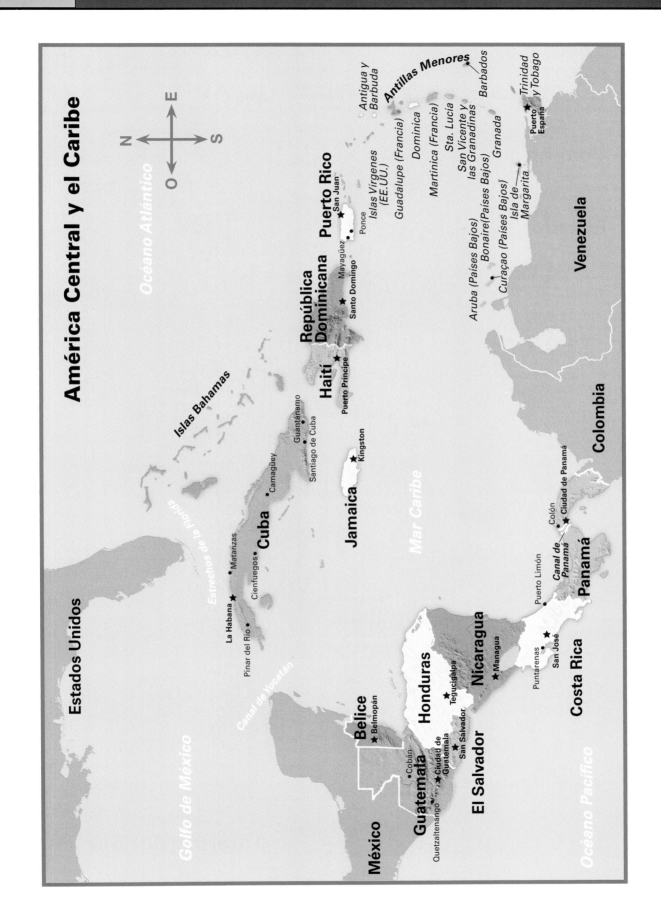

América Central y el Caribe

N · E · S · O

Océano Atlántico

Estados Unidos

Golfo de México

Canal de Yucatán

Estrechos de la Florida

Islas Bahamas

Pinar del Río
La Habana
Matanzas
Cienfuegos
Camagüey
Cuba
Guantánamo
Santiago de Cuba

Kingston
Jamaica

Mar Caribe

Haití
Puerto Príncipe

República Dominicana
Santo Domingo
Mayagüez
Ponce

Puerto Rico
San Juan

Islas Vírgenes (EE.UU.)

Antillas Menores

Antigua y Barbuda
Guadalupe (Francia)
Dominica
Martinica (Francia)
Sta. Lucía
San Vicente y las Granadinas
Barbados
Granada

Aruba (Países Bajos)
Bonaire (Países Bajos)
Curaçao (Países Bajos)

Isla de Margarita

Trinidad y Tobago
Puerto España

Venezuela

Colombia

México

Quetzaltenango
Cobán
Ciudad de Guatemala
Guatemala
San Salvador
El Salvador

Belice
Belmopán

Honduras
Tegucigalpa

Nicaragua
Managua

Puerto Limón

Canal de Panamá

Colón
Ciudad de Panamá
Panamá

Puntarenas
San José
Costa Rica

Océano Pacífico

América del Sur

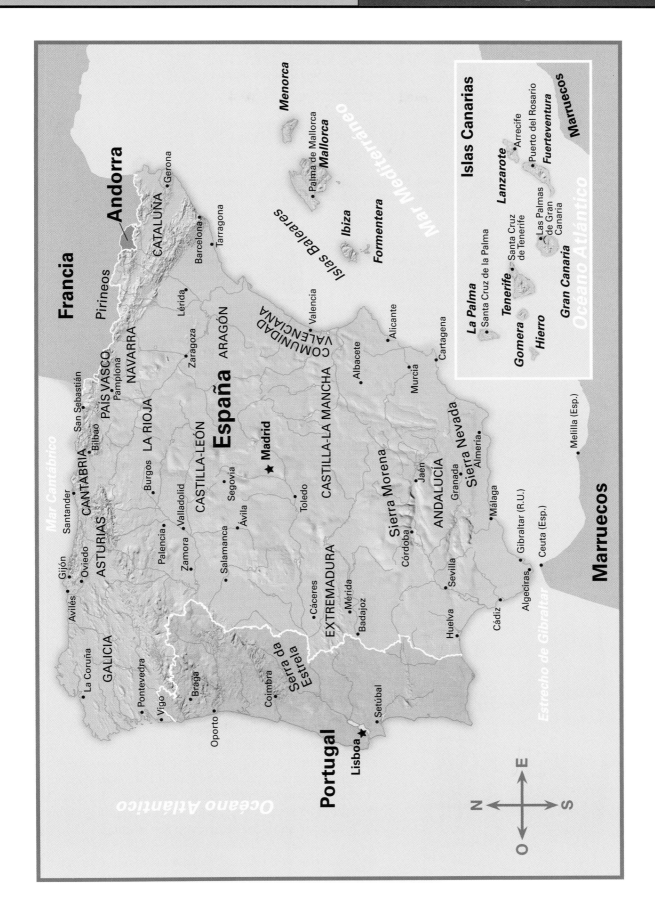

FOTONOVELA VIDEO PROGRAM

The cast NEW!

Here are the main characters you will meet in the **Fotonovela** Video:

 From Mexico,
Jimena Díaz Velázquez

 From Argentina,
Juan Carlos Rossi

 From Mexico,
Felipe Díaz Velázquez

 From the U.S.,
Marissa Wagner

 From Mexico,
**María Eugenia (Maru)
Castaño Ricaurte**

 From Spain,
**Miguel Ángel
Lagasca Martínez**

Brand-new and fully integrated with your text, the **DESCUBRE 2/e Fotonovela** Video is a dynamic and contemporary window into the Spanish language. The new video centers around the Díaz family, whose household includes two college-aged children and a visiting student from the U.S. Over the course of an academic year, Jimena, Felipe, Marissa, and their friends explore **el D.F.** and other parts of Mexico as they make plans for their futures. Their adventures take them through some of the greatest natural and cultural treasures of the Spanish-speaking world, as well as the highs and lows of everyday life.

The **Fotonovela** section in each textbook lesson is actually an abbreviated version of the dramatic episode featured in the video. Therefore, each **Fotonovela** section can be done before you see the corresponding video episode, after it, or as a section that stands alone.

In each dramatic segment, the characters interact using the vocabulary and grammar you are studying. As the storyline unfolds, the episodes combine new vocabulary and grammar with previously taught language, exposing you to a variety of authentic accents along the way. At the end of each episode, the **Resumen** section highlights the grammar and vocabulary you are studying.

We hope you find the new **Fotonovela** Video to be an engaging and useful tool for learning Spanish!

EN PANTALLA
VIDEO PROGRAM

The **DESCUBRE** Supersite features an authentic video clip for each lesson. Clip formats include commercials and newscasts. These clips, many **NEW!** to the Second Edition, have been carefully chosen to be comprehensible for students learning Spanish, and are accompanied by activities and vocabulary lists to facilitate understanding. More importantly, though, these clips are a fun and motivating way to improve your Spanish!

Here are the countries represented in each lesson in **En pantalla:**

Lesson 1 Argentina

Lesson 2 Chile

Lesson 3 Spain

Lesson 4 Peru

FLASH CULTURA
VIDEO PROGRAM

In the dynamic **Flash cultura** Video, young people from all over the Spanish-speaking world share aspects of life in their countries with you. The similarities and differences among Spanish-speaking countries that come up through their adventures will challenge you to think about your own cultural practices and values. The segments provide valuable cultural insights as well as linguistic input; the episodes will introduce you to a variety of accents and vocabulary as they gradually move into Spanish.

PANORAMA CULTURAL
VIDEO PROGRAM

The **Panorama cultural** Video is integrated with the **Panorama** section in each lesson. Each segment is 2–3 minutes long and consists of documentary footage from each of the countries featured. The images were specially chosen for interest level and visual appeal, while the all-Spanish narrations were carefully written to reflect the vocabulary and grammar covered in the textbook.

Each section of your textbook comes with resources and activities on the DESCUBRE Supersite. You can access them from any computer with an Internet connection. Visit vhlcentral.com to get started.

Audio: Vocabulary Tutorials, Games

CONTEXTOS
Listen to audio of the **Vocabulary**, watch dynamic **Presentations** and **Tutorials**, and practice using Flashcards, **Games**, and activities that give you immediate feedback.

Video: *Fotonovela* Record and Compare

FOTONOVELA
Travel with Marissa to Mexico and meet her host family. Watch the **Video** again at home to see the characters use the vocabulary in a real context.

Audio: Explanation Record and Compare

PRONUNCIACIÓN
Improve your accent by listening to native speakers, then **recording** your voice and **comparing** it to the samples provided.

Reading, Additional Reading

CULTURA
Explore cultural topics through the *Conexión Internet* activity or **reading** the *Más cultura* selection.

Explanation Tutorial

ESTRUCTURA
Review the **Explanation** or watch an animated **Tutorial**, and then play the games to make sure you got it.

Audio: Synched Reading Additional Reading

Video: TV Clip

Video: *Flash cultura*

Interactive Map Video: *Panorama cultural*

ADELANTE
Listen along with the **Audio-Synched Reading**. Watch the *En pantalla*, *Flash cultura*, and *Panorama cultural* **Videos** again outside of class so that you can pause and repeat to really understand what you hear. Use the **Interactive Map** to explore the places you might want to visit. There's lots of additional practice, including Internet searches and auto-graded activities.

Audio: Vocabulary Flashcards

Diagnostics Remediation Activities

VOCABULARIO - RECAPITULACIÓN
Just what you need to get ready for the test! Review the **vocabulary** with **audio**. Complete the Diagnostic *Recapitulación* to see what you might still need to study. Get additional **Remediation Activities**.

Icons

Familiarize yourself with these icons that appear throughout **DESCUBRE**.

Listening

The Listening icon indicates that audio is available. You will see it in the lesson's **Contextos**, **Pronunciación**, **Escuchar**, and **Vocabulario** sections, as well as with all activities that require audio.

Pair/Group Activities

Two faces indicate a pair activity, and three indicate a group activity.

Handout

The activities marked with this icon require handouts that your teacher will give you to help you complete the activity.

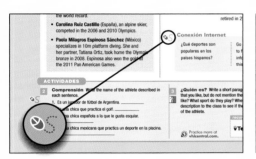

Activity Online

The mouse icon indicates when an activity is also available on the Supersite.

Supersite

Additional practice on the Supersite, not included in the textbook, is indicated with this icon.

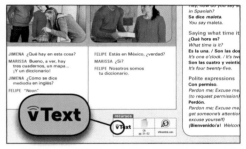

vText

Material is also available in the interactive online textbook.

Recursos

Recursos boxes let you know exactly which print and technology ancillaries you can use to reinforce and expand on every section of the lessons in your textbook. They even include page numbers when applicable.

Cuaderno de práctica y actividades comunicativas

CPA
pp. 61–63

Cuaderno para hispanohablantes

CH
pp. 33–34

The Spanish-Speaking World

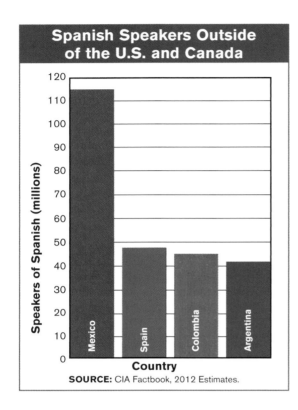

Spanish Speakers Outside of the U.S. and Canada

Speakers of Spanish (millions) vs. Country: Mexico, Spain, Colombia, Argentina

SOURCE: CIA Factbook, 2012 Estimates.

Do you know someone whose first language is Spanish? Chances are you do! More than approximately forty million people living in the U.S. speak Spanish; after English, it is the second most commonly spoken language in this country. It is the official language of twenty-two countries and an official language of the European Union and United Nations.

The Growth of Spanish

Have you ever heard of a language called Castilian? It's Spanish! The Spanish language as we know it today has its origins in a dialect called Castilian (**castellano** in Spanish). Castilian developed in the 9th century in north-central Spain, in a historic provincial region known as Old Castile. Castilian gradually spread towards the central region of New Castile, where it was adopted as the main language of commerce. By the 16th century, Spanish had become the official language of Spain and eventually, the country's role in exploration, colonization, and overseas trade led to its spread across Central and South America, North America, the Caribbean, parts of North Africa, the Canary Islands, and the Philippines.

Spanish in the United States

1500   **1600**   **1700**

16th Century
Spanish is the official language of Spain.

1565
The Spanish arrive in Florida and found St. Augustine.

1610
The Spanish found Santa Fe, today's capital of New Mexico, the state with the most Spanish speakers in the U.S.

Spanish in the United States

Spanish came to North America in the 16th century with the Spanish who settled in St. Augustine, Florida. Spanish-speaking communities flourished in several parts of the continent over the next few centuries. Then, in 1848, in the aftermath of the Mexican-American War, Mexico lost almost half its land to the United States, including portions of modern-day Texas, New Mexico, Arizona, Colorado, California, Wyoming, Nevada, and Utah. Overnight, hundreds of thousands of Mexicans became citizens of the United States, bringing with them their rich history, language, and traditions.

This heritage, combined with that of the other Hispanic populations that have immigrated to the United States over the years, has led to the remarkable growth of Spanish around the country. After English, it is the most commonly spoken language in 43 states. More than 12 million people in California alone claim Spanish as their first or "home" language.

You've made a popular choice by choosing to take Spanish in school. Not only is Spanish found and heard almost everywhere in the United States, but it is the most commonly taught foreign language in classrooms throughout the country! Have you heard people speaking Spanish in your community? Chances are that you've come across an advertisement, menu, or magazine that is in Spanish. If you look around, you'll find that Spanish can be found in some pretty common places. For example, most ATMs respond to users in both English and Spanish. News agencies and television stations such as CNN and **Telemundo** provide Spanish-language broadcasts. When you listen to the radio or download music from the Internet, some of the most popular choices are Latino artists who perform in Spanish. Federal government agencies such as the Internal Revenue Service and the Department of State provide services in both languages. Even the White House has an official Spanish-language webpage! Learning Spanish can create opportunities within your everyday life.

1800

1848
Mexicans who choose to stay in the U.S. after the Mexican-American War become U.S. citizens.

1900

1959
After the Cuban Revolution, thousands of Cubans emigrate to the U.S.

2010

2010
Spanish is the 2nd most commonly spoken language in the U.S., with more than approximately 40 million speakers.

Why Study Spanish?

Learn an International Language

There are many reasons to learn Spanish, a language that has spread to many parts of the world and has along the way embraced words and sounds of languages as diverse as Latin, Arabic, and Nahuatl. Spanish has evolved from a medieval dialect of north-central Spain into the fourth most commonly spoken language in the world. It is the second language of choice among the majority of people in North America.

Understand the World Around You

Knowing Spanish can also open doors to communities within the United States, and it can broaden your understanding of the nation's history and geography. The very names Colorado, Montana, Nevada, and Florida are Spanish in origin. Just knowing their meanings can give you some insight into, of all things, the landscapes for which the states are renowned. Colorado means "colored red;" Montana means "mountain;" Nevada is derived from "snow-capped mountain;" and Florida means "flowered." You've already been speaking Spanish whenever you talk about some of these states!

State Name	Meaning in Spanish
Colorado	"colored red"
Florida	"flowered"
Montana	"mountain"
Nevada	"snow-capped mountain"

Connect with the World

Learning Spanish can change how you view the world. While you learn Spanish, you will also explore and learn about the origins, customs, art, music, and literature of people in close to two dozen countries. When you travel to a Spanish-speaking country, you'll be able to converse freely with the people you meet. And whether in the U.S., Canada, or abroad, you'll find that speaking to people in their native language is the best way to bridge any culture gap.

Why Study Spanish?

Expand Your Skills

Studying a foreign language can improve your ability to analyze and interpret information and help you succeed in many other subject areas. When you first begin learning Spanish, your studies will focus mainly on reading, writing, grammar, listening, and speaking skills. You'll be amazed at how the skills involved with learning how a language works can help you succeed in other areas of study. Many people who study a foreign language claim that they gained a better understanding of English. Spanish can even help you understand the origins of many English words and expand your own vocabulary in English. Knowing Spanish can also help you pick up other related languages, such as Italian, Portuguese, and French. Spanish can really open doors for learning many other skills in your school career.

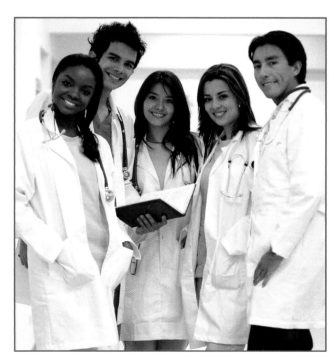

Explore Your Future

How many of you are already planning your future careers? Employers in today's global economy look for workers who know different languages and understand other cultures. Your knowledge of Spanish will make you a valuable candidate for careers abroad as well as in the United States or Canada. Doctors, nurses, social workers, hotel managers, journalists, businessmen, pilots, flight attendants, and many other professionals need to know Spanish or another foreign language to do their jobs well.

How to Learn Spanish

Start with the Basics !

As with anything you want to learn, start with the basics and remember that learning takes time! The basics are vocabulary, grammar, and culture.

Vocabulary Every new word you learn in Spanish will expand your vocabulary and ability to communicate. The more words you know, the better you can express yourself. Focus on sounds and think about ways to remember words. Use your knowledge of English and other languages to figure out the meaning of and memorize words like **conversación, teléfono, oficina, clase,** and **música.**

Grammar Grammar helps you put your new vocabulary together. By learning the rules of grammar, you can use new words correctly and speak in complete sentences. As you learn verbs and tenses, you will be able to speak about the past, present, or future, express yourself with clarity, and be able to persuade others with your opinions. Pay attention to structures and use your knowledge of English grammar to make connections with Spanish grammar.

Culture Culture provides you with a framework for what you may say or do. As you learn about the culture of Spanish-speaking communities, you'll improve your knowledge of Spanish. Think about a word like **salsa**, and how it connects to both food and music. Think about and explore customs observed on **Nochevieja** (New Year's Eve) or at a **fiesta de quince años** (a girl's fifteenth birthday party). Watch people greet each other or say good-bye. Listen for idioms and sayings that capture the spirit of what you want to communicate!

Teenagers celebrating at a **fiesta de quince años.**

Listen, Speak, Read, and Write

Listening Listen for sounds and for words you can recognize. Listen for inflections and watch for key words that signal a question such as **cómo** (*how*), **dónde** (*where*), or **qué** (*what*). Get used to the sound of Spanish. Play Spanish pop songs or watch Spanish movies. Borrow books on CD from your local library, or try to visit places in your community where Spanish is spoken. Don't worry if you don't understand every single word. If you focus on key words and phrases, you'll get the main idea. The more you listen, the more you'll understand!

Speaking Practice speaking Spanish as often as you can. As you talk, work on your pronunciation, and read aloud texts so that words and sentences flow more easily. Don't worry if you don't sound like a native speaker, or if you make some mistakes. Time and practice will help you get there. Participate actively in Spanish class. Try to speak Spanish with classmates, especially native speakers (if you know any), as often as you can.

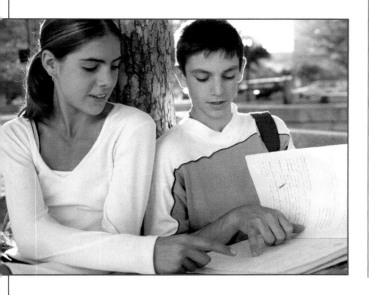

Reading Pick up a Spanish-language newspaper or a pamphlet on your way to school, read the lyrics of a song as you listen to it, or read books you've already read in English translated into Spanish. Use reading strategies that you know to understand the meaning of a text that looks unfamiliar. Look for cognates, or words that are related in English and Spanish, to guess the meaning of some words. Read as often as you can, and remember to read for fun!

Writing It's easy to write in Spanish if you put your mind to it. And remember that Spanish spelling is phonetic, which means that once you learn the basic rules of how letters and sounds are related, you can probably become an expert speller in Spanish! Write for fun—make up poems or songs, write e-mails or instant messages to friends, or start a journal or blog in Spanish.

Tips for Learning Spanish

- **Listen** to Spanish radio shows. Write down words that you can't recognize or don't know and look up the meaning.

- **Watch** Spanish TV shows or movies. Read subtitles to help you grasp the content.

- **Read** Spanish-language newspapers, magazines, or blogs.

- **Listen** to Spanish songs that you like —anything from Shakira to a traditional mariachi melody. Sing along and concentrate on your pronunciation.

- **Seek** out Spanish speakers. Look for neighborhoods, markets, or cultural centers where Spanish might be spoken in your community. Greet people, ask for directions, or order from a menu at a Mexican restaurant in Spanish.

- **Pursue** language exchange opportunities (**intercambio cultural**) in your school or community. Try to join language clubs or cultural societies, and explore opportunities

Practice, practice, practice!

Seize every opportunity you find to listen, speak, read, or write Spanish. Think of it like a sport or learning a musical instrument—the more you practice, the more you will become comfortable with the language and how it works. You'll marvel at how quickly you can begin speaking Spanish and how the world that it transports you to can change your life forever!

for studying abroad or hosting a student from a Spanish-speaking country in your home or school.

- **Connect** your learning to everyday experiences. Think about naming the ingredients of your favorite dish in Spanish. Think about the origins of Spanish place names in the U.S., like Cape Canaveral and Sacramento, or of common English words like *adobe, chocolate, mustang, tornado,* and *patio.*

- **Use** mnemonics, or a memorizing device, to help you remember words. Make up a saying in English to remember the order of the days of the week in Spanish (L, M, M, J, V, S, D).

- **Visualize** words. Try to associate words with images to help you remember meanings. For example, think of a **paella** as you learn the names of different types of seafood or meat. Imagine a national park and create mental pictures of the landscape as you learn names of animals, plants, and habitats.

- **Enjoy** yourself! Try to have as much fun as you can learning Spanish. Take your knowledge beyond the classroom and find ways to make the learning experience your very own.

Useful Spanish Expressions

The following expressions will be very useful in getting you started learning Spanish. You can use them in class to check your understanding or to ask and answer questions about the lessons. Read **En las instrucciones** ahead of time to help you understand direction lines in Spanish, as well as your teacher's instructions. Remember to practice your Spanish as often as you can!

Expresiones útiles *Useful expressions*

Spanish	English
¿Cómo se dice _____ en español?	*How do you say _____ in Spanish?*
¿Cómo se escribe _____?	*How do you spell _____?*
¿Comprende(n)?	*Do you understand?*
Con permiso.	*Excuse me.*
De acuerdo.	*Okay.*
De nada.	*You're welcome.*
¿De veras?	*Really?*
¿En qué página estamos?	*What page are we on?*
Enseguida.	*Right away.*
Más despacio, por favor.	*Slower, please.*
Muchas gracias.	*Thanks a lot.*
No entiendo.	*I don't understand.*
No sé.	*I don't know.*
Perdone.	*Excuse me.*
Pista	*Clue*
Por favor.	*Please.*
Por supuesto.	*Of course.*
¿Qué significa _____?	*What does _____ mean?*
Repite, por favor.	*Please repeat.*
Tengo una pregunta.	*I have a question.*
¿Tiene(n) alguna pregunta?	*Do you have questions?*
Vaya(n) a la página dos.	*Go to page 2.*

En las instrucciones *In direction lines*

Spanish	English
Cierto o falso	*True or false*
Completa las oraciones de una manera lógica.	*Complete the sentences logically.*
Con un(a) compañero/a...	*With a classmate...*
Contesta las preguntas.	*Answer the questions.*
Corrige la información falsa.	*Correct the false information.*
Di/Digan...	*Say...*
En grupos...	*In groups...*
En parejas...	*In pairs...*
Entrevista...	*Interview...*
Forma oraciones completas.	*Create/Make complete sentences.*
Háganse preguntas.	*Ask each other questions.*
Haz el papel de...	*Play the role of...*
Haz los cambios necesarios.	*Make the necessary changes.*
Indica/Indiquen si las oraciones...	*Indicate if the sentences...*
Lee/Lean en voz alta.	*Read aloud.*
...que mejor completa...	*...that best completes...*
Toma nota...	*Take note...*
Tomen apuntes.	*Take notes.*
Túrnense...	*Take turns...*

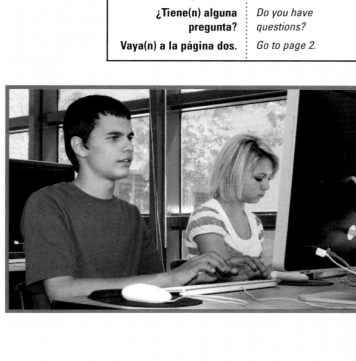

Common Names

Get started learning Spanish by using a Spanish name in class. You can choose from the lists on these pages, or you can find one yourself. How about learning the Spanish equivalent of your name? The most popular Spanish female names are Ana, Isabel, Elena, Sara, and María. The most popular male names in Spanish are Alejandro, Jorge, Juan, José, and Pedro. Is your name, or that of someone you know, in the Spanish top five?

Más nombres masculinos	Más nombres femeninos
Alfonso	Alicia
Antonio (Toni)	Beatriz (Bea, Beti, Biata)
Carlos	Blanca
César	Carolina (Carol)
Diego	Claudia
Ernesto	Diana
Felipe	Emilia
Francisco (Paco)	Irene
Guillermo	Julia
Ignacio (Nacho)	Laura
Javier (Javi)	Leonor
Leonardo	Lourdes
Luis	Lucía
Manolo	Margarita (Marga)
Marcos	Marta
Oscar (Óscar)	Noelia
Rafael (Rafa)	Paula
Sergio	Rocío
Vicente	Verónica

Los 5 nombres masculinos más populares	Los 5 nombres femeninos más populares
Alejandro	Ana
Jorge	Elena
José (Pepe)	Isabel
Juan	María
Pedro	Sara

Acknowledgments

On behalf of its authors and editors, Vista Higher Learning expresses its sincere appreciation to the many instructors and teachers across the U.S. and Canada who contributed their ideas and suggestions. Their insights and detailed comments were invaluable to us as we created **DESCUBRE**.

In-depth reviewers

Patrick Brady
Tidewater Community College, VA

Christine DeGrado
Chestnut Hill College, PA

Martha L. Hughes
Georgia Southern University, GA

Aida Ramos-Sellman
Goucher College, MD

Reviewers

Kathleen Aguilar
Fort Lewis College, CO

Aleta Anderson
Grand Rapids Community College, MI

Gunnar Anderson
SUNY Potsdam, NY

Nona Anderson
Ouachita Baptist University, AR

Ken Arant
Darton College, GA

Vicki Baggia
Phillips Exeter Academy, NH

Jorge V. Bajo
Oracle Charter School, NY

Ana Basoa-McMillan
Columbia State Community
College, TN

Timothy Benson
Lake Superior College, MN

Georgia Betcher
Fayetteville Technical Community
College, NC

Teresa Borden
Columbia College, CA

Courtney Bradley
The Principia, MO

Vonna Breeze-Marti
Columbia College, CA

Christa Bucklin
University of Hartford, CT

Mary Cantu
South Texas College, TX

Christa Chatrnuch
University of Hartford, CT

Tina Christodouleas
SUNY Cortland, NY

Edwin Clark
SUNY Potsdam, NY

Donald Clymer
Eastern Mennonite University, VA

Ann Costanzi
Chestnut Hill College, PA

Patricia Crespo-Martin
Foothill College, CA

Miryam Criado
Hanover College, KY

Thomas Curtis
Madison Area Technical College, WI

Patricia S. Davis
Darton College, GA

Danion Doman
Truman State University, MO

Deborah Dubiner
Carnegie Mellon University, PA

Benjamin Earwicker
Northwest Nazarene University, ID

Deborah Edson
Tidewater Community College, VA

Matthew T. Fleming
Grand Rapids Community College, MI

Ruston Ford
Indian Hills Community College, IA

Marianne Franco
Modesto Junior College, CA

Elena García
Muskegon Community College, MI

María D. García
Fayetteville Technical Community
College, NC

Lauren Gates
East Mississippi Community
College, MS

Marta M. Gómez
Gateway Academy, MO

Danielle Gosselin
Bishop Brady High School, NH

Charlene Grant
Skidmore College, NY

Betsy Hance
Kennesaw State University, GA

Marti Hardy
Laurel School, OH

Dennis Harrod
Syracuse University, NY

Fanning Hearon
Brunswick School, CT

Richard Heath
Kirkwood Community College, IA

Óscar Hernández
South Texas College, TX

Yolanda Hernández
Community College of Southern
Nevada, North Las Vegas, NV

Martha L. Hughes
Georgia Southern University, GA

Martha Ince
Cushing Academy, MA

Acknowledgments

Reviewers

Stacy Jazan
  Glendale Community College, CA

María Jiménez Smith
  Tarrant County College, TX

Emory Kinder
  Columbia Prep School, NY

Marina Kozanova
  Crafton Hills College, CA

Tamara Kunkel
  Alice Lloyd College, KY

Anna Major
  The Westminster Schools, GA

Armando Maldonado
  Morgan Community College, CO

Molly Marostica Smith
  Canterbury School of Florida, FL

Jesús G. Martínez
  Fresno City College, CA

Laura Martínez
  Centralia College, WA

Daniel Millis
  Verde Valley School, AZ

Deborah Mistron
  Middle Tennessee State
  University, TN

Mechteld Mitchin
  Village Academy, OH

Anna Montoya
  Florida Institute of Technology, FL

Robert P. Moore
  Loyola Blakefield Jesuit School, MD

S. Moshir
  St. Bernard High School, CA

Javier Muñoz-Basols
  Trinity School, NY

William Nichols
  Grand Rapids Community College, MI

Bernice Nuhfer-Halten
  Southern Polytechnic State
  University, GA

Amanda Papanikolas
  Drew School, CA

Elizabeth M. Parr
  Darton College, GA

Julia E. Patiño
  Dillard University, LA

Martha Pérez
  Kirkwood Community College, IA

Teresa Pérez-Gamboa
  University of Georgia, GA

Marion Perry
  The Thacher School, CA

Molly Perry
  The Thacher School, CA

Melissa Pytlak
  The Canterbury School, CT

Ana F. Sache
  Emporia State University, KS

Celia S. Samaniego
  Cosumnes River College, CA

Virginia Sánchez-Bernardy
  San Diego Mesa College, CA

Frank P. Sanfilippo
  Columbia College, CA

Piedad Schor
  South Kent School, CT

David Schuettler
  The College of St. Scholastica, MN

Romina Self
  Ankeny Christian Academy, IA

David A. Short
  Indian Hills Community College, IA

Carol Snell-Feikema
  South Dakota State University, SD

Matias Stebbings
  Columbia Grammar
  & Prep School, NY

Mary Studer Shea
  Napa Valley College, CA

Cathy Swain
  University of Maine, Machias, ME

Cristina Szterensus
  Rock Valley College, IL

John Tavernakis
  College of San Mateo, CA

David E. Tipton
  Circleville Bible College, OH

Larry Thornton
  Trinity College School, ON

Linda Tracy
  Santa Rosa Junior College, CA

Beverly Turner
  Truckee Meadows Community
  College, OK

Christine Tyma DeGrado
  Chestnut Hill College, PA

Fanny Vera de Viacava
  Canterbury School, CT

Luis Viacava
  Canterbury School, CT

María Villalobos-Buehner
  Grand Valley State University, MI

Hector Villarreal
  South Texas College, TX

Juanita Villena-Álvarez
  University of South Carolina, Beaufort,
  SC

Marcella Anne Wendzikowski
  Villa Maria College of Buffalo, NY

Doug West
  Sage Hill School, CA

Paula Whittaker
  Bishop Brady High School, NH

Mary Zold-Herrera
  Glenbrook North High School, IL

About the Authors

José A. Blanco founded Vista Higher Learning in 1998. A native of Barranquilla, Colombia, Mr. Blanco holds degrees in Literature and Hispanic Studies from Brown University and the University of California, Santa Cruz. He has worked as a writer, editor, and translator for Houghton Mifflin and D.C. Heath and Company, and has taught Spanish at the secondary and university levels. Mr. Blanco is also the co-author of several other Vista Higher Learning programs: **Vistas, Panorama, Aventuras,** and **¡Viva!** at the introductory level; **Ventanas, Facetas, Enfoques, Imagina,** and **Sueña** at the intermediate level; and **Revista** at the advanced conversation level.

Philip Redwine Donley received his M.A. in Hispanic Literature from the University of Texas at Austin in 1986 and his Ph.D. in Foreign Language Education from the University of Texas at Austin in 1997. Dr. Donley taught Spanish at Austin Community College, Southwestern University, and the University of Texas at Austin. He published articles and conducted workshops about language anxiety management and the development of critical thinking skills, and was involved in research about teaching languages to the visually impaired. Dr. Donley was also the co-author of **Vistas, Aventuras,** and **Panorama,** three introductory college Spanish textbook programs published by Vista Higher Learning. Dr. Donley passed away in 2003.

About the Illustrators

Yayo, an internationally acclaimed illustrator, was born in Colombia. He has illustrated children's books, newspapers, and magazines, and has been exhibited around the world. He currently lives in Montreal, Canada.

Pere Virgili lives and works in Barcelona, Spain. His illustrations have appeared in textbooks, newspapers, and magazines throughout Spain and Europe.

Born in Caracas, Venezuela, **Hermann Mejía** studied illustration at the *Instituto de Diseño de Caracas.* Hermann currently lives and works in the United States.

Hola, ¿qué tal?

1

Communicative Goals

I will be able to:
- **Greet people in Spanish**
- **Say goodbye**
- **Identify myself and others**
- **Talk about the time of day**

VOICE BOARD

A PRIMERA VISTA

- Guess what the people in the photo are saying:
  a. Adiós   b. Hola   c. Salsa
- Most likely they would also say:
  a. Gracias   b. Fiesta   c. Buenos días
- The girls are:
  a. amigas   b. chicos   c. señores

1 | contexts

Lección 1

Hola, ¿qué tal?

  Audio: Vocabulary Tutorials, Games

Más vocabulario

Buenos días.	Good morning.
Buenas noches.	Good evening; Good night.
Hasta la vista.	See you later.
Hasta pronto.	See you soon.
¿Cómo se llama usted?	What's your name? (form.)
Le presento a…	I would like to introduce you to (name). (form.)
Te presento a…	I would like to introduce you to (name). (fam.)
el nombre	name
¿Cómo estás?	How are you? (fam.)
No muy bien.	Not very well.
¿Qué pasa?	What's happening?; What's going on?
por favor	please
De nada.	You're welcome.
No hay de qué.	You're welcome.
Lo siento.	I'm sorry.
Gracias.	Thank you; Thanks.
Muchas gracias.	Thank you very much; Thanks a lot.

Variación léxica

Items are presented for recognition purposes only.

Buenos días. ⟷ Buenas.
De nada. ⟷ A la orden.
Lo siento. ⟷ Perdón.
¿Qué tal? ⟷ ¿Qué hubo? (*Col.*)
chau ⟷ ciao, chao

1

ELENA Patricia, éste es el señor Perales.
PATRICIA Encantada.
SEÑOR PERALES Igualmente. ¿De dónde es usted, señorita?
PATRICIA Soy de México. ¿Y usted?
SEÑOR PERALES De Puerto Rico.

2

TOMÁS ¿Qué tal, Alberto?
ALBERTO Regular. ¿Y tú?
TOMÁS Bien. ¿Qué hay de nuevo?
ALBERTO Nada.

3

SEÑOR VARGAS Buenas tardes, señora Wong. ¿Cómo está usted?
SEÑORA WONG Muy bien, gracias. ¿Y usted, señor Vargas?
SEÑOR VARGAS Bien, gracias.
SEÑORA WONG Hasta mañana, señor Vargas. Saludos a la señora Vargas.
SEÑOR VARGAS Adiós.

recursos

v̂Text

CPA pp. 1–3

CH pp. 1–2

vhlcentral.com

AYUDA

In Spanish, people can be addressed either formally or informally. Dialogues 1 and 3 are formal exchanges and use **usted** (formal *you*) forms. Dialogues 2, 4, and 5 are informal and use the **tú** (informal *you*) form or other informal expressions. You will learn more about this in **Estructura 1.3.**

BERTA Hasta luego, Tere.
TERESA Chau, Berta. Nos vemos mañana.

CARMEN Buenas tardes. Me llamo Carmen. ¿Cómo te llamas tú?
ANTONIO Buenas tardes. Me llamo Antonio. Mucho gusto.
CARMEN El gusto es mío. ¿De dónde eres?
ANTONIO Soy de los Estados Unidos, de California.

Práctica

1

Escuchar 🎧 Listen to each question or statement, then choose the correct response.

1. a. Muy bien, gracias.   b. Me llamo Graciela.
2. a. Lo siento.   b. Mucho gusto.
3. a. Soy de Puerto Rico.   b. No muy bien.
4. a. No hay de qué.   b. Regular.
5. a. Mucho gusto.   b. Hasta pronto.
6. a. Nada.   b. Igualmente.
7. a. Me llamo Guillermo Montero.   b. Muy bien, gracias.
8. a. Buenas tardes. ¿Cómo estás?   b. El gusto es mío.
9. a. Saludos a la Sra. Ramírez.   b. Encantada.
10. a. Adiós.   b. Regular.

2

Identificar 🎧 You will hear a series of expressions. Identify the expression (**a**, **b**, **c**, or **d**) that does not belong in each series.

1. ___   3. ___
2. ___   4. ___

3

Escoger For each expression, write another word or phrase that expresses a similar idea.

modelo

¿Cómo estás?   *¿Qué tal?*

1. De nada.   4. Te presento a Antonio.
2. Encantado.   5. Hasta la vista.
3. Adiós.   6. Mucho gusto.

4

Ordenar Work with a partner to put this scrambled conversation in order. Then act it out.

—Muy bien, gracias. Soy Rosabel.
—Soy de México. ¿Y tú?
—Mucho gusto, Rosabel.
—Hola. Me llamo Carlos. ¿Cómo estás?
—Soy de Argentina.
—Igualmente. ¿De dónde eres, Carlos?

CARLOS _____
ROSABEL _____
CARLOS _____
ROSABEL _____
CARLOS _____
ROSABEL _____

5

Completar Work with a partner to complete these dialogues. Use expressions from the word bank.

Buenos días.	De nada.	Muy bien, gracias.
¿Cómo te llamas?	Encantado/a.	¿Qué pasa?
¿De dónde eres?	Hasta luego.	¿Qué tal?

1. **Estudiante 1:** _____
   Estudiante 2: Buenos días. ¿Qué tal?

2. **Estudiante 1:** _____
   Estudiante 2: Me llamo Carmen Sánchez.

3. **Estudiante 1:** _____
   Estudiante 2: De Canadá.

4. **Estudiante 1:** Te presento a Marisol.
   Estudiante 2: _____

5. **Estudiante 1:** Gracias.
   Estudiante 2: _____

6. **Estudiante 1:** _____
   Estudiante 2: Regular.

7. **Estudiante 1:** _____
   Estudiante 2: Nada.

8. **Estudiante 1:** ¡Hasta la vista!
   Estudiante 2: _____

6

Responder Work with a partner to complete these dialogues.

> **modelo**
> **Estudiante 1:** ¿Qué tal?
> **Estudiante 2:** Bien. ¿Y tú?

1. **Estudiante 1:** Hasta mañana, señora Ramírez. Saludos al señor Ramírez.
   Estudiante 2: _____

2. **Estudiante 1:** ¿Qué hay de nuevo, Alberto?
   Estudiante 2: _____

3. **Estudiante 1:** Gracias, Tomás.
   Estudiante 2: _____

4. **Estudiante 1:** Miguel, ésta es la señorita Perales.
   Estudiante 2: _____

5. **Estudiante 1:** ¿De dónde eres, Antonio?
   Estudiante 2: _____

6. **Estudiante 1:** ¿Cómo se llama usted?
   Estudiante 2: _____

7. **Estudiante 1:** ¿Qué pasa?
   Estudiante 2: _____

8. **Estudiante 1:** Buenas tardes, señor. ¿Cómo está usted?
   Estudiante 2: _____

◀ **¡LENGUA VIVA!**

The titles **señor**, **señora**, and **señorita** are abbreviated **Sr.**, **Sra.**, and **Srta.** Note that these abbreviations are capitalized, while the titles themselves are not.

•••

There is no Spanish equivalent for the English title *Ms.;* women are addressed as **señora** or **señorita**.

 Practice more at **vhlcentral.com**.

Comunicación

7

Diálogos With a partner, complete and act out these conversations.

Conversación 1

—Hola. Me llamo Teresa. ¿Cómo te llamas tú?

—_____

—Soy de Puerto Rico. ¿Y tú?

—_____

Conversación 2

—_____

—Muy bien, gracias. ¿Y usted, señora López?

—_____

—Hasta luego, señora. Saludos al señor López.

—_____

Conversación 3

—_____

—Regular. ¿Y tú?

—_____

—Nada.

8

Conversaciones This is the first day of class. Write four short conversations based on what the people in this scene would say.

9

Situaciones In groups of three, write and act out these situations.

1. On your way out of class on the first day of school, you strike up a conversation with the two students who were sitting next to you. You find out each student's name and where he or she is from before you say goodbye and go to your next class.
2. At the next class you meet up with a friend and find out how he or she is doing. As you are talking, your friend Elena enters. Introduce her to your friend.
3. As you're leaving school, you meet your parents' friends Mrs. Sánchez and Mr. Rodríguez. You greet them and ask how each person is. As you say goodbye, you send greetings to Mrs. Rodríguez.
4. Make up and act out a real-life situation that you and your classmates can role-play with the language you have learned.

Bienvenida, Marissa

Marissa llega a México para pasar un año con la familia Díaz.

PERSONAJES **MARISSA** **SRA. DÍAZ**

S Video: *Fotonovela*
Record and Compare

MARISSA ¿Usted es de Cuba?

SRA. DÍAZ Sí, de La Habana. Y Roberto es de Mérida. Tú eres de Wisconsin, ¿verdad?

MARISSA Sí, de Appleton, Wisconsin.

MARISSA ¿Quiénes son los dos chicos de las fotos? ¿Jimena y Felipe?

SRA. DÍAZ Sí. Ellos son estudiantes.

DON DIEGO Buenas tardes, señora. Señorita, bienvenida a la Ciudad de México.

MARISSA ¡Muchas gracias!

SRA. DÍAZ Ahí hay dos maletas. Son de Marissa.

DON DIEGO Con permiso.

SR. DÍAZ ¿Qué hora es?

FELIPE Son las cuatro y veinticinco.

SRA. DÍAZ Marissa, te presento a Roberto, mi esposo.

SR. DÍAZ Bienvenida, Marissa.

MARISSA Gracias, señor Díaz.

DON DIEGO   **SR. DÍAZ**   **FELIPE**   **JIMENA**

MARISSA ¿Cómo se llama usted?

DON DIEGO Yo soy Diego.
Mucho gusto.

MARISSA El gusto es mío,
don Diego.

DON DIEGO ¿Cómo está usted hoy,
señora Carolina?

SRA. DÍAZ Muy bien, gracias.
¿Y usted?

DON DIEGO Bien, gracias.

JIMENA ¿Qué hay en esta cosa?

MARISSA Bueno, a ver, hay
tres cuadernos, un mapa...
¡Y un diccionario!

JIMENA ¿Cómo se dice
mediodía en inglés?

FELIPE "Noon."

FELIPE Estás en México, ¿verdad?

MARISSA ¿Sí?

FELIPE Nosotros somos
tu diccionario.

Expresiones útiles

Identifying yourself and others
¿Cómo se llama usted?
What's your name?
Yo soy Diego, el portero. Mucho gusto.
I'm Diego, the doorman. Nice to meet you.
¿Cómo te llamas?
What's your name?
Me llamo Marissa.
My name is Marissa.
¿Quién es...? / ¿Quiénes son...?
Who is...? / Who are...?
Es mi esposo.
He's my husband.
Tú eres..., ¿verdad?/¿cierto?/¿no?
You are..., right?

Identifying objects
¿Qué hay en esta cosa?
What's in this thing?
**Bueno, a ver, aquí hay
tres cuadernos...**
*Well, let's see, here are
three notebooks...*
**Oye/Oiga, ¿cómo se dice *suitcase*
en español?**
*Hey, how do you say suitcase
in Spanish?*
Se dice *maleta*.
You say maleta.

Saying what time it is
¿Qué hora es?
What time is it?
Es la una. / Son las dos.
It's one o'clock. / It's two o'clock.
Son las cuatro y veinticinco.
It's four twenty-five.

Polite expressions
Con permiso.
*Pardon me; Excuse me.
(to request permission)*
Perdón.
*Pardon me; Excuse me. (to
get someone's attention or
excuse yourself)*
¡Bienvenido/a! *Welcome!*

¿Qué pasó?

1

¿Cierto o falso? Indicate if each statement is **cierto** or **falso**. Then correct the false statements.

	Cierto	Falso
1. La Sra. Díaz es de Caracas.	○	○
2. El Sr. Díaz es de Mérida.	○	○
3. Marissa es de Los Ángeles, California.	○	○
4. Jimena y Felipe son profesores.	○	○
5. Las dos maletas son de Jimena.	○	○
6. El Sr. Díaz pregunta "¿qué hora es?".	○	○
7. Hay un diccionario en la mochila (*backpack*) de Marissa.	○	○

2

Identificar Indicate which person would make each statement. One name will be used twice.

1. Son las cuatro y veinticinco, papá.
2. Roberto es mi esposo.
3. Yo soy de Wisconsin, ¿de dónde es usted?
4. ¿Qué hay de nuevo, doña Carolina?
5. Yo soy de Cuba.
6. ¿Qué hay en la mochila, Marissa?

 MARISSA   **FELIPE**   **SRA. DÍAZ**

 DON DIEGO   **JIMENA**

3

Completar Complete the conversation between Don Diego and Marissa.

DON DIEGO Hola, (1)_____.
MARISSA Hola, señor. ¿Cómo se (2)_____ usted?
DON DIEGO Yo me llamo Diego, ¿y (3)_____?
MARISSA Yo me llamo Marissa. (4)_____.
DON DIEGO (5)_____, señorita Marissa.
MARISSA Nos (6)_____, don Diego.
DON DIEGO Hasta (7)_____, señorita Marissa.

4

Conversar Imagine that you are chatting with a traveler you just met at the airport. With a partner, prepare a conversation using these cues.

Estudiante 1	**Estudiante 2**
Say "good afternoon" to your partner and ask for his or her name.	→ Say hello and what your name is. Then ask what your partner's name is.
Say what your name is and that you are glad to meet your partner.	→ Say that the pleasure is yours.
Ask how your partner is.	→ Say that you're doing well, thank you.
Ask where your partner is from.	→ Say where you're from.
Say it's one o'clock and say goodbye.	→ Say goodbye.

 Practice more at **vhlcentral.com**.

Pronunciación   Audio: Explanation Record and Compare

The Spanish alphabet

The Spanish and English alphabets are almost identical, with a few exceptions. For example, the Spanish letter **ñ (eñe)** doesn't appear in the English alphabet. Furthermore, the letters **k (ka)** and **w (doble ve)** are used only in words of foreign origin. Examine the chart below to find other differences.

Letra	Nombre(s)	Ejemplos	Letra	Nombre(s)	Ejemplos
a	a	adiós	o	o	once
b	be	bien, problema	p	pe	profesor
c	ce	cosa, cero	q	cu	qué
d	de	diario, nada	r	ere	regular, señora
e	e	estudiante	s	ese	señor
f	efe	foto	t	te	tú
g	ge	gracias, Gerardo, regular	u	u	usted
h	hache	hola	v	ve	vista, nuevo
i	i	igualmente	w	doble ve	*walkman*
j	jota	Javier	x	equis	existir, México
k	ka, ca	kilómetro	y	i griega, ye	yo
l	ele	lápiz	z	zeta, ceta	zona
m	eme	mapa			
n	ene	nacionalidad	**Dígrafo**		**Ejemplos**
ñ	eñe	mañana	ch		chico
			ll		llave

El alfabeto Repeat the Spanish alphabet and example words after your instructor.

Práctica Spell these words aloud in Spanish.

1. nada
2. maleta
3. quince
4. muy
5. hombre
6. por favor
7. San Fernando
8. Estados Unidos
9. Puerto Rico
10. España
11. Javier
12. Ecuador
13. Maite
14. gracias
15. Nueva York

Refranes Read these sayings aloud.

Ver es creer.[1]

En boca cerrada no entran moscas.[2]

1 *Seeing is believing.*
2 *Silence is golden.*

Reading, Additional Reading

Saludos y besos en
los países hispanos

In Spanish-speaking countries, kissing on the cheek is a customary way to greet friends and family members. Even when people are introduced for the first time, it is common for them to kiss, particularly in non-business settings. Whereas North Americans maintain considerable personal space when greeting, Spaniards and Latin Americans tend to decrease their personal space and give one or two kisses (**besos**) on the cheek, sometimes accompanied by a handshake or a hug. In formal business settings, where associates do not know one another on a personal level, a simple handshake is appropriate.

Greeting someone with a **beso** varies according to gender and region. Men generally greet each other with a hug or warm handshake, except in Argentina, where male friends and relatives lightly kiss on the cheek. Greetings between men and women, and between women, can differ depending on the country and context. In Spain, it is customary to give **dos besos**, starting with the right cheek first. In Latin American countries, including Mexico, Costa Rica, Colombia, and Chile, a greeting consists of a single "air kiss" on the right cheek. Peruvians also "air kiss," but strangers will simply

shake hands. In Colombia, female acquaintances tend to simply pat each other on the right forearm or shoulder.

Tendencias

País	Beso	País	Beso
Argentina	💋	España	💋💋
Bolivia	💋	México	💋
Chile	💋	Paraguay	💋💋
Colombia	💋	Puerto Rico	💋
El Salvador	💋	Venezuela	💋 / 💋💋

ACTIVIDADES

1 **¿Cierto o falso?** Indicate whether these statements are true (**cierto**) or false (**falso**). Correct the false statements.

1. Hispanic people use less personal space when greeting than non-Hispanics in the U.S.

2. Men never greet with a kiss in Spanish-speaking countries.

3. Shaking hands is not appropriate for a business setting in Latin America.

4. Spaniards greet with one kiss on the right cheek.

5. In Mexico, people greet with an "air kiss."

6. Gender can play a role in the type of greeting given.

7. If two women acquaintances meet in Colombia, they should exchange two kisses on the cheek.

8. In Peru, a man and a woman meeting for the first time would probably greet each other with an "air kiss."

 Practice more at **vhlcentral.com.**

Saludos y despedidas

¿Cómo te/le va?	*How are things going (for you)?*
¡Cuánto tiempo!	*It's been a long time!*
Hasta ahora.	*See you soon.*
¿Qué hay?	*What's new?*
¿Qué onda? (Méx., Arg., Chi.); **¿Qué más?** (Ven., Col.)	*What's going on?*

Parejas y amigos famosos

Here are some famous couples and friends from the Spanish-speaking world.

- **Penélope Cruz** (España) y **Javier Bardem** (España) Cruz and Bardem first appeared on film together in the 1992 film *Jamón jamón*, but didn't start dating until 2007. They were married in 2010 and had a son, Leonardo, in 2011.

- **Gael García Bernal** (México) y **Diego Luna** (México) These lifelong friends were made famous by their roles in the 2001 Mexican film *Y tu mamá también*. They continue to work together in other projects, such as the films *Rudo y Cursi* (2008) and *Casa de mi padre* (2012).

- **Selena Gomez** (Estados Unidos) y **Demi Lovato** (Estados Unidos) These close friends are both from Texas and have parents of Mexican descent. They've know each other since working together on *Barney* when they were 6 years old.

La plaza principal

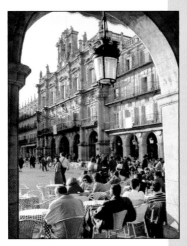

La Plaza Mayor de Salamanca

In the Spanish-speaking world, public space is treasured. Small city and town life revolves around the **plaza principal.** Often surrounded by cathedrals or municipal buildings like the **ayuntamiento** (city hall), the pedestrian **plaza** is designated as a central meeting place for family and friends. During warmer months, when outdoor cafés usually line the **plaza**, it is a popular spot to have a leisurely cup of coffee, chat, and people watch. Many town festivals, or **ferias**, also take place in this space. One of the most famous town squares

La Plaza de Armas, Lima, Perú

is the **Plaza Mayor** in the university town of Salamanca, Spain. Students gather underneath its famous clock tower to meet up with friends or simply take a coffee break.

 Conexión Internet

What are the **plazas principales** in large cities such as Mexico City and Caracas?	Go to **vhlcentral.com** to find more cultural information related to this **Cultura** section.

2 **Comprensión** Answer these questions.

1. What are two types of buildings found on the **plaza principal**?
2. What two types of events or activities are common at a **plaza principal**?
3. Would Penélope Cruz greet her friends with one kiss or two?
4. What would Diego Luna say when greeting a friend?

3 **Saludos** Role-play these greetings with a partner. Include a verbal greeting as well as a handshake, as appropriate.

1. friends in Mexico
2. business associates at a conference in Chile
3. friends in Madrid's Plaza Mayor
4. Peruvians meeting for the first time
5. Relatives in Argentina

1.1 Nouns and articles

Spanish nouns

ANTE TODO A noun is a word used to identify people, animals, places, things, or ideas. Unlike English, all Spanish nouns, even those that refer to non-living things, have gender; that is, they are considered either masculine or feminine. As in English, nouns in Spanish also have number, meaning that they are either singular or plural.

Nouns that refer to living things			
Masculine nouns		**Feminine nouns**	
el hombre	*the man*	**la mujer**	*the woman*
ending in –o		*ending in –a*	
el chico	*the boy*	**la chica**	*the girl*
el pasajero	*the (male) passenger*	**la pasajera**	*the (female) passenger*
ending in –or		*ending in –ora*	
el conductor	*the (male) driver*	**la conductora**	*the (female) driver*
el profesor	*the (male) teacher*	**la profesora**	*the (female) teacher*
ending in –ista		*ending in –ista*	
el turista	*the (male) tourist*	**la turista**	*the (female) tourist*

► Generally, nouns that refer to males, like **el hombre**, are masculine, while nouns that refer to females, like **la mujer**, are feminine.

► Many nouns that refer to male beings end in **–o** or **–or**. Their corresponding feminine forms end in **–a** and **–ora**, respectively.

el conductor

la profesora

► The masculine and feminine forms of nouns that end in **–ista**, like **turista**, are the same, so gender is indicated by the article **el** (masculine) or **la** (feminine). Some other nouns have identical masculine and feminine forms.

el joven
the youth; the young man

la joven
the youth; the young woman

el estudiante
the (male) student

la estudiante
the (female) student

¡LENGUA VIVA!

The Spanish word for *video* can be pronounced with the stress on the **i** or the **e**. For that reason, you might see the word written with or without an accent: **video** or **vídeo**.

▶ As shown above, certain noun endings are strongly associated with a specific gender, so you can use them to determine if a noun is masculine or feminine.

▶ Because the gender of nouns that refer to non-living things cannot be determined by foolproof rules, you should memorize the gender of each noun you learn. It is helpful to memorize each noun with its corresponding article, **el** for masculine and **la** for feminine.

▶ Another reason to memorize the gender of every noun is that there are common exceptions to the rules of gender. For example, **el mapa** (*map*) and **el día** (*day*) end in **–a**, but are masculine. **La mano** (*hand*) ends in **–o**, but is feminine.

Plural of nouns

▶ To form the plural, add **–s** to nouns that end in a vowel. Nouns that end in a consonant add **–es**. Nouns that end in **–z** change the **z** to **c**, then add **–es**.

el chic**o** —▶ los chic**os**   la nacionalida**d** —▶ las nacionalida**des**

el diari**o** —▶ los diari**os**   el país —▶ los pa**íses**

el problem**a** —▶ los problem**as**   el lápi**z** (*pencil*) —▶ los lápi**ces**

CONSULTA

You will learn more about accent marks in **Lección 4, Pronunciación,** p. 123.

▶ In general, when a singular noun has an accent mark on the last syllable, the accent is dropped from the plural form.

la lecci**ón** —▶ las lecci**ones**   el autob**ús** —▶ los autob**uses**

▶ Use the masculine plural form to refer to a group that includes both males and females.

1 pasajer**o** + 2 pasajer**as** = 3 pasajer**os**   2 chic**os** + 2 chic**as** = 4 chic**os**

Spanish articles

ANTE TODO As you know, English often uses definite articles (*the*) and indefinite articles (*a*, *an*) before nouns. Spanish also has definite and indefinite articles. Unlike English, Spanish articles vary in form because they agree in gender and number with the nouns they modify.

Definite articles

▶ Spanish has four forms that are equivalent to the English definite article *the*. Use definite articles to refer to specific nouns.

Masculine		Feminine	
SINGULAR	PLURAL	SINGULAR	PLURAL
el diccionario	**los** diccionarios	**la** computadora	**las** computadoras
the dictionary	*the dictionaries*	*the computer*	*the computers*

Indefinite articles

▶ Spanish has four forms that are equivalent to the English indefinite article, which according to context may mean *a*, *an*, or *some*. Use indefinite articles to refer to unspecified persons or things.

Masculine		Feminine	
SINGULAR	PLURAL	SINGULAR	PLURAL
un pasajero	**unos** pasajeros	**una** fotografía	**unas** fotografías
a (one) passenger	*some passengers*	*a (one) photograph*	*some photographs*

¡LENGUA VIVA!

Feminine singular nouns that begin with stressed **a-** or **ha-** require the masculine articles **el** and **un**. The plural forms still use the feminine articles.

el agua *water*
las aguas *waters*
un hacha *ax*
unas hachas *axes*

¡LENGUA VIVA!

Since **la fotografía** is feminine, so is its shortened form, **la foto**, even though it ends in **–o**.

 ¡INTÉNTALO! Provide a definite article for each noun in the first column and an indefinite article for each noun in the second column.

¿el, la, los o las?

1. ____la____ chica
2. _____ chico
3. _____ maleta
4. _____ cuadernos
5. _____ lápiz
6. _____ mujeres

¿un, una, unos o unas?

1. ____un____ autobús
2. _____ escuelas
3. _____ computadora
4. _____ hombres
5. _____ señora
6. _____ lápices

Práctica

1 ¿**Singular o plural?** If the word is singular, make it plural. If it is plural, make it singular.

1. el número
2. un diario
3. la estudiante
4. el conductor
5. el país
6. las cosas
7. unos turistas
8. las nacionalidades
9. unas computadoras
10. los problemas
11. una fotografía
12. los profesores
13. unas señoritas
14. el hombre
15. la maleta
16. la señora

2 **Identificar** For each drawing, provide the noun with its corresponding definite and indefinite articles.

modelo
las maletas, unas maletas

1. _____

2. _____

3. _____

4. _____

5. _____

6. _____

7. _____

8. _____

 Practice more at **vhlcentral.com.**

Comunicación

3 **Charadas** In groups, play a game of charades. Individually, think of two nouns for each charade, for example, a boy using a computer (**un chico; una computadora**). The first person to guess correctly acts out the next charade.

1.2   # Numbers 0–30

Explanation Tutorial

Los números 0 a 30		
0 cero		
1 uno	**11** once	**21** veintiuno
2 dos	**12** doce	**22** veintidós
3 tres	**13** trece	**23** veintitrés
4 cuatro	**14** catorce	**24** veinticuatro
5 cinco	**15** quince	**25** veinticinco
6 seis	**16** dieciséis	**26** veintiséis
7 siete	**17** diecisiete	**27** veintisiete
8 ocho	**18** dieciocho	**28** veintiocho
9 nueve	**19** diecinueve	**29** veintinueve
10 diez	**20** veinte	**30** treinta

▶ The number **uno** (*one*) and numbers ending in **–uno**, such as **veintiuno**, have more than one form. Before masculine nouns, **uno** shortens to **un**. Before feminine nouns, **uno** changes to **una**.

     un hombre ⟶ veinti**ún** hombres   **una** mujer ⟶ veinti**una** mujeres

▶ **¡Atención!** The forms **uno** and **veintiuno** are used when counting (**uno, dos, tres... veinte, veintiuno, veintidós...**). They are also used when the number *follows* a noun, even if the noun is feminine: **la lección uno**.

▶ To ask *how many people* or *things* there are, use **cuántos** before masculine nouns and **cuántas** before feminine nouns.

▶ The Spanish equivalent of both *there is* and *there are* is **hay**. Use **¿Hay...?** to ask *Is there...?* or *Are there...?* Use **no hay** to express *there is not* or *there are not*.

—**¿Cuántos** estudiantes **hay**?   —**¿Hay** chicos en la fotografía?
How many students are there?   *Are there guys in the picture?*

—**Hay** seis estudiantes en la foto.   —**Hay** tres chicas y **no hay** chicos.
There are six students in the photo.   *There are three girls, and there are no guys.*

recursos

v̂**Text**

CPA
pp. 9–12

CH
pp. 7–8

vhlcentral.com

 ¡INTÉNTALO!   Provide the Spanish words for these numbers.

1. **7** _____	5. **0** _____	9. **23** _____	13. **12** _____
2. **16** _____	6. **15** _____	10. **11** _____	14. **28** _____
3. **29** _____	7. **21** _____	11. **30** _____	15. **14** _____
4. **1** _____	8. **9** _____	12. **4** _____	16. **10** _____

Práctica

1

Contar Following the pattern, write out the missing numbers in Spanish.

1. 1, 3, 5, ..., 29
2. 2, 4, 6, ..., 30
3. 3, 6, 9, ..., 30
4. 30, 28, 26, ..., 0
5. 30, 25, 20, ..., 0
6. 28, 24, 20, ..., 0

2

Resolver Solve these math problems with a partner.

> **modelo**
>
> 5 + 3 = **Estudiante 1:** *cinco más tres son...*
>
> **Estudiante 2:** *ocho*

AYUDA

+	→	**más**
–	→	**menos**
=	→	**son**

1. **2 + 15 =**   6. **6 – 3 =**
2. **20 – 1 =**   7. **11 + 12 =**
3. **5 + 7 =**   8. **7 – 2 =**
4. **18 + 12 =**   9. **8 + 5 =**
5. **3 + 22 =**   10. **23 – 14 =**

3

¿Cuántos hay? How many persons or things are there in these drawings?

> **modelo**
>
> Hay tres maletas.

1. _____   2. _____

Chicos

3. _____   4. _____   5. _____

Chicas

6. _____   7. _____   8. _____

 Practice more at **vhlcentral.com.**

Comunicación

4

En la clase With a classmate, take turns asking and answering these questions about your classroom.

1. ¿Cuántos estudiantes hay?
2. ¿Cuántos profesores hay?
3. ¿Hay una computadora?
4. ¿Hay una maleta?
5. ¿Cuántos mapas hay?

6. ¿Cuántos lápices hay?
7. ¿Hay cuadernos?
8. ¿Cuántos diccionarios hay?
9. ¿Hay hombres?
10. ¿Cuántas mujeres hay?

5

Preguntas With a classmate, take turns asking and answering questions about the drawing. Talk about:

1. how many children there are
2. how many women there are
3. if there are some photographs
4. if there is a boy
5. how many notebooks there are

6. if there is a bus
7. if there are tourists
8. how many pencils there are
9. if there is a man
10. how many computers there are

1.3 # Present tense of ser Explanation Tutorial

Subject pronouns

ANTE TODO In order to use verbs, you will need to learn about subject pronouns. A subject pronoun replaces the name or title of a person or thing and acts as the subject of a verb. In both Spanish and English, subject pronouns are divided into three groups: first person, second person, and third person.

Subject pronouns				
	SINGULAR		**PLURAL**	
FIRST PERSON	**yo**	*I*	**nosotros**	*we* (masculine)
			nosotras	*we* (feminine)
SECOND PERSON	**tú**	*you* (familiar)	**vosotros**	*you* (masc., fam.)
	usted (Ud.)	*you* (formal)	**vosotras**	*you* (fem., fam.)
			ustedes (Uds.)	*you* (form.)
THIRD PERSON	**él**	*he*	**ellos**	*they* (masc.)
	ella	*she*	**ellas**	*they* (fem.)

¡LENGUA VIVA!

In Latin America, **ustedes** is used as the plural for both **tú** and **usted**. In Spain, however, **vosotros** and **vosotras** are used as the plural of **tú**, and **ustedes** is used only as the plural of **usted**.

• • •

Usted and **ustedes** are abbreviated as **Ud.** and **Uds.**, or occasionally as **Vd.** and **Vds.**

▶ Spanish has two subject pronouns that mean *you* (singular). Use **tú** when addressing a friend, a family member, or a child. Use **usted** to address a person with whom you have a formal or more distant relationship, such as a superior at work, a professor, or a person older than you.

Tú eres de Canadá, ¿verdad, David?
You are from Canada, right, David?

¿**Usted** es la profesora de español?
Are you the Spanish professor?

▶ The masculine plural forms **nosotros**, **vosotros**, and **ellos** refer to a group of males or to a group of males and females. The feminine plural forms **nosotras**, **vosotras**, and **ellas** can refer only to groups made up exclusively of females.

nosotros, vosotros, ellos

nosotros, vosotros, ellos

nosotras, vosotras, ellas

▶ There is no Spanish equivalent of the English subject pronoun *it*. Generally *it* is not expressed in Spanish.

Es un problema.
It's a problem.

Es una computadora.
It's a computer.

The present tense of ser

ANTE TODO   In **Contextos** and **Fotonovela**, you have already used several present-tense forms of **ser** (*to be*) to identify yourself and others, and to talk about where you and others are from. **Ser** is an irregular verb; its forms do not follow the regular patterns that most verbs follow. You need to memorize the forms, which appear in this chart.

The verb ser (*to be*)

SINGULAR FORMS	yo	**soy**	*I am*
	tú	**eres**	*you are* (fam.)
	Ud./él/ella	**es**	*you are* (form.); *he/she is*
PLURAL FORMS	nosotros/as	**somos**	*we are*
	vosotros/as	**sois**	*you are* (fam.)
	Uds./ellos/ellas	**son**	*you are* (form.); *they are*

Uses of *ser*

▶ Use **ser** to identify people and things.

—¿Quién **es** él?
Who is he?

—**Es** Felipe Díaz Velázquez.
He's Felipe Díaz Velázquez.

—¿Qué **es**?
What is it?

—**Es** un mapa de España.
It's a map of Spain.

Es Marissa.

Es una maleta.

▶ **Ser** also expresses possession, with the preposition **de**. There is no Spanish equivalent of the English construction [*noun*] + 's (*Maru's*). In its place, Spanish uses [*noun*] + **de** + [*owner*].

—¿**De** quién **es**?
Whose is it?

—**Es** el diario **de** Maru.
It's Maru's diary.

—¿**De** quién **son**?
Whose are they?

—**Son** los lápices **de** la chica.
They are the girl's pencils.

▶ When **de** is followed by the article **el**, the two combine to form the contraction **del**. **De** does *not* contract with **la**, **las**, or **los**.

—**Es** la computadora **del** conductor.
It's the driver's computer.

—**Son** las maletas **del** chico.
They are the boy's suitcases.

▶ **Ser** also uses the preposition **de** to express origin.

¿De dónde eres?

Yo soy de Wisconsin.

¿De dónde es usted?

Yo soy de Cuba.

—¿**De** dónde **es** Juan Carlos?
Where is Juan Carlos from?

—**Es de** Argentina.
He's from Argentina.

—¿**De** dónde **es** Maru?
Where is Maru from?

—**Es de** Costa Rica.
She's from Costa Rica.

▶ Use **ser** to express profession or occupation.

Don Francisco **es conductor**.
Don Francisco is a driver.

Yo **soy estudiante**.
I am a student.

▶ Unlike English, Spanish does not use the indefinite article (**un, una**) after **ser** when referring to professions, unless accompanied by an adjective or other description.

Marta **es** profesora.
Marta is a teacher.

Marta **es una** profesora excelente.
Marta is an excellent teacher.

Somos Perú

LanPerú

¡INTÉNTALO!   Provide the correct subject pronouns and the present forms of **ser**. The first item has been done for you.

1. Gabriel   _él_ _es_
2. Juan y yo   _____ _____
3. Óscar y Flora   _____ _____
4. Adriana   _____ _____

5. las turistas   _____ _____
6. el chico   _____ _____
7. los conductores   _____ _____
8. los señores Ruiz _____ _____

Práctica

1

Pronombres What subject pronouns would you use to (a) talk *to* these people directly and (b) talk *about* them to others?

> **modelo**
>
> un joven   tú, él

1. una chica
2. el presidente de México
3. tres chicas y un chico
4. un estudiante
5. la señora Ochoa
6. dos profesoras

2

Identidad y origen With a partner, take turns asking and answering these questions about the people indicated: **¿Quién es?/¿Quiénes son?** and **¿De dónde es?/¿De dónde son?**

> **modelo**
>
> Selena Gomez (Estados Unidos)
> **Estudiante 1:** ¿Quién es?   **Estudiante 1:** ¿De dónde es?
> **Estudiante 2:** Es Selena Gomez.   **Estudiante 2:** Es de los Estados Unidos.

1. Enrique Iglesias (España)
2. Robinson Canó (República Dominicana)
3. Rebecca Lobo y Martin Sheen (Estados Unidos)
4. Carlos Santana y Salma Hayek (México)
5. Shakira (Colombia)
6. Antonio Banderas y Penélope Cruz (España)
7. Taylor Swift y Demi Lovato (Estados Unidos)
8. Daisy Fuentes (Cuba)

3

¿Qué es? Ask your partner what each object is and to whom it belongs.

> **modelo**
>
> **Estudiante 1:** ¿Qué es?   **Estudiante 1:** ¿De quién es?
> **Estudiante 2:** Es un diccionario.   **Estudiante 2:** Es del profesor Núñez.

1.   2.   3.   4.

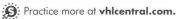 Practice more at **vhlcentral.com**.

Comunicación

4

Preguntas Using the items in the word bank, ask your partner questions about the ad. Be imaginative in your responses.

¿Cuántas?	¿De dónde?	¿Qué?
¿Cuántos?	¿De quién?	¿Quién?

SOMOS ECOTURISTA, S.A.
Los autobuses oficiales de la Ruta Maya

- 25 autobuses en total
- 30 conductores del área
- pasajeros internacionales
- mapas de la región

¡Todos a bordo!

5

¿Quién es? In small groups, take turns pretending to be a famous person from a Spanish-speaking country (such as Spain, Mexico, Puerto Rico, Cuba, or the United States). Use the list of professions to think of people from a variety of backgrounds. Your partners will ask you questions and try to guess who you are.

actor *actor*	cantante *singer*	escritor(a) *writer*
actriz *actress*	deportista *athlete*	músico/a *musician*

modelo

Estudiante 3: ¿Eres de Puerto Rico?
Estudiante 1: No. Soy de Colombia.
Estudiante 2: ¿Eres hombre?
Estudiante 1: Sí. Soy hombre.
Estudiante 3: ¿Eres escritor?
Estudiante 1: No. Soy actor.
Estudiante 2: ¿Eres John Leguizamo?
Estudiante 1: ¡Sí! ¡Sí!

Explanation
Tutorial

 Telling time

ANTE TODO In both English and Spanish, the verb *to be* (**ser**) and numbers are used to tell time.

▶ To ask what time it is, use **¿Qué hora es?** When telling time, use **es + la** with **una** and **son + las** with all other hours.

Es la una.   **Son las** dos.   **Son las** seis.

▶ As in English, you express time from the hour to the half-hour in Spanish by adding minutes.

Son las cuatro **y cinco**.   Son las once **y veinte**.

▶ You may use either **y cuarto** or **y quince** to express fifteen minutes or quarter past the hour. For thirty minutes or half past the hour, you may use either **y media** or **y treinta**.

Es la una **y cuarto**.   Son las nueve **y quince**.   Son las doce **y media**.   Son las siete **y treinta**.

▶ You express time from the half-hour to the hour in Spanish by subtracting minutes or a portion of an hour from the next hour.

Es la una **menos cuarto**.   Son las tres **menos quince**.   Son las ocho **menos veinte**.   Son las tres **menos diez**.

▶ To ask at what time a particular event takes place, use the phrase **¿A qué hora (...)?** To state at what time something takes place, use the construction **a la(s)** + *time*.

¿A qué hora es la clase de biología?
(At) what time is biology class?

La clase es **a las dos**.
The class is at two o'clock.

¿A qué hora es la fiesta?
(At) what time is the party?

A las ocho.
At eight.

▶ Here are some useful words and phrases associated with telling time.

¡LENGUA VIVA!

Other useful expressions for telling time:
Son las doce (del día).
It is twelve o'clock (p.m.).
Son las doce (de la noche).
It is twelve o'clock (a.m.).

Son las ocho **en punto**.
It's 8 o'clock on the dot/sharp.

Es **el mediodía**.
It's noon.

Es **la medianoche**.
It's midnight.

Son las nueve **de la mañana**.
It's 9 a.m./in the morning.

Son las cuatro y cuarto **de la tarde**.
It's 4:15 p.m./in the afternoon.

Son las diez y media **de la noche**.
It's 10:30 p.m./at night.

¿Qué hora es?

Son las cuatro menos diez.

¿Qué hora es?

Son las cuatro y veinticinco.

¡INTÉNTALO! Practice telling time by completing these sentences. The first item has been done for you.

1. (1:00 a.m.) Es la _____una_____ de la mañana.
2. (2:50 a.m.) Son las tres _____ diez de la mañana.
3. (4:15 p.m.) Son las cuatro y _____ de la tarde.
4. (8:30 p.m.) Son las ocho y _____ de la noche.
5. (9:15 a.m.) Son las nueve y quince de la _____.
6. (12:00 p.m.) Es el _____.
7. (6:00 a.m.) Son las seis de la _____.
8. (4:05 p.m.) Son las cuatro y cinco de la _____.
9. (12:00 a.m.) Es la _____.
10. (3:45 a.m.) Son las cuatro menos _____ de la mañana.
11. (2:15 a.m.) Son las _____ y cuarto de la mañana.
12. (1:25 p.m.) Es la una y _____ de la tarde.
13. (6:50 a.m.) Son las _____ menos diez de la mañana.
14. (10:40 p.m.) Son las once menos veinte de la _____.

recursos

v̂Text

CPA
pp. 16–20

CH
pp. 11–12

vhlcentral.com

Práctica

1

Ordenar Put these times in order, from the earliest to the latest.

a. Son las dos de la tarde.
b. Son las once de la mañana.
c. Son las siete y media de la noche.
d. Son las seis menos cuarto de la tarde.
e. Son las dos menos diez de la tarde.
f. Son las ocho y veintidós de la mañana.

2

¿Qué hora es? Give the times shown on each clock or watch.

> **modelo**
> Son las cuatro y cuarto/quince de la tarde.

p.m.   p.m.

1. _____ 2. _____ 3. _____ 4. _____ 5. _____

a.m.   a.m.   p.m.

6. _____ 7. _____ 8. _____ 9. _____ 10. _____

NOTA CULTURAL

Many Spanish-speaking countries use both the 12-hour clock and the 24-hour clock (that is, military time). The 24-hour clock is commonly used in written form on signs and schedules. For example, 1 p.m. is **13 h** or **13:00**, 2 p.m. is **14 h** or **14:00**, and so on. See the photo on p. 33 for a sample schedule.

3

¿A qué hora? Ask your partner at what time these events take place. Your partner will answer according to the cues provided.

> **modelo**
> la clase de matemáticas (2:30 p.m.)
> **Estudiante 1:** ¿A qué hora es la clase de matemáticas?
> **Estudiante 2:** Es a las dos y media de la tarde.

1. el programa *Las cuatro amigas* (*11:30 a.m.*)
2. el drama *La casa de Bernarda Alba* (*7:00 p.m.*)
3. el programa *Las computadoras* (*8:30 a.m.*)
4. la clase de español (*10:30 a.m.*)
5. la clase de biología (*9:40 a.m.*)
6. la clase de historia (*10:50 a.m.*)
7. el partido (*game*) de béisbol (*5:15 p.m.*)
8. el partido de tenis (*12:45 p.m.*)
9. el partido de baloncesto (*basketball*) (*7:45 p.m.*)

NOTA CULTURAL

La casa de Bernarda Alba is a famous play by Spanish poet and playwright **Federico García Lorca** (1898–1936). Lorca was one of the most famous writers of the 20th century and a close friend of Spain's most talented artists, including the painter Salvador Dalí and the filmmaker Luis Buñuel.

 Practice more at **vhlcentral.com**.

Comunicación

4

En la televisión With a partner, take turns asking questions about these television listings.

> **modelo**
>
> **Estudiante 1:** ¿A qué hora es el documental *Las computadoras*?
> **Estudiante 2:** Es a las nueve en punto de la noche.

TV Hoy – Programación

11:00 am	Telenovela: *La casa de la familia Díaz*		**5:00 pm**	Telenovela: *Tres mujeres*
12:00 pm	Película: *El cóndor* (drama)		**6:00 pm**	Noticias
2:00 pm	Telenovela: *Dos mujeres y dos hombres*		**7:00 pm**	Especial musical: *Música folclórica de México*
3:00 pm	Programa juvenil: *Fiesta*		**7:30 pm**	La naturaleza: *Jardín secreto*
3:30 pm	Telenovela: *¡Sí, sí, sí!*		**8:00 pm**	Noticiero: *Veinticuatro horas*
4:00 pm	Telenovela: *El diario de la Sra. González*		**9:00 pm**	Documental: *Las computadoras*

5

Preguntas With a partner, answer these questions based on your own knowledge.

1. Son las tres de la tarde en Nueva York. ¿Qué hora es en Los Ángeles?

2. Son las ocho y media en Chicago. ¿Qué hora es en Miami?

3. Son las dos menos cinco en San Francisco. ¿Qué hora es en San Antonio?

4. ¿A qué hora es el programa *Saturday Night Live*? ¿A qué hora es el programa *American Idol*?

6

Más preguntas Using the questions in the previous activity as a model, make up four questions of your own. Then get together with a classmate and take turns asking and answering each other's questions.

Síntesis

7

Situación With a partner, play the roles of a student on the school newspaper interviewing the new Spanish teacher (**profesor(a) de español**) from Venezuela. Be prepared to act out the conversation for your classmates.

Estudiante	**Profesor(a) de español**
Ask the teacher his/her name.	→ Ask the student his/her name.
Ask the teacher what time his/her Spanish classes are.	→ Ask the student where he/she is from.
Ask how many students are in his/her classes.	→ Ask to whom the notebook belongs.
Say thank you and goodbye.	→ Say thank you and you are pleased to meet him/her.

Recapitulación

Diagnostics
Remediation Activities

Review the grammar concepts you have learned in this lesson by completing these activities.

1 **Completar** Complete the charts according to the models. `14 pts.`

Masculino	Femenino
el chico	la chica
	la profesora
	la amiga
el señor	
	la pasajera
el estudiante	
	la turista
el joven	

Singular	Plural
una cosa	unas cosas
un libro	
	unas clases
una lección	
un conductor	
	unos países
	unos lápices
un problema	

2 **En la clase** Complete each conversation with the correct word. `11 pts.`

César   Beatriz

CÉSAR ¿(1) _____ (Cuántos/Cuántas) chicas hay en la (2) _____ (maleta/clase)?

BEATRIZ Hay (3) _____ (catorce/cuatro) [14] chicas.

CÉSAR Y, ¿(4) _____ (cuántos/cuántas) chicos hay?

BEATRIZ Hay (5) _____ (tres/trece) [13] chicos.

CÉSAR Entonces (*Then*), en total hay (6) _____ (veintiséis/veintisiete) (7) _____ (estudiantes/chicas) en la clase.

Ariana   Daniel

ARIANA ¿Tienes (*Do you have*) (8) _____ (un/una) diccionario?

DANIEL No, pero (*but*) aquí (9) _____ (es/hay) uno.

ARIANA ¿De quién (10) _____ (son/es)?

DANIEL (11) _____ (Son/Es) de Carlos.

RESUMEN GRAMATICAL

1.1 Nouns and articles *pp. 12–14*

Gender of nouns

Nouns that refer to living things

	Masculine		Feminine
-o	el chico	-a	la chica
-or	el profesor	-ora	la profesora
-ista	el turista	-ista	la turista

Nouns that refer to non-living things

	Masculine		Feminine
-o	el libro	-a	la cosa
-ma	el programa	-ción	la lección
-s	el autobús	-dad	la nacionalidad

Plural of nouns

► ending in vowels + -s   la chica → las chicas

► ending in consonant + -es
el señor → los señores

(-z → -ces   un lápiz → unos lápices)

Spanish articles

► Definite articles: el, la, los, las

► Indefinite articles: un, una, unos, unas

1.2 Numbers 0–30 *p. 16*

0	cero	8	ocho	16	dieciséis
1	uno	9	nueve	17	diecisiete
2	dos	10	diez	18	dieciocho
3	tres	11	once	19	diecinueve
4	cuatro	12	doce	20	veinte
5	cinco	13	trece	21	veintiuno
6	seis	14	catorce	22	veintidós
7	siete	15	quince	30	treinta

1.3 Present tense of *ser* *pp. 19–21*

yo	soy	nosotros/as	somos
tú	eres	vosotros/as	sois
Ud./él/ella	es	Uds./ellos/ellas	son

3 Presentaciones Complete this conversation with the correct form of the verb **ser**. (6 pts.)

JUAN ¡Hola! Me llamo Juan. (1) _____ estudiante en la clase de español.

DANIELA ¡Hola! Mucho gusto. Yo (2) _____ Daniela y ella (3) _____ Mónica. ¿De dónde (4) _____ (tú), Juan?

JUAN De California. Y ustedes, ¿de dónde (5) _____ ?

MÓNICA Nosotras (6) _____ de Florida.

1.4 Telling time *pp. 24–25*

Es la **una**.	*It's 1:00.*
Son las **dos**.	*It's 2:00.*
Son las tres y diez.	*It's 3:10.*
Es la una y cuarto/ quince.	*It's 1:15.*
Son las siete y media/ treinta.	*It's 7:30.*
Es la una menos cuarto/quince.	*It's 12:45.*
Son las once menos veinte.	*It's 10:40.*
Es el mediodía.	*It's noon.*
Es la medianoche.	*It's midnight.*

---

4 ¿Qué hora es? Write out in words the following times, indicating whether it's morning, noon, afternoon, or night. (10 pts.)

1. It's 12:00 p.m.

_____

2. It's 7:05 a.m.

_____

3. It's 9:35 p.m.

_____

4. It's 5:15 p.m.

_____

5. It's 1:30 p.m.

_____

5 ¡Hola! Write five sentences introducing yourself and talking about your classes. You may want to include: your name, where you are from, who your Spanish teacher is, the time of your Spanish class, how many students are in the class, etc. (9 pts.)

_____

_____

_____

_____

6 Canción Write the missing words to complete this children's song. **2 EXTRA points!**

cinco	media
cuántas	quiénes
cuatro	

" ¿ _____ patas°
tiene un gato°?
Una, dos, tres y
_____ . "

Practice more at **vhlcentral.com**.

patas *legs*   tiene un gato *does a cat have*

Lectura

Audio: Synched
Reading
Additional Reading

Antes de leer

Estrategia
Recognizing cognates

As you learned earlier in this lesson, cognates are words that share similar meanings and spellings in two or more languages. When reading in Spanish, it's helpful to look for cognates and use them to guess the meaning of what you're reading. But watch out for false cognates. For example, **librería** means *bookstore*, not *library*, and **embarazada** means *pregnant*, not *embarrassed*. Look at this list of Spanish words, paying special attention to prefixes and suffixes. Can you guess the meaning of each word?

importante	oportunidad
farmacia	cultura
inteligente	activo
dentista	sociología
decisión	**espectacular**
televisión	restaurante
médico	policía

Examinar el texto
Glance quickly at the reading selection and guess what type of document it is. Explain your answer.

Cognados
Read the document and make a list of the cognates you find. Guess their English equivalents, then compare your answers with those of a classmate.

recursos

v̂ Text	CH pp. 13–14	Ⓢ vhlcentral.com

Teléfonos importantes

Policía

Médico

Dentista

Pediatra

Farmacia

Banco Central

Aerolíneas Nacionales

Cine Metro

Hora/Temperatura

Profesora Salgado (escuela)

Papá (oficina)

Gimnasio Gente Activa

Restaurante Roma

Supermercado Famoso

Librería El Inteligente

54.11.11

54.36.92

54.87.11

53.14.57

54.03.06

54.90.83

54.87.40

53.45.96

53.24.81

54.15.33

54.84.99

54.36.04

53.75.44

54.77.23

54.66.04

Después de leer

¿Cierto o falso?

Indicate whether each statement is **cierto** or **falso**. Then correct the false statements.

1. There is a child in this household.
   _____
   _____

2. To renew a prescription, you would dial 54.90.83.
   _____
   _____

3. If you wanted the exact time and information about the weather you'd dial 53.24.81.
   _____
   _____

4. Papá probably works outdoors.
   _____
   _____

5. This household probably orders a lot of Chinese food.
   _____
   _____

6. If you had a toothache, you would dial 54.87.11.
   _____
   _____

7. You would dial 54.87.40 to make a flight reservation.
   _____
   _____

8. To find out if a best-selling book were in stock, you would dial 54.66.04.
   _____
   _____

9. If you needed information about aerobics classes, you would dial 54.15.33.
   _____
   _____

10. You would call **Cine Metro** to find out what time a movie starts.
    _____
    _____

Números de teléfono

Make your own list of phone numbers like the one shown in this reading. Include emergency phone numbers as well as frequently called numbers. Use as many cognates from the reading as you can.

 Practice more at **vhlcentral.com**.

Escritura

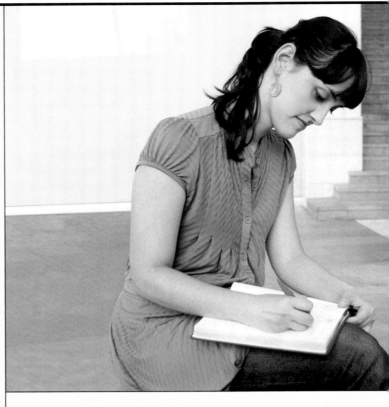

Estrategia
Writing in Spanish

Why do we write? All writing has a purpose. For example, we may write an e-mail to share important information or compose an essay to persuade others to accept a point of view. Proficient writers are not born, however. Writing requires time, thought, effort, and a lot of practice. Here are some tips to help you write more effectively in Spanish.

DO

- ▶ Try to write your ideas in Spanish
- ▶ Use the grammar and vocabulary that you know
- ▶ Use your textbook for examples of style, format, and expression in Spanish
- ▶ Use your imagination and creativity
- ▶ Put yourself in your reader's place to determine if your writing is interesting

AVOID

- ▶ Translating your ideas from English to Spanish
- ▶ Simply repeating what is in the textbook or on a web page
- ▶ Using a dictionary until you have learned how to use foreign language dictionaries

Tema

Hacer una lista

Create a telephone/address list that includes important names, numbers, and websites that will be helpful to you in your study of Spanish. Make whatever entries you can in Spanish without using a dictionary. You might want to include this information:

- ▶ The names, phone numbers, and e-mail addresses of at least four classmates
- ▶ Your teacher's name, e-mail address, and phone number
- ▶ Three phone numbers and e-mail addresses of locations related to your study of Spanish
- ▶ Five electronic resources for students of Spanish, such as sites dedicated to the study of Spanish as a second language

Nombre _Sally_ ☎
Teléfono _655-8888_ ✉
Dirección electrónica _sally@uru.edu_

Nombre _Profesor José Ramón Casas_
Teléfono _655-8090_
Dirección electrónica _jrcasas@uru.edu_

Nombre _Biblioteca 655-7000_
Dirección electrónica _library@uru.edu_

Escuchar

Estrategia

Listening for words you know

You can get the gist of a conversation by listening for words and phrases you already know.

 To help you practice this strategy, listen to the following sentence and make a list of the words you have already learned.

Preparación

Based on the photograph, what do you think Dr. Cavazos and Srta. Martínez are talking about? How would you get the gist of their conversation, based on what you know about Spanish?

Ahora escucha

Now you are going to hear Dr. Cavazos's conversation with Srta. Martínez. List the familiar words and phrases each person says.

Dr. Cavazos	Srta. Martínez
1. _____	9. _____
2. _____	10. _____
3. _____	11. _____
4. _____	12. _____
5. _____	13. _____
6. _____	14. _____
7. _____	15. _____
8. _____	16. _____

With a classmate, use your lists of familiar words as a guide to come up with a summary of what happened in the conversation.

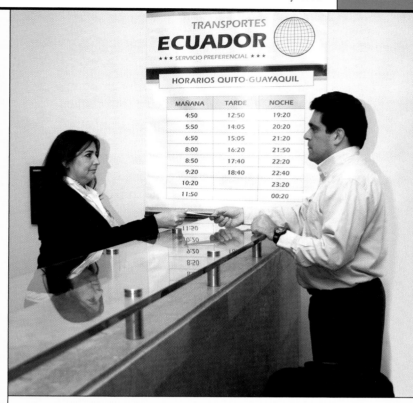

	MAÑANA	TARDE	NOCHE
	4:50	12:50	19:20
	5:50	14:05	20:20
	6:50	15:05	21:20
	8:00	16:20	21:50
	8:50	17:40	22:20
	9:20	18:40	22:40
	10:20		23:20
	11:50		00:20

TRANSPORTES **ECUADOR** ★★★ SERVICIO PREFERENCIAL ★★★

HORARIOS QUITO-GUAYAQUIL

Comprensión

Identificar

Who would say the following things, Dr. Cavazos or Srta. Martínez?

1. Me llamo...
2. De nada.
3. Gracias. Muchas gracias.
4. Aquí tiene usted los documentos de viaje, señor.
5. Usted tiene tres maletas, ¿no?
6. Tengo dos maletas.
7. Hola, señor.
8. ¿Viaja usted a Buenos Aires?

Contestar

1. Does this scene take place in the morning, afternoon, or evening? How do you know?

2. How many suitcases does Dr. Cavazos have?

3. Using the words you already know to determine the context, what might the following words and expressions mean?
   - boleto
   - un viaje de ida y vuelta
   - pasaporte
   - ¡Buen viaje!

 Practice more at **vhlcentral.com**.

En pantalla Video: TV Clip

Latinos form the largest-growing minority group in the United States. This trend is expected to continue; the Census Bureau projects that between 2000 and 2050, the Latino population will double. Viewership of the two major Spanish-language TV stations, **Univisión** and **Telemundo**, has skyrocketed, at times surpassing that of the four major English-language networks. With Latino purchasing power estimated at 1.5 trillion dollars for 2015, many companies have responded by adapting successful marketing campaigns to target a Spanish-speaking audience. Turn on a Spanish-language channel any night of the week, and you'll see ads for the world's biggest consumer brands, from soft drinks to car makers; many of these advertisements are adaptations of their English-language counterparts. Bilingual ads, which use English and Spanish in a way that is accessible to all viewers, have become popular during events such as the Super Bowl, where advertisers want to appeal to a diverse market.

Vocabulario útil	
carne en salsa	beef with sauce
copa de helado	cup of ice cream
no tiene precio	priceless
plato principal	main course
un domingo en familia	Sunday with the family

Emparejar

Match each item with its price according to the ad.
¡Ojo! (*Careful!*) One of the responses will not be used.

_____ 1. aperitivo   a. quince dólares

_____ 2. plato principal   b. ocho dólares

_____ 3. postre   c. treinta dólares

                 d. seis dólares

Un comercial

With a partner, brainstorm and write a MasterCard-like TV ad about something you consider priceless. Then read it to the class. Use as much Spanish as you can.

Aperitivo *Appetizer*   Postre *Dessert*

Anuncio de MasterCard

Aperitivo°...

copa de helado: $6

Postre°...

un domingo en familia: no tiene precio

Un domingo en familia...

 Practice more at **vhlcentral.com.**

Video:
Flash cultura

The **Plaza de Mayo** in Buenos Aires, Argentina, is perhaps best known as a place of political protest due to its weekly demonstrations. Despite this reputation, for many it is also a traditional **plaza**, a spot to escape from the hustle of city life. In warmer months, office workers from neighboring buildings flock to the plaza during lunch hour. **Plaza de Mayo** is also a favorite spot for families, couples, and friends to gather, stroll, or simply sit and chat. Tourists come year-round to take in the iconic surroundings: **Plaza de Mayo** is flanked by the rose-colored presidential palace (**Casa Rosada**), city hall (**municipalidad**), a colonial-era museum (**Cabildo**), and a spectacular cathedral (**Catedral Metropolitana**).

Vocabulario útil

abrazo	*hug*
¡Cuánto tiempo!	*It's been a long time!*
encuentro	*encounter*
plaza	*city or town square*
¡Qué bueno verte!	*It's great to see you!*
¡Qué suerte verlos!	*How lucky to see you!*

Preparación

Where do you and your friends usually meet? Are there public places where you get together? What activities do you take part in there?

Identificar

Identify the person or people who make(s) each of these statements.

1. ¿Cómo están ustedes?   a. Gonzalo
2. ¡Qué bueno verte!   b. Mariana
3. Bien, ¿y vos?   c. Mark
4. Hola.   d. Silvina
5. ¡Qué suerte verlos!

Encuentros en la plaza

Today we are at the Plaza de Mayo.

People come to walk and get some fresh air...

And children come to play...

Practice more at **vhlcentral.com**.

recursos

v Text CPA pp. 23–24 vhlcentral.com

Interactive Map
Video: *Panorama cultural*

Estados Unidos
El país en cifras°

▸ Población° de los EE.UU.: 309 millones
▸ Población de origen hispano: 51 millones
▸ Lugar de origen de hispanos en los EE.UU.:

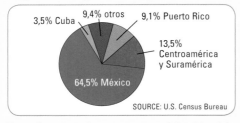

3,5% Cuba — 9,4% otros — 9,1% Puerto Rico
13,5% Centroamérica y Suramérica
64,5% México

SOURCE: U.S. Census Bureau

▸ Estados con la mayor° población hispana:

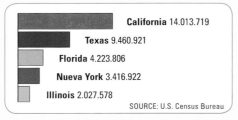

California 14.013.719
Texas 9.460.921
Florida 4.223.806
Nueva York 3.416.922
Illinois 2.027.578

SOURCE: U.S. Census Bureau

Canadá
El país en cifras

▸ Población de Canadá: 34 millones
▸ Población de origen hispano: 700.000
▸ País de origen de hispanos en Canadá:

48% España
9,1% México
8,8% El Salvador
34,1% otros

SOURCE: Statistics Canada

▸ Ciudades° con la mayor población hispana:
Montreal, Toronto, Vancouver

en cifras *by the numbers*   Población *Population*   mayor *largest*
Ciudades *Cities*   creció *grew*   más *more*   cada *every*   niños *children*
Se estima *It is estimated*   va a ser *it is going to be*

Mission District, en San Francisco

AK   HI

CANADÁ

Vancouver · Calgary

Ottawa · Mont
Toronto ·
Chicago · Nueva York

San Francisco · Las Vegas   EE.UU.
Los Ángeles · San Diego   Washington, D.C.

San Antonio   Océano Atlántic

Miami

Golfo de México

MÉXICO

Mar Caribe

El Álamo, en San Antonio, Texas

recursos
vText   CPA pp. 25–28   vhlcentral.com

¡Increíble pero cierto!

La población hispana en los EE.UU. creció° un 3,2% entre los años 2007 (dos mil siete) y 2008 (dos mil ocho) (1,5 millones de personas más°). Hoy, uno de cada° cinco niños° en los EE.UU. es de origen hispano. Se estima° que en el año 2021 va a ser° uno de cada tres.

SOURCE: U.S. Census Bureau and The Associated Press

Comida • **La comida mexicana**

La comida° mexicana es muy popular en los Estados Unidos. Los tacos, las enchiladas, las quesadillas y los frijoles frecuentemente forman parte de las comidas de muchos norteamericanos. También° son populares las variaciones de la comida mexicana en los Estados Unidos: el tex-mex y el cali-mex.

Lugares • **La Pequeña Habana**

La Pequeña Habana° es un barrio° de Miami, Florida, donde viven° muchos cubanoamericanos. Es un lugar° donde se encuentran° las costumbres° de la cultura cubana, los aromas y sabores° de su comida y la música salsa. La Pequeña Habana es una parte de Cuba en los Estados Unidos.

Costumbres • **Desfile puertorriqueño**

Cada junio, desde° 1951 (mil novecientos cincuenta y uno), los puertorriqueños celebran su cultura con un desfile° en Nueva York. Es un gran espectáculo con carrozas° y música salsa, merengue y hip-hop. Muchos espectadores llevan° la bandera° de Puerto Rico en su ropa° o pintada en la cara°.

Comunidad • **Hispanos en Canadá**

En Canadá viven° muchos hispanos. Toronto y Montreal son las ciudades° con mayor° población hispana. La mayoría de ellos tienen estudios universitarios° y hablan° una de las lenguas° oficiales: inglés o francés°. Los hispanos participan activamente en la vida cotidiana° y profesional de Canadá.

¿Qué aprendiste? Completa las frases con la información adecuada (*appropriate*).

1. Hay _____ de personas de origen hispano en los Estados Unidos.
2. Los cuatro estados con las poblaciones hispanas más grandes son (en orden) _____, Texas, Florida y _____.
3. Toronto, Montreal y _____ son las ciudades con más población hispana de Canadá.
4. Las quesadillas y las enchiladas son platos (*dishes*) _____.
5. La Pequeña _____ es un barrio de Miami.
6. En Miami hay muchas personas de origen _____.
7. Cada junio se celebra en Nueva York un gran desfile para personas de origen _____.
8. Muchos hispanos en Canadá hablan _____ o francés.

 Conexión Internet Investiga estos temas en **vhlcentral.com**.

1. Haz (*Make*) una lista de seis hispanos célebres de los EE.UU. o Canadá. Explica (*Explain*) por qué (*why*) son célebres.
2. Escoge (*Choose*) seis lugares en los Estados Unidos con nombres hispanos e investiga sobre el origen y el significado (*meaning*) de cada nombre.

Practice more at **vhlcentral.com**.

comida *food* También *Also* La Pequeña Habana *Little Havana* barrio *neighborhood* viven *live* lugar *place* se encuentran *are found* costumbres *customs* sabores *flavors* Cada junio desde *Each June since* desfile *parade* con carrozas *with floats* llevan *wear* bandera *flag* ropa *clothing* cara *face* viven *live* ciudades *cities* mayor *most* tienen estudios universitarios *have a degree* hablan *speak* lenguas *languages* inglés o francés *English or French* vida cotidiana *daily life*

Saludos

Hola.	Hello; Hi.
Buenos días.	Good morning.
Buenas tardes.	Good afternoon.
Buenas noches.	Good evening; Good night.

Despedidas

Adiós.	Goodbye.
Nos vemos.	See you.
Hasta luego.	See you later.
Hasta la vista.	See you later.
Hasta pronto.	See you soon.
Hasta mañana.	See you tomorrow.
Saludos a...	Greetings to…
Chau.	Bye.

¿Cómo está?

¿Cómo está usted?	How are you? (form.)
¿Cómo estás?	How are you? (fam.)
¿Qué hay de nuevo?	What's new?
¿Qué pasa?	What's happening?; What's going on?
¿Qué tal?	How are you?; How is it going?
(Muy) bien, gracias.	(Very) well, thanks.
Nada.	Nothing.
No muy bien.	Not very well.
Regular.	So-so; OK.

Expresiones de cortesía

Con permiso.	Pardon me; Excuse me.
De nada.	You're welcome.
Lo siento.	I'm sorry.
(Muchas) gracias.	Thank you (very much); Thanks (a lot).
No hay de qué.	You're welcome.
Perdón.	Pardon me; Excuse me.
por favor	please

Títulos

señor (Sr.); don	Mr.; sir
señora (Sra.); doña	Mrs.; ma'am
señorita (Srta.)	Miss

Presentaciones

¿Cómo se llama usted?	What's your name? (form.)
¿Cómo te llamas?	What's your name? (fam.)
Me llamo...	My name is…
¿Y usted?	And you? (form.)
¿Y tú?	And you? (fam.)
Mucho gusto.	Pleased to meet you.
El gusto es mío.	The pleasure is mine.
Encantado/a.	Delighted; Pleased to meet you.
Igualmente.	Likewise.
Éste/Ésta es...	This is…
Le presento a...	I would like to introduce you to (name). (form.)
Te presento a...	I would like to introduce you to (name). (fam.)
el nombre	name

¿De dónde es?

¿De dónde es usted?	Where are you from? (form.)
¿De dónde eres?	Where are you from? (fam.)
Soy de...	I'm from…

Palabras adicionales

¿cuánto(s)/a(s)?	how much/many?
¿de quién...?	whose…? (sing.)
¿de quiénes...?	whose…? (plural)
(no) hay	there is (not); there are (not)

Países

Argentina	Argentina
Canadá	Canada
Costa Rica	Costa Rica
Cuba	Cuba
Ecuador	Ecuador
España	Spain
Estados Unidos (EE.UU.)	United States
México	Mexico
Puerto Rico	Puerto Rico

  Audio: Vocabulary Flashcards

Verbo

ser	to be

Sustantivos

el autobús	bus
la capital	capital city
el chico	boy
la chica	girl
la computadora	computer
la comunidad	community
el/la conductor(a)	driver
la conversación	conversation
la cosa	thing
el cuaderno	notebook
el día	day
el diario	diary
el diccionario	dictionary
la escuela	school
el/la estudiante	student
la foto(grafía)	photograph
el hombre	man
el/la joven	youth; young person
el lápiz	pencil
la lección	lesson
la maleta	suitcase
la mano	hand
el mapa	map
la mujer	woman
la nacionalidad	nationality
el número	number
el país	country
la palabra	word
el/la pasajero/a	passenger
el problema	problem
el/la profesor(a)	teacher
el programa	program
el/la turista	tourist
el video	video

Numbers 0–30	See page 16.
Telling time	See pages 24–25.
Expresiones útiles	See page 7.

recursos

v Text

CPA p. 18

vhlcentral.com

En la clase

Communicative Goals

I will be able to:

- Talk about my classes and school life
- Discuss everyday activities
- Ask questions in Spanish
- Describe the location of people and things

VOICE BOARD

A PRIMERA VISTA

- ¿Hay dos chicas en la foto?
- ¿Hay una computadora o dos?
- ¿Son turistas o estudiantes?
- ¿Qué hora es, la una de la mañana o de la tarde?

En la clase

  Audio: Vocabulary Tutorials, Games

Más vocabulario

la biblioteca	*library*
la cafetería	*cafeteria*
la casa	*house; home*
el estadio	*stadium*
el laboratorio	*laboratory*
la librería	*bookstore*
la residencia estudiantil	*dormitory*
la universidad	*university; college*
el/la compañero/a de clase	*classmate*
el/la compañero/a de cuarto	*roommate*
la clase	*class*
el curso	*course*
la especialización	*major*
el examen	*test; exam*
el horario	*schedule*
la prueba	*test; quiz*
el semestre	*semester*
la tarea	*homework*
el trimestre	*trimester; quarter*
la administración de empresas	*business administration*
el arte	*art*
la biología	*biology*
las ciencias	*sciences*
la computación	*computer science*
la contabilidad	*accounting*
la economía	*economics*
el español	*Spanish*
la física	*physics*
la geografía	*geography*
la música	*music*

Variación léxica

pluma ←→ bolígrafo
pizarra ←→ tablero (*Col.*)

el reloj

la ventana

la puerta

la profesora

el estudiante

la mesa

la calculadora

el libro

la pluma

recursos

vText

CPA
pp. 29–31

CH
pp. 17–18

vhlcentral.com

LAS MATERIAS	COURSES
la historia	history
las humanidades	humanities
el inglés	English
las lenguas extranjeras	foreign languages
la literatura	literature
las matemáticas	mathematics
el periodismo	journalism
la psicología	psychology
la química	chemistry
la sociología	sociology

el mapa

la pizarra

el papel

el borrador

la tiza

la papelera

el escritorio

la mochila

la estudiante

la silla

Práctica

1 Escuchar Listen to Professor Morales talk about her Spanish classroom, then check the items she mentions.

puerta	○	tiza	○	plumas	○
ventanas	○	escritorios	○	mochilas	○
pizarra	○	sillas	○	papel	○
borrador	○	libros	○	reloj	○

2 Identificar You will hear a series of words. Write each one in the appropriate category.

Personas	Lugares	Materias
_____	_____	_____
_____	_____	_____
_____	_____	_____

3 Emparejar Match each question with its most logical response. **¡Ojo!** (*Careful!*) One response will not be used.

1. ¿Qué clase es?
2. ¿Quiénes son?
3. ¿Quién es?
4. ¿De dónde es?
5. ¿A qué hora es la clase de inglés?
6. ¿Cuántos estudiantes hay?

a. Hay veinticinco.
b. Es un reloj.
c. Es de Perú.
d. Es la clase de química.
e. Es el señor Bastos.
f. Es a las nueve en punto.
g. Son los profesores.

4 Identificar Identify the word that does not belong in each group.

1. examen • casa • tarea • prueba
2. economía • matemáticas • biblioteca • contabilidad
3. pizarra • tiza • borrador • librería
4. lápiz • cafetería • papel • calculadora
5. veinte • diez • pluma • treinta
6. conductor • laboratorio • autobús • pasajero

5 ¿Qué clase es? Name the class associated with the subject matter.

modelo

los elementos, los átomos   *Es la clase de química.*

1. Abraham Lincoln, Winston Churchill
2. Picasso, Leonardo da Vinci
3. Freud, Jung
4. África, el océano Pacífico
5. la cultura de España, verbos
6. Hemingway, Shakespeare
7. geometría, trigonometría

Los días de la semana

¿Qué día es hoy (today)?

Hoy es martes.

¿Cuándo (When) es el examen?

Es el viernes.

septiembre

lunes	martes	miércoles	jueves	viernes	sábado	domingo
	1	2	3	4	5	6
7	8	9	10			

Audio: Vocabulary

¡LENGUA VIVA!

The days of the week are never capitalized in Spanish.

•••

Monday is usually considered the first day of the week in Spanish-speaking countries.

AYUDA

Note that September in Spanish is **septiembre**.

6

¿Qué día es hoy? Complete each statement with the correct day of the week.

1. Hoy es martes. Mañana es _____. Ayer fue (*Yesterday was*) _____.
2. Ayer fue sábado. Mañana es _____. Hoy es _____.
3. Mañana es viernes. Hoy es _____. Ayer fue _____.
4. Ayer fue domingo. Hoy es _____. Mañana es _____.
5. Hoy es jueves. Ayer fue _____. Mañana es _____.
6. Mañana es lunes. Hoy es _____. Ayer fue _____.

7

Analogías Use these words to complete the analogies. Some words will not be used.

arte	día	martes	pizarra
biblioteca	domingo	matemáticas	profesor
catorce	estudiante	mujer	reloj

1. maleta ←→ pasajero ⊜ mochila ←→ _____
2. chico ←→ chica ⊜ hombre ←→ _____
3. pluma ←→ papel ⊜ tiza ←→ _____
4. inglés ←→ lengua ⊜ miércoles ←→ _____
5. papel ←→ cuaderno ⊜ libro ←→ _____
6. quince ←→ dieciséis ⊜ lunes ←→ _____
7. Cervantes ←→ literatura ⊜ Dalí ←→ _____
8. autobús ←→ conductor ⊜ clase ←→ _____
9. los EE.UU. ←→ mapa ⊜ hora ←→ _____
10. veinte ←→ veintitrés ⊜ jueves ←→ _____

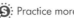 Practice more at **vhlcentral.com.**

Comunicación

8

Horario Choose three classes from the chart to create your own class schedule, then discuss it with a classmate.

materia	horas	días	profesor(a)
inglés	9:50	lunes, miércoles, viernes	Prof. Ordóñez
historia	9:00–10:30	martes, jueves	Profa. Dávila
biología	1:30–3:00	martes, jueves	Profa. Quiñones
matemáticas	2:10–3:00	lunes, miércoles, viernes	Prof. Jiménez
arte	10:40–12:10	jueves	Prof. Molina

modelo

Estudiante 1: Tomo (*I take*) historia los martes y jueves, de 9 a 10:30, con (*with*) la profesora Dávila.

Estudiante 2: ¿Sí? Yo no tomo historia. Yo tomo arte los jueves, de 10:40 a 12:10, con el profesor Molina.

9

Memoria How well do you know your Spanish classroom? Take a good look around and then close your eyes. Your partner will ask you questions about the classroom, using these words and other vocabulary. Each person should answer six questions and switch roles every three questions.

escritorio	mapa	pizarra	reloj
estudiante	mesa	profesor(a)	silla
libro	mochila	puerta	ventana

modelo

Estudiante 1: ¿Cuántas ventanas hay?

Estudiante 2: Hay cuatro ventanas.

10

Nuevos amigos During the first week of class, you meet a new student in the cafeteria. With a partner, prepare a conversation using these cues. Then act it out for the class.

Estudiante 1	**Estudiante 2**
Greet your new acquaintance.	→ Introduce yourself.
Find out about him or her.	→ Tell him or her about yourself.
Ask about your partner's class schedule.	→ Compare your schedule to your partner's.
Say nice to meet you and goodbye.	→ Say nice to meet you and goodbye.

¿Qué estudias?

Felipe, Marissa, Juan Carlos y Miguel visitan
Chapultepec y hablan de las clases.

PERSONAJES   MARISSA   FELIPE

 Video: *Fotonovela*
Record and Compare

FELIPE Dos boletos, por favor.

EMPLEADO Dos boletos son
64 pesos.

FELIPE Aquí están 100 pesos.

EMPLEADO 100 menos 64 son
36 pesos de cambio.

FELIPE Ésta es la Ciudad de México.

FELIPE Juan Carlos, ¿quién
enseña la clase de química
este semestre?

JUAN CARLOS El profesor Morales.
Ah, ¿por qué tomo química y
computación?

FELIPE Porque te gusta la tarea.

FELIPE Los lunes y los miércoles,
economía a las 2:30. Tú tomas
computación los martes en
la tarde, y química, a ver...
Los lunes, los miércoles y los
viernes ¿a las 10? ¡Uf!

FELIPE Y Miguel, ¿cuándo regresa?

JUAN CARLOS Hoy estudia
con Maru.

MARISSA ¿Quién es Maru?

JUAN CARLOS

MIGUEL

EMPLEADO

MARU

4

FELIPE Oye, Marissa, ¿cuántas clases tomas?

MARISSA Tomo cuatro clases: español, historia, literatura y también geografía. Me gusta mucho la cultura mexicana.

5

MIGUEL Marissa, hablas muy bien el español... Y dónde está tu diccionario?

MARISSA En casa de los Díaz. Felipe necesita practicar inglés.

MIGUEL ¡Ay, Maru! Chicos, nos vemos más tarde.

9

MIGUEL ¿Hablas con tu mamá?

MARU Mamá habla. Yo escucho. Es la 1:30.

MIGUEL Ay, lo siento. Juan Carlos y Felipe...

MARU Ay, Felipe.

10

MARU Y ahora, ¿adónde? ¿A la biblioteca?

MIGUEL Sí, pero primero a la librería. Necesito comprar unos libros.

recursos

v̂Text

CPA
pp. 32–33

vhlcentral.com

Expresiones útiles

Talking about classes
¿Cuántas clases tomas?
How many classes are you taking?
Tomo cuatro clases.
I'm taking four classes.
Mi especialización es en arqueología.
My major is archeology.
Este año, espero sacar buenas notas y, por supuesto, viajar por el país.
This year, I hope / I'm hoping to get good grades. And, of course, travel through the country.

Talking about likes/dislikes
Me gusta mucho la cultura mexicana.
I like Mexican culture a lot.
Me gustan las ciencias ambientales.
I like environmental science.
Me gusta dibujar.
I like to draw.
¿Te gusta este lugar?
Do you like this place?

Paying for tickets
Dos boletos, por favor.
Two tickets, please.
Dos boletos son sesenta y cuatro pesos.
Two tickets are sixty-four pesos.
Aquí están cien pesos.
Here's a hundred pesos.
Son treinta y seis pesos de cambio.
That's thirty-six pesos change.

Talking about location and direction
¿Dónde está tu diccionario?
Where is your dictionary?
Está en casa de los Díaz.
It's at the Díaz's house.
Y ahora, ¿adónde? ¿A la biblioteca?
And now, where to? To the library?
Sí, pero primero a la librería.
Está al lado.
Yes, but first to the bookstore. It's next door.

¿Qué pasó?

1

Escoger Choose the answer that best completes each sentence.

1. Marissa toma (*is taking*) _____ en la universidad.
   a. español, psicología, economía y música   b. historia, inglés, sociología y periodismo
   c. español, historia, literatura y geografía

2. El profesor Morales enseña (*teaches*) _____.
   a. química   b. matemáticas   c. historia

3. Juan Carlos toma química _____.
   a. los miércoles, jueves y viernes   b. los lunes, miércoles y viernes
   c. los lunes, martes y jueves

4. Miguel necesita ir a (*needs to go to*) _____.
   a. la biblioteca   b. la residencia estudiantil   c. la librería

2

Identificar Indicate which person would make each statement.
The names may be used more than once.

1. ¿Maru es compañera de ustedes? _____
2. Mi mamá habla mucho. _____
3. El profesor Morales enseña la clase de química
   este semestre. _____
4. Mi diccionario está en casa de Felipe
   y Jimena. _____
5. Necesito estudiar con Maru. _____
6. Yo tomo clase de computación los martes
   por la tarde. _____

MARU

JUAN CARLOS   **MARISSA**

MIGUEL

NOTA CULTURAL

Maru is a shortened version of the name **María Eugenia**. Other popular "combination names" in Spanish are **Juanjo (Juan José)** and **Maite (María Teresa)**.

3

Completar These sentences are similar to things said in the **Fotonovela**.
Complete each sentence with the correct word(s).

| Castillo de Chapultepec | estudiar | miércoles |
| clase | inglés | tarea |

1. Marissa, éste es el _____.
2. Felipe tiene (*has*) el diccionario porque (*because*)
   necesita practicar _____.
3. A Juan Carlos le gusta mucho la _____.
4. Hay clase de economía los lunes y _____.
5. Miguel está con Maru para _____.

NOTA CULTURAL

The **Castillo de Chapultepec** is one of Mexico City's most historic landmarks. Constructed in 1785, it was the residence of emperors and presidents. It has been open to the public since 1944 and now houses the National Museum of History.

4

Preguntas personales Interview a classmate about his/her classes.

1. ¿Cuántas clases tomas?
2. ¿Qué clases tomas los martes?
3. ¿Qué clases tomas los viernes?
4. ¿En qué clase hay más chicos?
5. ¿En qué clase hay más chicas?
6. ¿Te gusta la clase de español?

 Practice more at **vhlcentral.com**.

Pronunciación

Audio: Explanation Record and Compare

Spanish vowels

a   **e**   **i**   **o**   **u**

Spanish vowels are never silent; they are always pronounced in a short, crisp way without the glide sounds used in English.

Álex	**clase**	**nada**	**encantada**

The letter **a** is pronounced like the *a* in *father*, but shorter.

el	**ene**	**mesa**	**elefante**

The letter **e** is pronounced like the *e* in *they*, but shorter.

Inés	**chica**	**tiza**	**señorita**

The letter **i** sounds like the *ee* in *beet*, but shorter.

hola	**con**	**libro**	**don Francisco**

The letter **o** is pronounced like the *o* in *tone*, but shorter.

uno	**regular**	**saludos**	**gusto**

The letter **u** sounds like the *oo* in *room*, but shorter.

Práctica Practice the vowels by saying the names of these places in Spain.

1. Madrid
2. Alicante
3. Tenerife
4. Toledo
5. Barcelona
6. Granada
7. Burgos
8. La Coruña

Oraciones Read the sentences aloud, focusing on the vowels.

1. Hola. Me llamo Ramiro Morgado.
2. Estudio arte en la Universidad de Salamanca.
3. Tomo también literatura y contabilidad.
4. Ay, tengo clase en cinco minutos. ¡Nos vemos!

Refranes Practice the vowels by reading these sayings aloud.

Cada loco con su tema.[2]

Del dicho al hecho hay un gran trecho.[1]

1 *Easier said than done.*
2 *To each his own.*

recursos			
vText	CPA p. 34	CH p. 19	vhlcentral.com

Reading,
Additional Reading

La escuela
secundaria

Manuel, a 15-year-old student in Mexico, is taking an intense third level course focused on **la química**. This is a typical part of the studies for his grade. **Escuela secundaria** (*secondary school*), which in Mexico begins after six years of **escuela primaria** (*primary school*), has three grades for students between the ages of 12 and 15.

Students like Manuel must study courses in mathematics, science, Spanish, foreign languages (English or French), music, and more every

year. After that, students choose a **plan de estudio** (*program of study*) in **preparatoria**, the three years (or two, depending on the program) of school after

escuela secundaria and before university studies. The program of study that students choose requires them to study specific **materias** that are needed in preparation for their future career.

Some **bachilleratos** (*high school degrees*) are **terminales**, which means that when students graduate they are prepared with all of the skills and requirements to begin their field of work.

These students are not expected to continue studying. Some **modalidades** (*programs of study*) that are terminal include:
- **Educación Tecnológica Agropecuaria** (*Agriculture and Fishing*)
- **Comercio y Administración** (*Commerce, for administrative work*)

Other programs are designed for students who plan to continue their studies in a **carrera universitaria** (*college major*). Some programs that prepare students for university studies are:
- **Ciencias Biológicas**
- **Ciencias Contables, Económicas y Bancarias** (*Economic and Banking Sciences*)
- **Música y Arte**

Each program has courses that are designed for a specific career. This means that although all high school students may take a mathematics course, the type of mathematics studied varies according to the needs of each degree.

La escuela y la universidad

Some Mexican high schools are designed and managed by universities as well as by the Secretary of Education. One university that directs such schools is the **Universidad Nacional Autónoma de México (UNAM),** Mexico's largest university.

ACTIVIDADES

1 **¿Cierto o falso?** Indicate whether each statement is **cierto** or **falso**. Correct the false statements.

1. High schools are specialized in certain areas of study.
2. Students in Mexico cannot study art in school.
3. Students do not need to complete primary school before going to **escuela secundaria**.
4. The length of high school **planes de estudio** in Mexico varies between two and three years.

5. Students need to go to college to study to do administrative work.
6. All students must take the same mathematics courses at the high school level.
7. **La escuela secundaria** is for students from the ages of 16 to 18 years old.
8. All students in Mexico complete university studies.

ASÍ SE DICE

Clases y exámenes

aprobar	to pass
el colegio/la escuela	school
la escuela secundaria/ la preparatoria (Méx.)/ el liceo (Ven.)/ el instituto (Esp.)	high school
el examen parcial	midterm exam
el horario	schedule
la matrícula	inscription (to school)
reprobar	to fail
sacar buenas/ malas notas	to get good/ bad grades

EL MUNDO HISPANO

La escuela en Latinoamérica

- **In Latin America**, public secondary schools are free of charge. Private schools, however, can be quite costly. At **la Escuela Campo Alegre** in Venezuela, annual tuition is about $20,000 a year.

- **Argentina** and **Chile** are the two Latin American countries with the most years of required schooling at 13 years each.

- **In Chile**, students begin the school year in March and finish in December. Of course—Chile lies south of the equator, so while it is winter in the United States, Chilean students are on their summer break!

PERFIL

El INFRAMEN

La ciudad de San Salvador

The **Instituto Nacional Francisco Menéndez (INFRAMEN)** is the largest public high school in El Salvador. So it should be: it is named after General Francisco Menéndez, an ex-president of the country who was the founder of **enseñanza secundaria** (*secondary studies*) for the entire country! The 2,200 students at the INFRAMEN can choose to complete one of four kinds of diplomas: general studies, health care, tourism, and business. The institution has changed locales (and even cities) many times since it was founded in 1885 and is currently located in the capital city of San Salvador. Students at the INFRAMEN begin their school year in mid January and finish in early November.

Conexión Internet

How do dress codes vary in schools across Latin America?	Go to **vhlcentral.com** to find more cultural information related to this **Cultura** section.

ACTIVIDADES

2 **Comprensión** Complete these sentences.

1. The INFRAMEN was founded in _____.
2. The programs of study available in the INFRAMEN are _____.
3. There are _____ students in the INFRAMEN.
4. General Francisco Menéndez was a _____ of El Salvador.
5. El _____ is a student's schedule.

3 **¡A estudiar!** All students have classes they like and classes they don't. What are your favorite classes? Which are your least favorite? With a partner, discuss what you like and don't like about your classes and make a short list of what could be done to improve the classes you don't like.

 Practice more at **vhlcentral.com**.

Explanation Tutorial

2.1 Present tense of -ar verbs

ANTE TODO In order to talk about activities, you need to use verbs. Verbs express actions or states of being. In English and Spanish, the infinitive is the base form of the verb. In English, the infinitive is preceded by the word *to*: *to study, to be*. The infinitive in Spanish is a one-word form and can be recognized by its endings: **-ar**, **-er**, or **-ir**.

-*ar* verb		-*er* verb		-*ir* verb	
estudiar	*to study*	**comer**	*to eat*	**escribir**	*to write*

▶ In this lesson, you will learn the forms of regular **-ar** verbs.

The verb estudiar (*to study*)

SINGULAR FORMS			
	yo	estudi**o**	*I study*
	tú	estudi**as**	*you* (fam.) *study*
	Ud./él/ella	estudi**a**	*you* (form.) *study; he/she studies*

PLURAL FORMS			
	nosotros/as	estudi**amos**	*we study*
	vosotros/as	estudi**áis**	*you* (fam.) *study*
	Uds./ellos/ellas	estudi**an**	*you* (form.) *study; they study*

Juan Carlos estudia ciencias ambientales.

Y tú, ¿qué estudias, Miguel?

▶ To create the forms of most regular verbs in Spanish, drop the infinitive endings (**-ar**, **-er**, **-ir**). You then add to the stem the endings that correspond to the different subject pronouns. This diagram will help you visualize the process by which verb forms are created.

Conjugation of -*ar* verbs

INFINITIVE	VERB STEM	CONJUGATED FORM
estudi**ar**	estudi-	yo estudi**o**
bail**ar**	bail-	tú bail**as**
trabaj**ar**	trabaj-	nosotros trabaj**amos**

Common -ar verbs

bailar	to dance	**estudiar**	to study
buscar	to look for	**explicar**	to explain
caminar	to walk	**hablar**	to talk; to speak
cantar	to sing	**llegar**	to arrive
cenar	to have dinner	**llevar**	to carry
comprar	to buy	**mirar**	to look (at); to watch
contestar	to answer	**necesitar (+ inf.)**	to need
conversar	to converse, to chat	**practicar**	to practice
desayunar	to have breakfast	**preguntar**	to ask (a question)
descansar	to rest	**preparar**	to prepare
desear (+ inf.)	to desire; to wish	**regresar**	to return
dibujar	to draw	**terminar**	to end; to finish
enseñar	to teach	**tomar**	to take; to drink
escuchar	to listen (to)	**trabajar**	to work
esperar (+ inf.)	to wait (for); to hope	**viajar**	to travel

▶ **¡Atención!** Unless referring to a person, the Spanish verbs **buscar**, **escuchar**, **esperar**, and **mirar** do not need to be followed by prepositions as do their English equivalents.

Busco la tarea.
I'm looking for the homework.

Escucho la música.
I'm listening to the music.

Espero el autobús.
I'm waiting for the bus.

Miro la pizarra.
I'm looking at the blackboard.

COMPARE & CONTRAST

English uses three sets of forms to talk about the present: (1) the simple present (*Paco works*), (2) the present progressive (*Paco is working*), and (3) the emphatic present (*Paco does work*). In Spanish, the simple present can be used in all three cases.

Paco **trabaja** en la cafetería.

1. *Paco works in the cafeteria.*
2. *Paco is working in the cafeteria.*
3. *Paco does work in the cafeteria.*

In Spanish, the present tense is also sometimes used to express future action.

Marina **viaja** a Madrid mañana.

1. *Marina travels to Madrid tomorrow.*
2. *Marina will travel to Madrid tomorrow.*
3. *Marina is traveling to Madrid tomorrow.*

▶ When two verbs are used together with no change of subject, the second verb is generally in the infinitive. To make a sentence negative in Spanish, the word **no** is placed before the conjugated verb. In this case, **no** means *not*.

Deseo hablar con el señor Díaz.
I want to speak with Mr. Díaz.

Alicia **no** desea bailar ahora.
Alicia doesn't want to dance now.

▶ Spanish speakers often omit subject pronouns because the verb endings indicate who the subject is. In Spanish, subject pronouns are used for emphasis, clarification, or contrast.

—¿Qué enseñan?
What do they teach?

—**Ella** enseña arte y **él** enseña física.
She teaches art, and he teaches physics.

—¿Quién desea trabajar hoy?
Who wants to work today?

—**Yo** no deseo trabajar hoy.
I don't want to work today.

The verb gustar

▶ To express your likes and dislikes, use the expression **(no) me gusta** + **el/la** + [*singular noun*] or **(no) me gustan** + **los/las** + [*plural noun*]. Note: You may use the phrase **a mí** for emphasis, but never the subject pronoun **yo**.

Me gusta la música clásica.
I like classical music.

Me gustan las clases de español y biología.
I like Spanish and biology classes.

A mí me gustan las artes.
I like the arts.

A mí no me gusta el programa.
I don't like the program.

▶ To talk about what you like and don't like to do, use **(no) me gusta** + [*infinitive(s)*]. Note that the singular **gusta** is always used, even with more than one infinitive.

No me gusta viajar en autobús.
I don't like to travel by bus.

Me gusta cantar y bailar.
I like to sing and dance.

▶ To ask a classmate about likes and dislikes, use the pronoun **te** instead of **me**. Note: You may use **a ti** for emphasis, but never the subject pronoun **tú**.

—**¿Te gusta la geografía?**
Do you like geography?

—**Sí, me gusta. Y a ti, ¿te gusta el inglés?**
Yes, I like it. And you, do you like English?

▶ You can use this same structure to talk about other people by using the pronouns **nos**, **le**, and **les**. Unless your instructor tells you otherwise, only the **me** and **te** forms will appear on test materials until **Lección 7**.

Nos gusta dibujar. (nosotros)
We like to draw.

Nos gustan las clases de español e inglés. (nosotros)
We like Spanish class and English class.

**No le gusta trabajar.
  (usted, él, ella)**
*You don't like to work.
He/She doesn't like to work.*

**Les gusta el arte.
  (ustedes, ellos, ellas)**
*You like art.
They like art.*

¡ATENCIÓN!

Note that **gustar** does not behave like other **-ar** verbs. You must study its use carefully and pay attention to prepositions, pronouns, and agreement.

AYUDA

Use the construction **a** + [*name/pronoun*] to clarify to whom you are referring. This construction is not always necessary.
A Gabriela le gusta bailar.
A Sara y a él les gustan los animales.

¡INTÉNTALO!   Provide the present tense forms of these verbs. The first items have been done for you.

hablar
1. Yo ___hablo___ español.
2. Ellos _____ español.
3. Inés _____ español.
4. Nosotras _____ español.
5. Tú _____ español.

gustar
1. ___Me gusta___ el café. (a mí)
2. ¿_____ las clases? (a ti)
3. No _____ el café. (a ti)
4. No _____ las clases. (a mí)
5. No _____ el café. (a mí)

Práctica

1

Completar Complete the conversation with the appropriate forms of the verbs.

JUAN   ¡Hola, Linda! ¿Qué tal las clases?

LINDA   Bien. (1)_____ (Tomar) tres clases… química, biología y computación. Y tú, ¿cuántas clases (2)_____ (tomar)?

JUAN   (3)_____ (Tomar) tres también… biología, arte y literatura. El doctor Cárdenas (4)_____ (enseñar) la clase de biología.

LINDA   ¿Ah, sí? Lily, Alberto y yo (5)_____ (tomar) biología a las diez con la profesora Garza.

JUAN   ¿(6)_____ (Estudiar) mucho ustedes?

LINDA   Sí, porque hay muchos exámenes. Alberto y yo (7)_____ (necesitar) estudiar dos horas todos los días (*every day*).

2

Oraciones Form sentences using the words provided. Remember to conjugate the verbs and add any other necessary words.

1. ustedes / practicar / vocabulario
2. ¿preparar (tú) / tarea?
3. clase de español / terminar / once
4. ¿qué / buscar / ustedes?
5. (nosotros) buscar / pluma
6. (yo) comprar / calculadora

3

Gustos Read what these people do. Then use the information in parentheses to tell what they like.

> **modelo**
>
> Yo enseño en la universidad. (las clases)   Me gustan las clases.

1. Tú deseas mirar cuadros (*paintings*) de Picasso. (el arte)
2. Soy estudiante de economía. (estudiar)
3. Tú estudias italiano y español. (las lenguas extranjeras)
4. No descansas los sábados. (cantar y bailar)
5. Busco una computadora. (la computación)

4

Actividades Get together with a classmate and take turns asking each other if you do these activities. Which activities does your partner like? Which do you both like?

> **modelo**
>
> tomar el autobús
> **Estudiante 1:** ¿Tomas el autobús?
> **Estudiante 2:** Sí, tomo el autobús, pero (*but*) no me gusta./ No, no tomo el autobús.

AYUDA

The Spanish **no** translates to both *no* and *not* in English. In negative answers to questions, you will need to use **no** twice:
¿Estudias geografía?
No, no estudio geografía.

bailar merengue	dibujar en clase	mirar la televisión
cantar bien	escuchar música rock	practicar el español
conversar con amigos	estudiar física	viajar a Europa

 Practice more at **vhlcentral.com.**

Comunicación

5

Describir With a partner, use the given verbs to ask and answer questions about what you see in the pictures.

> **modelo**
>
> enseñar, explicar
> **Estudiante 1:** ¿Qué enseña la profesora?
> **Estudiante 2:** Enseña química.
> **Estudiante 1:** ¿Explica la lección?
> **Estudiante 2:** Sí, explica la lección.

1. caminar, hablar, llevar

2. buscar, descansar, estudiar

3. dibujar, cantar, escuchar

4. llevar, tomar, viajar

6

Charadas In groups of three, play a game of charades using the verbs in the word bank. For example, if someone is studying, you say "**Estudias**." The first person to guess correctly acts out the next charade.

bailar	cantar	descansar	enseñar	mirar
caminar	conversar	dibujar	escuchar	preguntar

Síntesis

7

Conversación Pretend that you and a classmate are friends who have not seen each other at school for a few days. Have a conversation in which you catch up on things. Mention how you're feeling, what classes you're taking, what days and times you have classes, and which classes you like and don't like.

2.2 Forming questions in Spanish

 Explanation Tutorial

ANTE TODO   There are three basic ways to ask questions in Spanish. Can you guess what they are by looking at the photos and photo captions on this page?

> Te gusta mucho la tarea, ¿no?

> ¿Hablas con tu mamá?

> ¿Quién es Maru?

▶ One way to form a question is to raise the pitch of your voice at the end of a declarative sentence. When writing any question in Spanish, be sure to use an upside down question mark (¿) at the beginning and a regular question mark (?) at the end of the sentence.

Statement	**Question**
Ustedes trabajan los sábados.	¿Ustedes trabajan los sábados?
You work on Saturdays.	*Do you work on Saturdays?*
Carlota busca un mapa.	¿Carlota busca un mapa?
Carlota is looking for a map.	*Is Carlota looking for a map?*

▶ You can also form a question by inverting the order of the subject and the verb of a declarative statement. The subject may even be placed at the end of the sentence.

Statement	**Question**
SUBJECT VERB	VERB SUBJECT
Ustedes trabajan los sábados.	¿**Trabajan ustedes** los sábados?
You work on Saturdays.	*Do you work on Saturdays?*
SUBJECT VERB	VERB SUBJECT
Carlota regresa a las seis.	¿**Regresa** a las seis **Carlota**?
Carlota returns at six.	*Does Carlota return at six?*

▶ Questions can also be formed by adding the tags **¿no?** or **¿verdad?** at the end of a statement.

Statement	**Question**
Ustedes trabajan los sábados.	Ustedes trabajan los sábados, **¿no?**
You work on Saturdays.	*You work on Saturdays, don't you?*
Carlota regresa a las seis.	Carlota regresa a las seis, **¿verdad?**
Carlota returns at six.	*Carlota returns at six, right?*

Question words

Interrogative words

Interrogative	Meaning	Interrogative	Meaning
¿Adónde?	Where (to)?	**¿De dónde?**	From where?
¿Cómo?	How?	**¿Dónde?**	Where?
¿Cuál?, ¿Cuáles?	Which?; Which one(s)?	**¿Por qué?**	Why?
¿Cuándo?	When?	**¿Qué?**	What?; Which?
¿Cuánto/a?	How much?	**¿Quién?**	Who?
¿Cuántos/as?	How many?	**¿Quiénes?**	Who (plural)?

▶ To ask a question that requires more than a *yes* or *no* answer, use an interrogative word.

¿Cuál de ellos estudia en la biblioteca?
Which one of them studies in the library?

¿Adónde caminamos?
Where are we walking?

¿Cuántos estudiantes hablan español?
How many students speak Spanish?

¿Por qué necesitas hablar con ella?
Why do you need to talk to her?

¿Dónde trabaja Ricardo?
Where does Ricardo work?

¿Quién enseña la clase de arte?
Who teaches the art class?

¿Qué clases tomas?
What classes are you taking?

¿Cuánta tarea hay?
How much homework is there?

▶ When pronouncing this type of question, the pitch of your voice falls at the end of the sentence.

¿Cómo llegas a clase?
How do you get to class?

¿Por qué necesitas estudiar?
Why do you need to study?

▶ Notice the difference between **¿por qué?**, which is written as two words and has an accent, and **porque**, which is written as one word without an accent.

¿Por qué estudias español?
Why do you study Spanish?

¡Porque es divertido!
Because it's fun!

▶ In Spanish **no** can mean both *no* and *not*. Therefore, when answering a yes/no question in the negative, you need to use **no** twice.

¿Caminan a clase?
Do you walk to class?

No, no caminamos a clase.
No, we do not walk to class.

 ¡INTÉNTALO!   Make questions out of these statements. Use intonation in column 1 and the tag **¿no?** in column 2. The first item has been done for you.

Statement	Intonation	Tag question
1. Hablas inglés.	¿Hablas inglés?	Hablas inglés, ¿no?
2. Trabajamos mañana.		
3. Ustedes desean bailar.		
4. Raúl estudia mucho.		
5. Enseño a las nueve.		
6. Luz mira la televisión.		

recursos

v̂ Text

CPA
pp. 38–40

CH
pp. 23–24

vhlcentral.com

Práctica

1

Preguntas Change these sentences into questions by inverting the word order.

> **modelo**
>
> Ernesto habla con su compañero de clase.
> ¿Habla Ernesto con su compañero de clase? /
> ¿Habla con su compañero de clase Ernesto?

1. La profesora Cruz prepara la prueba.

2. Sandra y yo necesitamos estudiar.

3. Los chicos practican el vocabulario.

4. Jaime termina la tarea.

5. Tú trabajas en la biblioteca.

2

Completar Irene and Manolo are chatting in the library. Complete their conversation with the appropriate questions.

IRENE   Hola, Manolo. (1)_____

MANOLO Bien, gracias. (2)_____

IRENE   Muy bien. (3)_____

MANOLO Son las nueve.

IRENE   (4)_____

MANOLO Estudio historia.

IRENE   (5)_____

MANOLO Porque hay un examen mañana.

IRENE   (6)_____

MANOLO Sí, me gusta mucho la clase.

IRENE   (7)_____

MANOLO El profesor Padilla enseña la clase.

IRENE   (8)_____

MANOLO No, no tomo psicología este semestre.

IRENE   (9)_____

MANOLO Regreso a la casa a las tres y media.

IRENE   (10)_____

MANOLO No, no deseo tomar una soda. ¡Deseo estudiar!

3

Dos profesores In pairs, create a dialogue, similar to the one in **Actividad 2**, between two teachers, Mr. Padilla and his colleague Ms. Martínez. Use question words.

> **modelo**
>
> **Señor Padilla:** ¿Qué enseñas este semestre?
> **Señora Martínez:** Enseño dos cursos de sociología.

 Practice more at **vhlcentral.com.**

Comunicación

recursos

v̂Text

CPA
p. 41

4 **Encuesta** Your teacher will give you a worksheet. Change the categories in the first column into questions, then use them to survey your classmates. Find at least one person for each category. Be prepared to report the results of your survey to the class.

5 **Un juego** In groups of four or five, play a game (**un juego**) of Jeopardy®. Each person has to write two clues. Then take turns reading the clues and guessing the questions. The person who guesses correctly reads the next clue.

Es algo que...	**Es un lugar donde...**	**Es una persona que...**
It's something that...	*It's a place where...*	*It's a person that...*

> **modelo**
>
> **Estudiante 1:** Es un lugar donde estudiamos.
> **Estudiante 2:** ¿Qué es la biblioteca?
>
> **Estudiante 1:** Es algo que escuchamos.
> **Estudiante 2:** ¿Qué es la música?
>
> **Estudiante 1:** Es un director de España.
> **Estudiante 2:** ¿Quién es Pedro Almodóvar?

6 **El nuevo estudiante** In pairs, imagine you are a transfer student and today is your first day of Spanish class. Ask your partner questions to find out all you can about the class, your classmates, and the school. Then switch roles.

> **modelo**
>
> **Estudiante 1:** Hola, me llamo Samuel. ¿Cómo te llamas?
> **Estudiante 2:** Me llamo Laura.
> **Estudiante 1:** ¿Quiénes son ellos?
> **Estudiante 2:** Son Melanie y Lucas.
> **Estudiante 1:** Y el profesor, ¿de dónde es?
> **Estudiante 2:** Es de California.
> **Estudiante 1:** En la escuela hay cursos de ciencias, ¿verdad?
> **Estudiante 2:** Sí, hay clases de biología, química y física.
> **Estudiante 1:** ¿Cuántos exámenes hay en esta clase?
> **Estudiante 2:** Hay dos.

Síntesis

7   **Entrevista** Imagine that you are a reporter for the school newspaper. Write five questions about student life at your school and use them to interview two classmates. Be prepared to report your findings to the class.

2.3 # Present tense of **estar** Explanation Tutorial

CONSULTA

To review the forms of **ser**, see **Estructura 1.3**, pp. 19–21.

ANTE TODO In **Lección 1**, you learned how to conjugate and use the verb **ser** *(to be)*. You will now learn a second verb which means *to be*, the verb **estar**. Although **estar** ends in **-ar**, it does not follow the pattern of regular **-ar** verbs. The **yo** form (**estoy**) is irregular. Also, all forms have an accented **á** except the **yo** and **nosotros/as** forms.

The verb estar (*to be*)

SINGULAR FORMS			
	yo	est**oy**	*I am*
	tú	est**ás**	*you* (fam.) *are*
	Ud./él/ella	est**á**	*you* (form.) *are; he/she is*

PLURAL FORMS			
	nosotros/as	est**amos**	*we are*
	vosotros/as	est**áis**	*you* (fam.) *are*
	Uds./ellos/ellas	est**án**	*you* (form.) *are; they are*

¡Estamos en Perú!

María está en la biblioteca.

COMPARE & CONTRAST

Compare the uses of the verb **estar** to those of the verb **ser**.

Uses of *estar*

Location
Estoy en casa.
I am at home.

Marissa **está** al lado de Felipe.
Marissa is next to Felipe.

Health
Juan Carlos **está** enfermo hoy.
Juan Carlos is sick today.

Well-being
—¿Cómo **estás**, Jimena?
How are you, Jimena?

—**Estoy** muy bien, gracias.
I'm very well, thank you.

Uses of *ser*

Identity
Hola, **soy** Maru.
Hello, I'm Maru.

Occupation
Soy estudiante.
I'm a student.

Origin
—¿**Eres** de México?
Are you from Mexico?

—Sí, **soy** de México.
Yes, I'm from Mexico.

Telling time
Son las cuatro.
It's four o'clock.

AYUDA

Use **la casa** to express *the house*, but **en casa** to express *at home*.

▶ **Estar** is often used with certain prepositions to describe the location of a person or an object.

Prepositions often used with estar

al lado de	next to; beside	delante de	in front of
a la derecha de	to the right of	detrás de	behind
a la izquierda de	to the left of	en	in; on
allá	over there	encima de	on top of
allí	there	entre	between; among
cerca de	near	lejos de	far from
con	with	sin	without
debajo de	below	sobre	on; over

La tiza **está al lado de** la pluma.
The chalk is next to the pen.

Los libros **están encima del** escritorio.
The books are on top of the desk.

El laboratorio **está cerca de** la clase.
The lab is near the classroom.

Maribel **está delante de** José.
Maribel is in front of José.

La maleta **está allí**.
The suitcase is over there.

El estadio no **está lejos de** la librería.
The stadium isn't far from the bookstore.

El mapa **está entre** la pizarra y la puerta.
The map is between the blackboard and the door.

Los estudiantes **están en** la clase.
The students are in class.

La calculadora **está sobre** la mesa.
The calculator is on the table.

Los turistas **están allá**.
The tourists are over there.

Hoy estudia con Maru.

La biblioteca está al lado de la librería.

¡INTÉNTALO!   Provide the present tense forms of **estar**.

1. Ustedes _están_ en la clase.
2. José _____ en la biblioteca.
3. Yo _____ bien, gracias.
4. Nosotras _____ en la cafetería.
5. Tú _____ en el laboratorio.
6. Elena _____ en la librería.
7. Ellas _____ en la clase.
8. Ana y yo _____ en la clase.
9. ¿Cómo _____ usted?
10. Javier y Maribel _____ en el estadio.
11. Nosotros _____ en la cafetería.
12. Yo _____ en el laboratorio.
13. Carmen y María _____ enfermas.
14. Tú _____ en la clase.

Práctica

1

Completar Daniela has just returned home from school. Complete this conversation with the appropriate forms of **ser** or **estar**.

MAMÁ   Hola, Daniela. ¿Cómo (1)_____?

DANIELA   Hola, mamá. (2)_____ bien. ¿Dónde (3)_____ papá?
             ¡Ya (*Already*) (4)_____ las seis de la tarde!

MAMÁ   No (5)_____ aquí. (6)_____ en la oficina.

DANIELA   Y Andrés y Margarita, ¿dónde (7)_____ ellos?

MAMÁ   (8)_____ en el restaurante La Palma con Martín.

DANIELA   ¿Quién (9)_____ Martín?

MAMÁ   (10)_____ un compañero de clase. (11)_____ de México.

DANIELA   Ah. Y el restaurante La Palma, ¿dónde (12)_____?

MAMÁ   (13)_____ cerca de la Plaza Mayor, en San Modesto.

DANIELA   Gracias, mamá. Voy (*I'm going*) al restaurante. ¡Hasta pronto!

2

Escoger Choose the preposition that best completes each sentence.

1. La pluma está (encima de / detrás de) la mesa.
2. La ventana está (a la izquierda de / debajo de) la puerta.
3. La pizarra está (debajo de / delante de) los estudiantes.
4. Las sillas están (encima de / detrás de) los escritorios.
5. Los estudiantes llevan los libros (en / sobre) la mochila.
6. La biblioteca está (sobre / al lado de) la residencia estudiantil.
7. España está (cerca de / lejos de) Puerto Rico.
8. México está (cerca de / lejos de) los Estados Unidos.
9. Felipe trabaja (con / en) Ricardo en la cafetería.

3

Buscar Imagine that you are in a school supply store and can't find various items. Ask the clerk (your partner) about the location of five items in the drawing. Then switch roles.

> **modelo**
>
> **Estudiante 1:** ¿Dónde están los diccionarios?
> **Estudiante 2:** Los diccionarios están debajo de los libros de literatura.

 Practice more at **vhlcentral.com**.

Comunicación

4

¿Dónde estás...? With a partner, take turns asking where you are at these times.

> **modelo**
>
> lunes / 10:00 a.m.
> **Estudiante 1:** ¿Dónde estás los lunes a las diez de la mañana?
> **Estudiante 2:** Estoy en la clase de español.

1. sábados / 6:00 a.m.
2. miércoles / 9:15 a.m.
3. lunes / 11:10 a.m.
4. jueves / 12:30 a.m.

5. viernes / 2:25 p.m.
6. martes / 3:50 p.m.
7. jueves / 5:45 p.m.
8. miércoles / 8:20 p.m.

5

La ciudad universitaria You are visiting your older sister, who is an exchange student at a Spanish university. Tell a classmate which buildings you are looking for and ask for their location relative to where you are.

> **modelo**
>
> **Estudiante 1:** ¿Está lejos la Facultad de Medicina?
> **Estudiante 2:** No, está cerca. Está a la izquierda de la Facultad de Administración de Empresas.

Facultad de Medicina
Facultad de Administración de Empresas
Biblioteca
Facultad de Química
Tú estás aquí.
Facultad de Bellas Artes
Colegio Mayor Cervantes

¡LENGUA VIVA!

La Facultad (*School*) **de Filosofía y Letras** includes departments such as language, literature, philosophy, history, and linguistics. Fine arts can be studied in **la Facultad de Bellas Artes**. In Spain the business school is sometimes called **la Facultad de Administración de Empresas. Residencias estudiantiles** are referred to as **colegios mayores**.

Síntesis

6

Entrevista In groups of three, ask each other these questions.

1. ¿Cómo estás?
2. ¿Dónde tomas la clase de inglés/arte/biología/computación?
3. ¿Dónde está tu (*your*) padre ahora?
4. ¿Cuántos estudiantes hay en tu clase de historia/literatura/música/matemáticas?
5. ¿Quién(es) no está(n) en la clase hoy?
6. ¿A qué hora terminan tus clases los lunes?
7. ¿Estudias mucho?
8. ¿Cuántas horas estudias para (*for*) una prueba?

Numbers 31 and higher

ANTE TODO   You have already learned numbers 0–30. Now you will learn the rest of the numbers.

Numbers 31–100

▶ Numbers 31–99 follow the same basic pattern as 21–29.

Numbers 31–100					
31	treinta y uno	**40**	cuarenta	**50**	cincuenta
32	treinta y dos	**41**	cuarenta y uno	**51**	cincuenta y uno
33	treinta y tres	**42**	cuarenta y dos	**52**	cincuenta y dos
34	treinta y cuatro	**43**	cuarenta y tres	**60**	sesenta
35	treinta y cinco	**44**	cuarenta y cuatro	**63**	sesenta y tres
36	treinta y seis	**45**	cuarenta y cinco	**64**	sesenta y cuatro
37	treinta y siete	**46**	cuarenta y seis	**70**	setenta
38	treinta y ocho	**47**	cuarenta y siete	**80**	ochenta
39	treinta y nueve	**48**	cuarenta y ocho	**90**	noventa
		49	cuarenta y nueve	**100**	cien, ciento

▶ **Y** is used in most numbers from **31** through **99**. Unlike numbers 21–29, these numbers must be written as three separate words.

Hay **noventa y dos** exámenes.
There are ninety-two exams.

Hay **cuarenta y dos** estudiantes.
There are forty-two students.

Hay cuarenta y siete estudiantes en la clase de geografía.

Cien menos sesenta y cuatro son treinta y seis pesos de cambio.

▶ With numbers that end in **uno** (31, 41, etc.), **uno** becomes **un** before a masculine noun and **una** before a feminine noun.

Hay **treinta y un** chicos.
There are thirty-one guys.

Hay **treinta y una** chicas.
There are thirty-one girls.

▶ **Cien** is used before nouns and in counting. The words **un**, **una**, and **uno** are never used before **cien** in Spanish. Use **cientos** to say *hundreds*.

Hay **cien** libros y **cien** sillas.
There are one hundred books and one hundred chairs.

¿Cuántos libros hay? **Cientos.**
How many books are there? Hundreds.

Numbers 101 and higher

▶ As shown in the chart, Spanish traditionally uses a period to indicate thousands and millions, rather than a comma as used in English.

Numbers 101 and higher			
101	ciento uno	**1.000**	mil
200	doscientos/as	**1.100**	mil cien
300	trescientos/as	**2.000**	dos mil
400	cuatrocientos/as	**5.000**	cinco mil
500	quinientos/as	**100.000**	cien mil
600	seiscientos/as	**200.000**	doscientos/as mil
700	setecientos/as	**550.000**	quinientos/as cincuenta mil
800	ochocientos/as	**1.000.000**	un millón (de)
900	novecientos/as	**8.000.000**	ocho millones (de)

▶ Notice that you should use **ciento**, not **cien**, to count numbers over 100.

   110 = **ciento diez**   118 = **ciento dieciocho**   150 = **ciento cincuenta**

▶ The numbers 200 through 999 agree in gender with the nouns they modify.

324 plum**as**   605 libr**os**
trescient**as** veinticuatro plum**as**   seiscient**os** cinco libr**os**

Hay tres mil quinient**os** libr**os** en la biblioteca.

▶ The word **mil**, which can mean *a thousand* and *one thousand*, is not usually used in the plural form to refer to an exact number, but it can be used to express the idea of *a lot*, *many*, or *thousands*. **Cientos** can also be used to express *hundreds* in this manner.

   Hay **miles** de personas en el estadio.
   There are thousands of people in the stadium.

▶ To express a complex number (including years), string together all of its components.
   55.422   cincuenta y cinco mil cuatrocientos veintidós

¡LENGUA VIVA!

In Spanish, years are not expressed as pairs of two-digit numbers as they are in English (1979, *nineteen seventy-nine*): **1776, mil setecientos setenta y seis; 1945, mil novecientos cuarenta y cinco; 2015, dos mil quince.**

¡ATENCIÓN!

When **millón** or **millones** is used before a noun, the word **de** is placed between the two:
1.000.000 hombres = un millón de hombres
12.000.000 casas = doce millones de casas

recursos

v̂ Text

CPA
pp. 45–47

CH
pp. 27–28

S
vhlcentral.com

¡INTÉNTALO!   Give the Spanish equivalent of each number. The first item has been done for you.

1. **102** _ciento dos_
2. **5.000.000** ____
3. **201** ____
4. **76** ____
5. **92** ____
6. **550.300** ____

7. **235** ____
8. **79** ____
9. **113** ____
10. **88** ____
11. **17.123** ____
12. **497** ____

Práctica y Comunicación

 1

Baloncesto Provide these basketball scores in Spanish.

1. Ohio State 76, Michigan 65
2. Florida 92, Florida State 104
3. Stanford 78, UCLA 89
4. Purdue 81, Indiana 78
5. Princeton 67, Harvard 55
6. Duke 115, Virginia 121

 2

Completar Complete these sequences of numbers.

1. 50, 150, 250 ... 1.050

2. 5.000, 20.000, 35.000 ... 95.000

3. 100.000, 200.000, 300.000 ... 1.000.000

4. 100.000.000, 90.000.000, 80.000.000 ... 0

 3

Resolver In pairs, take turns reading the math problems aloud for your partner to solve.

> **modelo**
>
> 200 + 300 =
> **Estudiante 1:** Doscientos más trescientos son...
> **Estudiante 2:** ... quinientos.

AYUDA

+ → **más**
− → **menos**
= → **son**

1. 1.000 + 753 =
2. 1.000.000 − 30.000 =
3. 10.000 + 555 =
4. 15 + 150 =
5. 100.000 + 205.000 =
6. 29.000 − 10.000 =

 4

Entrevista Find out the telephone numbers and e-mail addresses of four classmates.

> **modelo**
>
> **Estudiante 1:** ¿Cuál es tu (your) número de teléfono?
> **Estudiante 2:** Es el 635-19-51.
> **Estudiante 1:** ¿Y tu dirección de correo electrónico?
> **Estudiante 2:** Es a-Smith-arroba-pe-ele-punto-e-de-u. (asmith@pl.edu)

AYUDA

arroba *at* (@)
punto *dot* (.)

 Practice more at **vhlcentral.com.**

Síntesis

 5

¿A qué distancia...? Your teacher will give you and a partner incomplete charts that indicate the distances between Madrid and various locations. Fill in the missing information on your chart by asking your partner questions.

> **modelo**
>
> **Estudiante 1:** ¿A qué distancia está Arganda del Rey?
> **Estudiante 2:** Está a veintisiete kilómetros de Madrid.

Recapitulación

Diagnostics
Remediation Activities

Review the grammar concepts you have learned in this lesson by completing these activities.

1 **Completar** Complete the chart with the correct verb forms. **12 pts.**

yo	tú	nosotros	ellas
compro			
	deseas		
		miramos	
			preguntan

2 **Números** Write these numbers in Spanish. **8 pts.**

modelo
645: seiscientos cuarenta y cinco

1. **49:** _____
2. **97:** _____
3. **113:** _____
4. **632:** _____
5. **1.781:** _____
6. **3.558:** _____
7. **1.006.015:** _____
8. **67.224.370:** _____

3 **Preguntas** Write questions for these answers. **12 pts.**

1. —¿_____ Patricia?
   —Patricia es de Colombia.
2. —¿_____ él?
   —Él es mi amigo (*friend*).
3. —¿_____ (tú)?
   —Hablo dos lenguas.
4. —¿_____ (ustedes)?
   —Deseamos tomar café.
5. —¿_____?
   —Tomo biología porque me gustan las ciencias.
6. —¿_____?
   —Camilo descansa por las mañanas.

RESUMEN GRAMATICAL

2.1 Present tense of -ar verbs *pp. 50–52*

estudiar	
estudio	estudiamos
estudias	estudiáis
estudia	estudian

The verb gustar

(no) me gusta + el/la + [*singular noun*]

(no) me gustan + los/las + [*plural noun*]

(no) me gusta + [*infinitive(s)*]

Note: You may use **a mí** for emphasis, but never **yo**.

To ask a classmate about likes and dislikes, use **te** instead of **me**, but never **tú**.

¿Te gusta la historia?

2.2 Forming questions in Spanish *pp. 55–56*

▶ ¿Ustedes trabajan los sábados?
▶ ¿Trabajan ustedes los sábados?
▶ Ustedes trabajan los sábados, ¿verdad?/¿no?

Interrogative words		
¿Adónde?	¿Cuánto/a?	¿Por qué?
¿Cómo?	¿Cuántos/as?	¿Qué?
¿Cuál(es)?	¿De dónde?	¿Quién(es)?
¿Cuándo?	¿Dónde?	

2.3 Present tense of estar *pp. 59–60*

▶ estar: estoy, estás, está, estamos, estáis, están

2.4 Numbers 31 and higher *pp. 63–64*

31	treinta y uno	101	ciento uno
32	treinta y dos	200	doscientos/as
	(and so on)	500	quinientos/as
40	cuarenta	700	setecientos/as
50	cincuenta	900	novecientos/as
60	sesenta	1.000	mil
70	setenta	2.000	dos mil
80	ochenta	5.100	cinco mil cien
90	noventa	100.000	cien mil
100	cien, ciento	1.000.000	un millón (de)

4 **Al teléfono** Complete this telephone conversation with the correct forms of the verb **estar**. `8 pts.`

MARÍA TERESA Hola, señora López. (1) ¿_____ Elisa en casa?

SRA. LÓPEZ Hola, ¿quién es?

MARÍA TERESA Soy María Teresa. Elisa y yo (2) _____ en la misma (*same*) clase de literatura.

SRA. LÓPEZ ¡Ah, María Teresa! ¿Cómo (3) _____?

MARÍA TERESA (4) _____ muy bien, gracias. Y usted, ¿cómo (5) _____?

SRA. LÓPEZ Bien, gracias. Pues, no, Elisa no (6) _____ en casa. Ella y su hermano (*her brother*) (7) _____ en la Biblioteca Cervantes.

MARÍA TERESA ¿Cervantes?

SRA. LÓPEZ Es la biblioteca que (8) _____ al lado del café Bambú.

MARÍA TERESA ¡Ah, sí! Gracias, señora López.

SRA. LÓPEZ Hasta luego, María Teresa.

5 **¿Qué te gusta?** Write a paragraph of at least five sentences stating what you like and don't like about your school. If possible, explain your likes and dislikes. `10 pts.`

Me gusta la clase de música porque no hay muchos exámenes. No me gusta estudiar en la cafetería...

6 **Canción** Use the appropriate forms of the verb **gustar** to complete the beginning of a popular song by Manu Chao. `2 EXTRA points!`

“ Me _____ los aviones°,
me gustas tú,
me _____ viajar,
me gustas tú,
me gusta la mañana,
me gustas tú. **”**

aviones *airplanes*

Practice more at **vhlcentral.com**.

Lectura

Audio: Synched
Reading
Additional Reading

Antes de leer

Estrategia

Predicting Content through Formats

Recognizing the format of a document can help you to predict its content. For instance, invitations, greeting cards, and classified ads follow an easily identifiable format, which usually gives you a general idea of the information they contain. Look at the text and identify it based on its format.

	lunes	martes	miércoles	jueves	viernes
8:30	biología		biología		biología
9:00		historia		historia	
9:30	inglés		inglés		inglés
10:00					
10:30					
11:00					
12:00					
12:30					
1:00					
2:00	arte		arte		arte

If you guessed that this is a page from a student's schedule, you are correct. You can now infer that the document contains information about a student's weekly schedule, including days, times, and activities.

Cognados

With a classmate, make a list of the cognates in the document entitled *¡Español en Madrid!* and guess their English meanings. What do cognates reveal about the content of the document?

Examinar el texto

Look at the format of the document. What type of text is it? What information do you expect to find in this type of document?

recursos

v Text

CH pp. 29–30

vhlcentral.com

¡ESPAÑOL EN MADRID!

UAE

Programa de Cursos Intensivos de Español
Universidad Autónoma Española

Después de leer

Correspondencias

Match each item in Column B with the correct word in Column A. Two items will not be used.

A

1. profesores
2. vivienda
3. Madrid
4. número de teléfono
5. Español 2B
6. número de fax

B

a. (34) 91 779 4500
b. (34) 91 779 0210
c. 23 junio–30 julio
d. capital cultural de Europa
e. 23 junio–22 julio
f. especializados en enseñar español como lengua extranjera
g. (34) 91 779 4623
h. familias españolas

Universidad Autónoma Española

Madrid, la capital cultural de Europa, y la UAE te ofrecen cursos intensivos de verano° para aprender° español como nunca antes°.

Cursos	Empieza°	Termina
Español 1A	16 junio	22 julio
Español 1B	23 junio	30 julio
Español 1C	30 junio	10 agosto
Español 2A	16 junio	22 julio
Español 2B	23 junio	30 julio
Español 3A	16 junio	22 julio
Español 3B	23 junio	30 julio

¿Dónde?
En el campus de la UAE, edificio° de la Facultad de Filosofía y Letras.

¿Quiénes son los profesores?
Son todos hablantes nativos del español y catedráticos° de la UAE especializados en enseñar el español como lengua extranjera.

¿Qué niveles se ofrecen?
Se ofrecen tres niveles° básicos:
1. Español Elemental, A, B y C
2. Español Intermedio, A y B
3. Español Avanzado, A y B

Viviendas
Para estudiantes extranjeros se ofrece vivienda° con familias españolas.

¿Cuándo?
Este verano desde° el 16 de junio hasta el 10 de agosto. Los cursos tienen una duración de 6 semanas.

Información
Para mayor información, sirvan comunicarse con la siguiente° oficina:

Universidad Autónoma Española
Programa de Español como Lengua Extranjera
Ctra. Villalba, Km. 32, 28049 Madrid, España
Tel. (34) 91 779 4500, **Fax** (34) 91 779 4623
www.uae.es

---

verano *summer* aprender *to learn* nunca antes *never before* edificio *building* catedráticos *professors* niveles *levels* vivienda *housing* desde *from* Empieza *Begins* siguiente *following*

¿Cierto o falso?

Indicate whether each statement is **cierto** or **falso**.
Then correct the false statements.

Cierto Falso

1. La Universidad Autónoma Española ofrece (*offers*) cursos intensivos de italiano. ○ ○

2. La lengua nativa de los profesores del programa es el inglés. ○ ○

3. Los cursos de español son en la Facultad de Ciencias. ○ ○

4. Los estudiantes pueden vivir (*can live*) con familias españolas. ○ ○

Cierto Falso

5. La universidad que ofrece los cursos intensivos está en Salamanca. ○ ○

6. Español 2A termina en agosto. ○ ○

7. Si deseas información sobre (*about*) los cursos intensivos de español, puedes llamar al (34) 91 779 4500. ○ ○

8. Español 1B empieza en julio. ○ ○

 Practice more at **vhlcentral.com**.

Escritura

Estrategia
Brainstorming

How do you find ideas to write about? In the early stages of writing, brainstorming can help you generate ideas on a specific topic. You should spend ten to fifteen minutes brainstorming and jotting down any ideas about the topic.

Whenever possible, try to write your ideas in Spanish. Express your ideas in single words or phrases, and jot them down in any order. While brainstorming, don't worry about whether your ideas are good or bad. Selecting and organizing ideas should be the second stage of your writing. Remember that the more ideas you write down while you're brainstorming, the more options you'll have to choose from later when you start to organize your ideas.

Me gusta
- bailar
- viajar
- mirar la televisión
- la clase de español
- la clase de psicología

No me gusta
- cantar
- dibujar
- trabajar
- la clase de química
- la clase de biología

recursos

v̂Text

CPA
pp. 52–53

CH
pp. 31–32

vhlcentral.com

Tema

Una descripción

Write a description of yourself to post in a chat room on a website in order to meet Spanish-speaking people. Include this information in your description:

▸ your name, where you are from, and a photo (optional) of yourself
▸ where you go to school
▸ the courses you are taking
▸ where you work (if you have a job)
▸ some of your likes and dislikes

¡Hola! Me llamo Alicia Roberts. Estudio matemáticas y economía. Me gusta dibujar, cantar y viajar.

Escuchar

Estrategia

Listening for cognates

You already know that cognates are words that have similar spellings and meanings in two or more languages: for example, *group* and **grupo** or *stereo* and **estéreo**. Listen for cognates to increase your comprehension of spoken Spanish.

 To help you practice this strategy, you will now listen to two sentences. Make a list of all the cognates you hear.

Preparación

Based on the photograph, who do you think Armando and Julia are? What do you think they are talking about?

Ahora escucha

Now you are going to hear Armando and Julia's conversation. Make a list of the cognates they use.

Armando	Julia
_____	_____
_____	_____
_____	_____
_____	_____

Based on your knowledge of cognates, decide whether the following statements are **cierto** or **falso**.

	Cierto	Falso
1. Armando y Julia hablan de la familia.	○	○
2. Armando y Julia toman una clase de matemáticas.	○	○
3. Julia toma clases de ciencias.	○	○
4. Armando estudia lenguas extranjeras.	○	○
5. Julia toma una clase de religión.	○	○

  Practice more at **vhlcentral.com**.

Comprensión

Preguntas 🐾

Answer these questions about Armando and Julia's conversation.

1. ¿Qué clases toma Armando?
   _____
2. ¿Qué clases toma Julia?
   _____

Seleccionar 🐾

Choose the answer that best completes each sentence.

1. Armando toma _____ clases en la universidad.
   a. cuatro   b. cinco   c. seis
2. Julia toma dos clases de _____.
   a. matemáticas b. lengua   c. ciencias
3. Armando toma italiano y _____.
   a. astronomía   b. japonés   c. geología
4. Armando y Julia estudian _____ los martes y jueves.
   a. filosofía   b. matemáticas c. italiano

Preguntas personales

1. ¿Cuántas clases tomas tú este semestre?
2. ¿Qué clases tomas este semestre?
3. ¿Qué clases te gustan y qué clases no te gustan?

En pantalla

Video: TV Clip

Christmas isn't always in winter. During the months of cold weather and snow in North America, the southern hemisphere enjoys warm weather and longer days. Since Chile's summer lasts from December to February, school vacation coincides with these months. In Chile, the school year starts in early March and finishes toward the end of December. All schools, from preschools to universities, observe this scholastic calendar, with only a few days' variation between institutions.

Vocabulario útil	
quería	I wanted
pedirte	to ask you
te preocupa	it worries you
ahorrar	to save (money)
Navidad	Christmas
aprovecha	take advantage of
nuestras	our
ofertas	offers, deals
calidad	quality
no cuesta	doesn't cost

¿Qué hay?

For each item, write **sí** if it appears in the TV clip or **no** if it does not.

_____ 1. papelera　　　_____ 5. diccionario

_____ 2. lápiz　　　　　_____ 6. cuaderno

_____ 3. mesa　　　　　_____ 7. tiza

_____ 4. computadora　_____ 8. ventana

¿Qué quieres?

Write a list of things that you want for your next birthday. Then read it to the class so they know what to get you. Use as much Spanish as you can.

> Lista de cumpleaños°
>
> Quiero°...

cumpleaños *birthday* Quiero *I want* Viejito Pascuero *Santa Claus (Chile)*

Anuncio de Jumbo

Viejito Pascuero°...

¿Cómo se escribe *mountain bike*?

M... O...

Practice more at **vhlcentral.com**.

recursos

vText

vhlcentral.com

Los estudios

Mexican author and diplomat Octavio Paz (March 31, 1914–April 19, 1998) studied both law and literature at the **Universidad Nacional Autónoma de México (UNAM)**, but after graduating he immersed himself in the art of writing. An incredibly prolific writer of novels, poetry, and essays, Paz solidified his prestige as Mexico's preeminent author with his 1950 book *El laberinto de la soledad*, a fundamental study of Mexican identity. Among the many awards he received in his lifetime are the **Premio Miguel de Cervantes** (1981) and Nobel Prize for Literature (1990). Paz foremost considered himself a poet and affirmed that poetry constitutes "**la religión secreta de la edad° moderna.**"

—¿Qué estudias?
—Ciencias de la comunicación.

Vocabulario útil

¿Cuál es tu materia favorita?	*What is your favorite subject?*
¿Cuántos años tienes?	*How old are you?*
¿Qué estudias?	*What do you study?*
el/la alumno/a	*student*
la carrera (de medicina)	*(medical) degree program, major*
derecho	*law*
reconocido	*well-known*

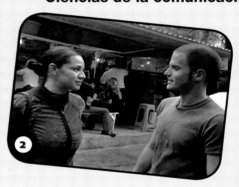

Estudio derecho en la UNAM.

Preparación

What is the name of your school? What classes are you taking this semester?

Emparejar

Match the first part of the sentence in the left column with the appropriate ending in the right column.

1. En la UNAM no hay
2. México, D.F. es
3. La UNAM es
4. La UNAM ofrece (*offers*)

a. una universidad muy grande.
b. 74 carreras de estudio.
c. residencias estudiantiles.
d. la ciudad más grande (*biggest*) de Hispanoamérica.

¿Conoces a algún° profesor famoso que dé° clases... en la UNAM?

edad *age* ¿Conoces a algún...? *Do you know any...?* que dé *that teaches*

 Practice more at **vhlcentral.com.**

recursos

vText | CPA pp. 54–55 | vhlcentral.com

España

Interactive Map
Video: *Panorama cultural*

El país en cifras

▶ **Área:** 504.750 km² (kilómetros cuadrados) o 194.884 millas cuadradas°, incluyendo las islas Baleares y las islas Canarias

▶ **Población:** 46.077.000

▶ **Capital:** Madrid—6.213.000

▶ **Ciudades° principales:** Barcelona—5.315.000, Valencia—832.000, Sevilla, Zaragoza

SOURCE: Population Division, UN Secretariat

▶ **Moneda°:** euro

▶ **Idiomas°:** español o castellano, catalán, gallego, valenciano, euskera

Gallego
Euskera
Catalán
Español
Valenciano

Regiones lingüísticas

Bandera de España

Españoles célebres

▶ **Miguel de Cervantes,** escritor° (1547–1616)

▶ **Pedro Almodóvar,** director de cine° (1949–)

▶ **Rosa Montero,** escritora y periodista° (1951–)

▶ **Fernando Alonso,** corredor de autos° (1981–)

▶ **Paz Vega,** actriz° (1976–)

millas cuadradas *square miles* Ciudades *Cities* Moneda *Currency*
Idiomas *Languages* escritor *writer* cine *film* periodista *reporter*
corredor de autos *race car driver* actriz *actress* pueblo *town*
Cada año *Every year* Durante todo un día *All day long*
se tiran *throw at each other* varias toneladas *many tons*

La Sagrada Familia en Barcelona

Plaza Mayor en Madrid

OCÉANO ATLÁNTICO
EUROPA
ESPAÑA
ÁFRICA

Mar Cantábrico
A Coruña
San Sebastián
FRANCIA
ANDORRA
Pirineos
Salamanca
Zaragoza
Río Ebro
Barcelona
PORTUGAL
ESPAÑA
Madrid
Valencia
Menorca
Mallorca
Ibiza
Islas Baleares
Sevilla
Sierra Nevada
Mar Mediterráneo
Estrecho de Gibraltar
Ceuta
Melilla
MARRUECOS

El baile flamenco

Islas Canarias
La Palma
Tenerife
Gran Canaria
Lanzarote
Fuerteventura
Gomera
Hierro

recursos

v̂Text

CPA pp. 56–59

vhlcentral.com

¡Increíble pero cierto!

En Buñol, un pueblo° de Valencia, la producción de tomates es un recurso económico muy importante. Cada año° se celebra el festival de *La Tomatina*. Durante todo un día°, miles de personas se tiran° tomates. Llegan turistas de todo el país, y se usan varias toneladas° de tomates.

Gastronomía • José Andrés

José Andrés es un chef español famoso internacionalmente°. Le gusta combinar platos° tradicionales de España con las técnicas de cocina más innovadoras°. Andrés vive° en Washington, DC, es dueño° de varios restaurantes en los EE.UU. y presenta° un programa en PBS. También° ha estado° en *Late Show with David Letterman* y *Top Chef*.

Cultura • La diversidad

La riqueza° cultural y lingüística de España refleja la combinación de las diversas culturas que han habitado° en su territorio durante siglos°. El español es la lengua oficial del país, pero también son oficiales el catalán, el gallego, el euskera y el valenciano.

Póster en catalán

Artes • Velázquez y el Prado

El Prado, en Madrid, es uno de los museos más famosos del mundo°. En el Prado hay pinturas° importantes de Botticelli, de El Greco y de los españoles Goya y Velázquez. *Las meninas* es la obra° más conocida° de Diego Velázquez, pintor° oficial de la corte real° durante el siglo° XVII.

Las meninas,
Diego Velázquez, 1656

Comida • La paella

La paella es uno de los platos más típicos de España. Siempre se prepara° con arroz° y azafrán°, pero hay diferentes recetas°. La paella valenciana, por ejemplo, es de pollo° y conejo°, y la paella marinera es de mariscos°.

La costa de Ibiza

¿Qué aprendiste? Completa las oraciones con la información adecuada.

1. El chef español _____ es muy famoso.
2. El arroz y el azafrán son ingredientes básicos de la _____.
3. El Prado está en _____.
4. _____ es una pintura famosa de Diego Velázquez.
5. El chef José Andrés tiene un _____ de televisión en PBS.
6. El gallego es una de las lenguas oficiales de _____.

Conexión Internet Investiga estos temas en **vhlcentral.com**.

1. Busca información sobre la Universidad de Salamanca u otra universidad española. ¿Qué cursos ofrece (*does it offer*)?
2. Busca información sobre un español o una española célebre (por ejemplo, un[a] político/a, un actor, una actriz, un[a] artista). ¿De qué parte de España es y por qué es célebre?

 Practice more at **vhlcentral.com**.

internacionalmente *internationally* platos *dishes* más innovadoras *most innovative* vive *lives* dueño *owner* presenta *he hosts* También *Also* ha estado *he has been* riqueza *richness* han habitado *have lived* durante siglos *for centuries* mundo *world* pinturas *paintings* obra *work* más conocida *best-known* pintor *painter* corte real *royal court* siglo *century* Siempre se prepara *It is always prepared* arroz *rice* azafrán *saffron* recetas *recipes* pollo *chicken* conejo *rabbit* mariscos *seafood*

Audio: Vocabulary Flashcards

La clase

el/la compañero/a de clase	classmate
el/la compañero/a de cuarto	roommate
el/la estudiante	student
el/la profesor(a)	teacher
el borrador	eraser
la calculadora	calculator
el escritorio	desk
el libro	book
el mapa	map
la mesa	table
la mochila	backpack
el papel	paper
la papelera	wastebasket
la pizarra	blackboard
la pluma	pen
la puerta	door
el reloj	clock; watch
la silla	seat
la tiza	chalk
la ventana	window
la biblioteca	library
la cafetería	cafeteria
la casa	house; home
el estadio	stadium
el laboratorio	laboratory
la librería	bookstore
la residencia estudiantil	dormitory
la universidad	university; college
la clase	class
el curso, la materia	course
la especialización	major
el examen	test; exam
el horario	schedule
la prueba	test; quiz
el semestre	semester
la tarea	homework
el trimestre	trimester; quarter

Las materias

la administración de empresas	business administration
el arte	art
la biología	biology
las ciencias	sciences
la computación	computer science
la contabilidad	accounting
la economía	economics
el español	Spanish
la física	physics
la geografía	geography
la historia	history
las humanidades	humanities
el inglés	English
las lenguas extranjeras	foreign languages
la literatura	literature
las matemáticas	mathematics
la música	music
el periodismo	journalism
la psicología	psychology
la química	chemistry
la sociología	sociology

Preposiciones

al lado de	next to; beside
a la derecha de	to the right of
a la izquierda de	to the left of
allá	over there
allí	there
cerca de	near
con	with
debajo de	below; under
delante de	in front of
detrás de	behind
en	in; on
encima de	on top of
entre	between; among
lejos de	far from
sin	without
sobre	on; over

Palabras adicionales

¿Adónde?	Where (to)?
ahora	now
¿Cuál?, ¿Cuáles?	Which?; Which one(s)?
¿Por qué?	Why?
porque	because

Verbos

bailar	to dance
buscar	to look for
caminar	to walk
cantar	to sing
cenar	to have dinner
comprar	to buy
contestar	to answer
conversar	to converse, to chat
desayunar	to have breakfast
descansar	to rest
desear	to wish; to desire
dibujar	to draw
enseñar	to teach
escuchar la radio/ música	to listen (to) the radio/music
esperar (+ *inf.*)	to wait (for); to hope
estar	to be
estudiar	to study
explicar	to explain
gustar	to like
hablar	to talk; to speak
llegar	to arrive
llevar	to carry
mirar	to look (at); to watch
necesitar (+ *inf.*)	to need
practicar	to practice
preguntar	to ask (a question)
preparar	to prepare
regresar	to return
terminar	to end; to finish
tomar	to take; to drink
trabajar	to work
viajar	to travel

Los días de la semana

¿Cuándo?	When?
¿Qué día es hoy?	What day is it?
Hoy es…	Today is…
la semana	week
lunes	Monday
martes	Tuesday
miércoles	Wednesday
jueves	Thursday
viernes	Friday
sábado	Saturday
domingo	Sunday

Numbers 31 and higher	See pages 63–64.
Expresiones útiles	See page 45.

La familia

3

Communicative Goals

I will be able to:
- Talk about my family and friends
- Describe people and things
- Express possession

VOICE BOARD

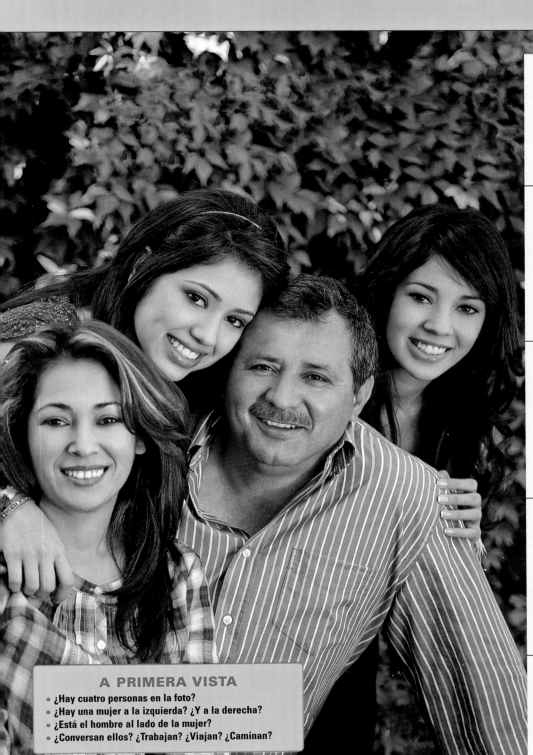

A PRIMERA VISTA
- ¿Hay cuatro personas en la foto?
- ¿Hay una mujer a la izquierda? ¿Y a la derecha?
- ¿Está el hombre al lado de la mujer?
- ¿Conversan ellos? ¿Trabajan? ¿Viajan? ¿Caminan?

La familia

🎧 🅢 **Audio: Vocabulary Tutorials, Games**

La familia de José Miguel Pérez Santoro

Más vocabulario

los abuelos	grandparents
el/la bisabuelo/a	great-grandfather/ great- grandmother
el/la gemelo/a	twin
el/la hermanastro/a	stepbrother/stepsister
el/la hijastro/a	stepson/stepdaughter
la madrastra	stepmother
el medio hermano/ la media hermana	half-brother/ half-sister
el padrastro	stepfather
los padres	parents
los parientes	relatives
el/la cuñado/a	brother-in-law/ sister-in-law
la nuera	daughter-in-law
el/la suegro/a	father-in-law/ mother-in-law
el yerno	son-in-law
el/la amigo/a	friend
el apellido	last name
la gente	people
el/la muchacho/a	boy/girl
el/la niño/a	child
el/la novio/a	boyfriend/girlfriend
la persona	person
el/la artista	artist
el/la ingeniero/a	engineer
el/la doctor(a), el/la médico/a	doctor; physician
el/la periodista	journalist
el/la programador(a)	computer programmer

Variación léxica

madre ←→ mamá, mami (*colloquial*)
padre ←→ papá, papi (*colloquial*)
muchacho/a ←→ chico/a

Juan Santoro Sánchez

mi abuelo (*my grandfather*)

Ernesto Santoro González

mi tío (*uncle*)
hijo (*son*) **de Juan y Socorro**

Marina Gutiérrez de Santoro

mi tía (*aunt*)
esposa (*wife*) **de Ernesto**

Silvia Socorro Santoro Gutiérrez

mi prima (*cousin*)
hija (*daughter*) **de Ernesto y Marina**

Héctor Manuel Santoro Gutiérrez

mi primo (*cousin*)
nieto (*grandson*) **de Juan y Socorro**

Carmen Santoro Gutiérrez

mi prima
hija de Ernesto y Marina

¡LENGUA VIVA!

In Spanish-speaking countries, it is common for people to go by both their first name and middle name, such as **José Miguel** or **María Teresa**. You will learn more about names and naming conventions on p. 86.

recursos

v̂Text | CPA pp. 61–63 | CH pp. 33–34 | vhlcentral.com

Socorro González de Santoro

mi abuela (*my grandmother*)

Mirta Santoro de Pérez

mi madre (*mother*)
hija de Juan y Socorro

Rubén Ernesto Pérez Gómez

mi padre (*father*)
esposo de mi madre

José Miguel Pérez Santoro

hijo de Rubén y de Mirta

Beatriz Alicia Pérez de Morales

mi hermana (*sister*)

Felipe Morales Zapata

esposo (*husband*)
de Beatriz Alicia

Víctor Miguel Morales Pérez

mi sobrino (*nephew*)
hermano (*brother*)
de Anita

Anita Morales Pérez

mi sobrina (*niece*)
nieta (*granddaughter*)
de mis padres

los hijos (*children*) **de Beatriz Alicia y de Felipe**

Práctica

1 **Escuchar** 🎧 Listen to each statement made by José Miguel Pérez Santoro, then indicate whether it is **cierto** or **falso**, based on his family tree.

	Cierto	Falso		Cierto	Falso
1.	○	○	6.	○	○
2.	○	○	7.	○	○
3.	○	○	8.	○	○
4.	○	○	9.	○	○
5.	○	○	10.	○	○

2 **Personas** 🎧 Indicate each word that you hear mentioned in the narration.

1. _____ cuñado   4. _____ niño   7. _____ ingeniera
2. _____ tía   5. _____ esposo   8. _____ primo
3. _____ periodista 6. _____ abuelos

3 **Emparejar** Match the letter of each phrase with the correct description. Two items will not be used.

1. Mi hermano programa las computadoras.
2. Son los padres de mi esposo.
3. Son los hijos de mis (*my*) tíos.
4. Mi tía trabaja en un hospital.
5. Es el hijo de mi madrastra y el hijastro de mi padre.
6. Es el esposo de mi hija.
7. Es el hijo de mi hermana.
8. Mi primo dibuja y pinta mucho.
9. Mi hermanastra enseña en la universidad.
10. Mi padre trabaja con planos (*blueprints*).

a. Es médica.
b. Es mi hermanastro.
c. Es programador.
d. Es ingeniero.
e. Son mis suegros.
f. Es mi novio.
g. Es mi padrastro.
h. Son mis primos.
i. Es artista.
j. Es profesora.
k. Es mi sobrino.
l. Es mi yerno.

4 **Definiciones** Define these family terms in Spanish.

modelo
hijastro *Es el hijo de mi esposo/a, pero no es mi hijo.*

1. abuela   5. suegra
2. bisabuelo   6. cuñado
3. tío   7. nietos
4. primas   8. medio hermano

5

Escoger Complete the description of each photo using words you have learned in **Contextos**.

1. La _____ de Sara es grande.

2. Héctor y Lupita son _____.

3. Maira Díaz es _____.

4. Rubén habla con su _____.

5. Los dos _____ están en el parque.

6. Irene es _____.

7. Elena Vargas Soto es _____.

8. Don Armando es el _____ de Martín.

Comunicación

6

Una familia With a classmate, identify the members in the family tree by asking questions about how each family member is related to Graciela Vargas García.

> **modelo**
> **Estudiante 1:** ¿Quién es Beatriz Pardo de Vargas?
> **Estudiante 2:** Es la abuela de Graciela.

CONSULTA

To see the cities where these family members live, look at the map in **Panorama** on p. 112.

David Vargas Olmedo — de Quito

Beatriz Pardo de Vargas — de Ibarra

Carlos Antonio López Ríos — de Cuenca

Lupe Vargas de López — de Quito

Juan Vargas Pardo — de Quito

María Susana García de Vargas — de Guayaquil

Ernesto López Vargas — de Loja

Ramón Vargas García — de Machala

Graciela Vargas García — de Machala

Now take turns asking each other these questions. Then invent three original questions.

1. ¿Cómo se llama el primo de Graciela?
2. ¿Cómo se llama la hija de David y de Beatriz?
3. ¿De dónde es María Susana?
4. ¿De dónde son Ramón y Graciela?
5. ¿Cómo se llama el yerno de David y de Beatriz?
6. ¿De dónde es Carlos Antonio?
7. ¿De dónde es Ernesto?
8. ¿Cuáles son los apellidos del sobrino de Lupe?

7

Preguntas personales With a classmate, take turns asking each other these questions.

1. ¿Cuántas personas hay en tu familia?
2. ¿Cómo se llaman tus padres? ¿De dónde son? ¿Dónde trabajan?
3. ¿Cuántos hermanos tienes? ¿Cómo se llaman? ¿Dónde estudian o trabajan?
4. ¿Cuántos primos tienes? ¿Cuáles son los apellidos de ellos? ¿Cuántos son niños y cuántos son adultos? ¿Hay más chicos o más chicas en tu familia?
5. ¿Quién es tu pariente favorito?
6. ¿Tienes un(a) mejor amigo/a? ¿Cómo se llama?

AYUDA

tu *your* (sing.)
tus *your* (plural)
mi *my* (sing.)
mis *my* (plural)
tienes *you have*
tengo *I have*

Un domingo en familia

Marissa pasa el día en Xochimilco con la familia Díaz.

PERSONAJES

 FELIPE

 TÍA NAYELI

Video: *Fotonovela*
Record and Compare

1

JIMENA Hola, tía Nayeli.

TÍA NAYELI ¡Hola, Jimena! ¿Cómo estás?

JIMENA Bien, gracias. Y, ¿dónde están mis primas?

TÍA NAYELI No sé. ¿Dónde están mis hijas? ¡Ah!

2

MARISSA ¡Qué bonitas son tus hijas! Y ¡qué simpáticas!

3

FELIPE Soy guapo y delgado.

JIMENA Ay, ¡por favor! Eres gordo, antipático y muy feo.

6

MARISSA Tía Nayeli, ¿cuántos años tienen tus hijas?

TÍA NAYELI Marta tiene ocho años y Valentina, doce.

7

SRA. DÍAZ Chicas, ¿compartimos una trajinera?

MARISSA ¡Claro que sí! ¡Qué bonitas son!

SRA. DÍAZ ¿Vienes, Jimena?

JIMENA No, gracias. Tengo que leer.

8

MARISSA Me gusta mucho este sitio. Tengo ganas de visitar otros lugares en México.

SRA. DÍAZ ¡Debes viajar a Mérida!

TÍA NAYELI ¡Sí, con tus amigos! Debes visitar a Ana María, la hermana de Roberto y de Ramón.

JIMENA　**MARTA**　**VALENTINA**　**SRA. DÍAZ**　**TÍO RAMÓN**　**SR. DÍAZ**　**MARISSA**

TÍO RAMÓN ¿Tienes una familia grande, Marissa?

MARISSA Tengo dos hermanos mayores, Zack y Jennifer, y un hermano menor, Adam.

MARISSA La verdad, mi familia es pequeña.

SRA. DÍAZ ¿Pequeña? Yo soy hija única. Bueno, y ¿qué más? ¿Tienes novio?

MARISSA No. Tengo mala suerte con los novios.

(*La Sra. Díaz habla por teléfono con la tía Ana María.*)

SRA. DÍAZ ¡Qué bien! Excelente. Sí, la próxima semana. Muchísimas gracias.

MARISSA ¡Gracias, Sra. Díaz!

SRA. DÍAZ Tía Ana María.

MARISSA Tía Ana María.

SRA. DÍAZ ¡Un beso, chau!

MARISSA *Bye!*

recursos

v Text

CPA
pp. 64–65

vhlcentral.com

Expresiones útiles

Talking about your family
¿Tienes una familia grande?
Do you have a big family?
Tengo dos hermanos mayores y un hermano menor.
I have two older siblings and a younger brother.
La verdad, mi familia es pequeña.
The truth is, my family is small.
¿Pequeña? Yo soy hija única.
Small? I'm an only child.

Describing people
¡Qué bonitas son tus hijas! Y ¡qué simpáticas!
Your daughters are so pretty! And so nice!
Soy guapo y delgado.
I'm handsome and slim.
¡Por favor! Eres gordo, antipático y muy feo.
Please! You're fat, unpleasant, and very ugly.

Talking about plans
¿Compartimos una trajinera?
Shall we share a trajinera?
¡Claro que sí! ¡Qué bonitas son!
Of course! They're so pretty!
¿Vienes, Jimena?
Are you coming, Jimena?
No, gracias. Tengo que leer.
No, thanks. I have to read.

Saying how old people are
¿Cuántos años tienen tus hijas?
How old are your daughters?
Marta tiene ocho años y Valentina, doce.
Marta is eight and Valentina twelve.

Additional vocabulary
ensayo *essay*
pobrecito/a *poor thing*
próxima *next*
sitio *place*
todavía *still*
trajinera *type of barge*

¿Qué pasó?

1

¿Cierto o falso? Indicate whether each sentence is **cierto** or **falso**. Correct the false statements.

		Cierto	Falso
1.	Marissa dice que (*says that*) tiene una familia grande.	○	○
2.	La Sra. Díaz tiene dos hermanos.	○	○
3.	Marissa no tiene novio.	○	○
4.	Valentina tiene veinte años.	○	○
5.	Marissa comparte una trajinera con la Sra. Díaz y la tía Nayeli.	○	○
6.	A Marissa le gusta mucho Xochimilco.	○	○

2

Identificar Indicate which person would make each statement. The names may be used more than once. **¡Ojo!** One name will not be used.

1. Felipe es antipático y feo.
2. Mis hermanos se llaman Jennifer, Adam y Zack.
3. ¡Soy un joven muy guapo!
4. Mis hijas tienen ocho y doce años.
5. ¡Qué bonitas son las trajineras!
6. Ana María es la hermana de Ramón y Roberto.
7. No puedo (*I can't*) compartir una trajinera porque tengo que leer.
8. Tus hijas son bonitas y simpáticas, tía Nayeli.

SRA. DÍAZ   **JIMENA**

MARISSA   **FELIPE**

TÍA NAYELI

3

Escribir In pairs, choose Marissa, Sra. Díaz, or tía Nayeli and write a brief description of her family. Be creative!

MARISSA

Marissa es de los EE.UU.
¿Cómo es su familia?

SRA. DÍAZ

La Sra. Díaz es de Cuba.
¿Cómo es su familia?

TÍA NAYELI

La tía Nayeli es de México.
¿Cómo es su familia?

4

Conversar With a partner, use these questions to talk about your families.

1. ¿Cuántos años tienes?
2. ¿Tienes una familia grande?
3. ¿Tienes hermanos o hermanas?
4. ¿Cuántos años tiene tu abuelo (tu hermana, tu primo, etc.)?
5. ¿De dónde son tus padres?

 Practice more at **vhlcentral.com**.

Pronunciación

  **Audio: Explanation
Record and Compare**

Diphthongs and linking

---

hermano   **niña**   **cuñado**

In Spanish, **a**, **e**, and **o** are considered strong vowels. The weak vowels are **i** and **u**.

---

ruido   **parientes**   **periodista**

A diphthong is a combination of two weak vowels or of a strong vowel and a weak vowel.
Diphthongs are pronounced as a single syllable.

---

mi hijo   **una clase excelente**

Two identical vowel sounds that appear together are
pronounced like one long vowel.

la abuela

---

con Natalia   **sus sobrinos**   **las sillas**

Two identical consonants together sound like a single consonant.

---

es ingeniera   **mis abuelos**   **sus hijos**

A consonant at the end of a word is linked with the vowel at the beginning of the next word.

---

mi hermano   **su esposa**   **nuestro amigo**

A vowel at the end of a word is linked with the vowel at the beginning of the next word.

Práctica Say these words aloud, focusing on the diphthongs.

1. historia	5. residencia	9. lenguas
2. nieto	6. prueba	10. estudiar
3. parientes	7. puerta	11. izquierda
4. novia	8. ciencias	12. ecuatoriano

Oraciones Read these sentences aloud to practice diphthongs and linking words.

1. Hola. Me llamo Anita Amaral. Soy del Ecuador.
2. Somos seis en mi familia.
3. Tengo dos hermanos y una hermana.
4. Mi papá es del Ecuador y mi mamá es de España.

Refranes Read these sayings aloud to practice diphthongs and linking sounds.

Cuando una
puerta se cierra,
otra se abre.[1]

Hablando del rey de Roma,
por la puerta se asoma.[2]

2 *Speak of the devil and he will appear.*
1 *When one door closes, another opens.*

recursos

v̂Text   CPA p. 66   CH p. 35   vhlcentral.com

Reading, Additional Reading

¿Cómo te llamas?

In the Spanish-speaking world, it is common to have two last names: one paternal and one maternal. In some cases, the conjunctions **de** or **y** are used to connect the two last names. For example, in the name **Juan Martínez de Velasco**, *Martínez* is the paternal surname (**el apellido paterno**), and *Velasco* is the maternal surname (**el apellido materno**); **de** simply links the two. This convention of using two last names (**doble apellido**) is a European tradition that Spaniards brought to the Americas. It continues to be practiced in many countries, including Chile, Colombia, Mexico, Peru, and Venezuela. There are exceptions, however; in Argentina, the prevailing custom is for children to inherit only the father's last name.

When a woman marries in a country where two last names are used, legally she retains her two maiden surnames. However, socially she may take her husband's paternal surname in place of her inherited maternal surname. For example, **Mercedes Barcha Pardo**, wife of Colombian writer **Gabriel García Márquez**,

Gabriel García Márquez   Mercedes Barcha Pardo

Rodrigo García Barcha

might use the names **Mercedes Barcha García** or **Mercedes Barcha de García** in social situations (although officially her name remains **Mercedes Barcha Pardo**). Adopting a husband's last name for social purposes, though widespread, is only legally recognized in Ecuador and Peru.

Regardless of the surnames the mother uses, most parents do not break tradition upon naming their children; they maintain the father's first surname followed by the mother's first surname, as in the name **Rodrigo García Barcha.** However, one should note that both surnames come from the grandfathers, and therefore all **apellidos** are effectively paternal.

Hijos en la casa

In Spanish-speaking countries, family and society place very little pressure on young adults to live on their own (**independizarse**), and children often live with their parents well into their thirties. For example, about 60% of Spaniards under 34 years of age live at home with their parents. This delay in moving out is both cultural and economic—lack of job security or low wages coupled with a high cost of living may make it impractical for young adults to live independently before they marry.

1 **¿Cierto o falso?** Indicate whether these statements are **cierto** or **falso**. Correct the false statements.

1. Most Spanish-speaking people have three last names.

2. Hispanic last names generally consist of the paternal last name followed by the maternal last name.

3. It is common to see **de** or **y** used in a Hispanic last name.

4. Someone from Argentina would most likely have two last names.

5. Generally, married women legally retain two maiden surnames.

6. In social situations, a married woman often uses her husband's last name in place of her inherited paternal surname.

7. Adopting a husband's surname is only legally recognized in Peru and Ecuador.

8. Hispanic last names are effectively a combination of the maternal surnames from the previous generation.

ASÍ SE DICE

Familia y amigos

el/la bisnieto/a	great-grandson/daughter
el/la chamaco/a (Méx.); el/la chamo/a (Ven.); el/la chaval(a) (Esp.); el/la pibe/a (Arg.)	el/la muchacho/a
el/la colega (Esp.)	el/la amigo/a
mi cuate (Méx.); mi parcero/a (Col.); mi pana (Ven., P. Rico, Rep. Dom.)	my pal; my buddy
la madrina	godmother
el padrino	godfather
el/la tatarabuelo/a	great-great-grandfather/ great-great-grandmother

EL MUNDO HISPANO

Las familias

Although worldwide population trends show a decrease in average family size, households in many Spanish-speaking countries are still larger than their U.S. counterparts.

- **México** 4,0 personas
- **Colombia** 3,9 personas
- **Argentina** 3,6 personas
- **Uruguay** 3,0 personas
- **España** 2,9 personas
- **Estados Unidos** 2,6 personas

PERFIL

La familia real española

Undoubtedly, Spain's most famous family is **la familia real** (*Royal*). In 1962, then-prince **Juan Carlos de Borbón** married Princess **Sofía** of Greece. In the late 1970s, **el rey** (*King*) **Juan Carlos** and **la reina** (*Queen*) **Sofía** returned to Spain and helped transition the country to democracy after a forty-year dictatorship. The royal couple, who enjoys immense public support, has three children: **las infantas** (*Princesses*) **Elena** and **Cristina**, and a son, **el príncipe** (*Prince*) **Felipe**, whose official title is **el Príncipe de Asturias**. In 2004, Felipe married **Letizia Ortiz Rocasolano** (now **la Princesa de Asturias**), a journalist and TV presenter. The future king and queen have two daughters, **las infantas Leonor** (born in 2005) and **Sofía** (born in 2007).

Conexión Internet

What role do **padrinos** and **madrinas** have in today's Hispanic family?

Go to **vhlcentral.com** to find more cultural information related to this **Cultura** section.

ACTIVIDADES

2 **Comprensión** Complete these sentences.

1. Spain's royals were responsible for guiding in _____.
2. In Spanish, your godmother is called _____.
3. Princess Leonor is the _____ of Queen Sofía.
4. Uruguay's average household has _____ people.
5. If a Venezuelan calls you **mi pana**, you are that person's _____.

3 **Una familia famosa** Create a genealogical tree of a famous family, using photos or drawings labeled with names and ages. Present the family tree to a classmate and explain who the people are and their relationships to each other.

recursos

v̂Text

CH p. 36

vhlcentral.com

 Practice more at **vhlcentral.com**.

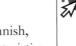

3.1 Descriptive adjectives

ANTE TODO Adjectives are words that describe people, places, and things. In Spanish, descriptive adjectives are used with the verb **ser** to point out characteristics such as nationality, size, color, shape, personality, and appearance.

Forms and agreement of adjectives

COMPARE & CONTRAST

In English, the forms of descriptive adjectives do not change to reflect the gender (masculine/feminine) and number (singular/plural) of the noun or pronoun they describe.

*Juan is **nice**.* *Elena is **nice**.* *They are **nice**.*

In Spanish, the forms of descriptive adjectives agree in gender and/or number with the nouns or pronouns they describe.

Juan es simpátic**o**. Elena es simpátic**a**. Ellos son simpátic**os**.

▶ Adjectives that end in **-o** have four different forms. The feminine singular is formed by changing the **-o** to **-a.** The plural is formed by adding **-s** to the singular forms.

Masculine		Feminine	
SINGULAR	PLURAL	SINGULAR	PLURAL
el muchach**o** alt**o**	los muchach**os** alt**os**	la muchach**a** alt**a**	las muchach**as** alt**as**

¡Qué bonitas son tus hijas, tía Nayeli!

Felipe es gordo, antipático y muy feo.

▶ Adjectives that end in **-e** or a consonant have the same masculine and feminine forms.

Masculine		Feminine	
SINGULAR	PLURAL	SINGULAR	PLURAL
el chico inteligent**e**	los chicos inteligent**es**	la chica inteligent**e**	las chicas inteligent**es**
el examen difíci**l**	los exámenes difíci**les**	la clase difíci**l**	las clases difíci**les**

▶ Adjectives that end in **-or** are variable in both gender and number.

Masculine		Feminine	
SINGULAR	PLURAL	SINGULAR	PLURAL
el hombre trabajad**or**	los hombres trabajad**ores**	la mujer trabajad**ora**	las mujeres trabajad**oras**

► Adjectives that refer to nouns of different genders use the masculine plural form.

Manuel es alt**o**. Lola es alt**a**. Manuel y Lola son alt**os**.

Common adjectives

alto/a	tall	**gordo/a**	fat	**moreno/a**	brunet(te)
antipático/a	unpleasant	**grande**	big; large	**mucho/a**	much; many;
bajo/a	short (in	**guapo/a**	good-looking		a lot of
	height)	**importante**	important	**pelirrojo/a**	red-haired
bonito/a	pretty	**inteligente**	intelligent	**pequeño/a**	small
bueno/a	good	**interesante**	interesting	**rubio/a**	blond(e)
delgado/a	thin; slender	**joven**	young	**simpático/a**	nice; likeable
difícil	hard; difficult	**(jóvenes)**		**tonto/a**	silly; foolish
fácil	easy	**malo/a**	bad	**trabajador(a)**	hard-working
feo/a	ugly	**mismo/a**	same	**viejo/a**	old

Colors

amarillo/a	yellow		**negro/a**	black
azul	blue		**rojo/a**	red
blanco/a	white		**verde**	green

Some adjectives of nationality

alemán, alemana	German		**francés, francesa**	French
argentino/a	Argentine		**inglés, inglesa**	English
canadiense	Canadian		**italiano/a**	Italian
chino/a	Chinese		**japonés, japonesa**	Japanese
costarricense	Costa Rican		**mexicano/a**	Mexican
cubano/a	Cuban		**norteamericano/a**	(North) American
ecuatoriano/a	Ecuadorian		**puertorriqueño/a**	Puerto Rican
español(a)	Spanish		**ruso/a**	Russian
estadounidense	from the U.S.			

► In Spanish, country names are capitalized, but adjectives of nationality are **not**.

► Adjectives of nationality that end in a consonant form the feminine by adding **–a**.

japoné**s** ⟶ japone**sa** españo**l** ⟶ españo**la**

► Adjectives of color and nationality are formed like other descriptive adjectives.

Masculine		Feminine	
SINGULAR	PLURAL	SINGULAR	PLURAL
argentin**o**	argentin**os**	argentin**a**	argentin**as**
azul	azul**es**	azul	azul**es**
verde	verde**s**	verde	verde**s**

Position of adjectives

▶ Descriptive adjectives and adjectives of nationality generally follow the nouns they modify.

El niño **rubio** es de España.
The blond boy is from Spain.

La mujer **española** habla inglés.
The Spanish woman speaks English.

▶ Unlike descriptive adjectives, adjectives of quantity precede the modified noun.

Hay **muchos** libros en la biblioteca.
There are many books in the library.

Hablo con **dos** turistas puertorriqueños.
I am talking with two Puerto Rican tourists.

▶ **Bueno/a** and **malo/a** can appear before or after a noun. When placed before a masculine singular noun, the forms are shortened: **bueno → buen; malo → mal.**

Joaquín es un **buen** amigo.
Joaquín es un amigo **bueno.**   ⟶   *Joaquín is a good friend.*

Hoy es un **mal** día.
Hoy es un día **malo.**   ⟶   *Today is a bad day.*

▶ When **grande** appears before a singular noun, it is shortened to **gran,** and the meaning of the word changes: **gran** = *great* and **grande** = *big, large.*

Don Francisco es un **gran** hombre.
Don Francisco is a great man.

La familia de Inés es **grande**.
Inés' family is large.

 ¡INTÉNTALO!   Provide the appropriate forms of the adjectives.

simpático

1. Mi hermano es _simpático_.
2. La profesora Martínez es _____.
3. Rosa y Teresa son _____.
4. Nosotros somos _____.

azul

1. La calculadora es _azul_.
2. El papel es _____.
3. Las maletas son _____.
4. Los libros son _____.

alemán

1. Hans es _alemán_.
2. Mis primas son _____.
3. Marcus y yo somos _____.
4. Mi tía es _____.

guapo

1. Su esposo es _guapo_.
2. Mis sobrinas son _____.
3. Los padres de ella son _____.
4. Marta es _____.

Práctica

1

Emparejar Find the words in column B that are the opposite of the words in column A. One word in B will not be used.

Jorge   Marcos

A	**B**
1. guapo	a. delgado
2. moreno	b. pequeño
3. alto	c. verde
4. gordo	d. feo
5. joven	e. viejo
6. grande	f. rubio
7. blanco	g. negro
	h. bajo

2

Completar Indicate the nationalities of these people by selecting the correct adjectives and changing their forms when necessary.

1. Penélope Cruz es _____.
2. Carlos Fuentes es un gran escritor (*writer*) de México; es _____.
3. Ellen Page y Avril Lavigne son _____.
4. Giorgio Armani es un diseñador de modas (*fashion designer*) _____.
5. Daisy Fuentes es de La Habana, Cuba; ella es _____.
6. Emma Watson y Daniel Radcliffe son actores _____.
7. Heidi Klum y Boris Becker son _____.
8. Apolo Anton Ohno y Shaun White son _____.

> **NOTA CULTURAL**
>
> **Carlos Fuentes**
> (1928–2012) was a well known Mexican novelist and essayist. His novel *La muerte* (*death*) *de Artemio Cruz* explores the psyche of a Mexican revolutionary.

3

Describir Describe the drawing using as many adjectives as possible.

Carlos Romero Sandoval   Josefina Barcos de Romero   Susana Romero Barcos   Tomás Romero Barcos   Alberto Romero Pereda

1. Susana Romero Barcos es _____.
2. Tomás Romero Barcos es _____.
3. Tomás y su (*his*) padre, Carlos, son _____.
4. Los libros de Tomás son de color _____.
5. Carlos Romero Sandoval es _____.
6. Alberto Romero Pereda es _____.
7. Los dos hermanos son _____.
8. Susana y su (*her*) madre, Josefina, son _____.

4

¿Como son? Now, look at the drawing in Activity 1 and form sentences that describe Jorge and Marcos and their houses.

> **modelo**
>
> *La casa de Marcos es azul.*

 Practice more at **vhlcentral.com**.

Comunicación

5

¿Cómo es? With a partner, take turns describing each item on the list. Tell your partner whether you agree (**Estoy de acuerdo**) or disagree (**No estoy de acuerdo**) with their descriptions. ◄

AYUDA

Here is some information to help you complete the descriptions:

- **Steve Carell es actor de cine y de televisión.**
- **Celine Dion es cantante.**
- **Steven Spielberg es director de cine.**

> **modelo**
>
> San Francisco
> **Estudiante 1:** San Francisco es una ciudad *(city)* muy bonita.
> **Estudiante 2:** No estoy de acuerdo. Es muy fea.

1. Nueva York
2. Steve Carell
3. las canciones *(songs)* de Celine Dion
4. el presidente de los Estados Unidos
5. Steven Spielberg
6. la primera dama *(first lady)* de los Estados Unidos
7. el/la profesor(a) de español
8. las personas de Los Ángeles
9. las flores de primavera *(spring)*
10. mi clase de español

6

Perfil personal Write a personal profile for your school newspaper. Describe yourself and your ideal best friend. Then compare your profile with a classmate's. How are you similar and how are you different? Are you looking for the same things in a best friend?

SOY ALTA, morena y bonita. Soy cubana, de Holguín. Me gusta mucho el arte. Busco una amiga similar. Mi amiga ideal es alta, morena, inteligente y muy simpática.

Síntesis

7

Diferencias Your teacher will give you and a partner each a drawing of a family. Describe your version of the drawing to your partner in order to find at least five differences between your picture and your partner's.

> **modelo**
>
> **Estudiante 1:** Susana, la madre, es rubia.
> **Estudiante 2:** No, la madre es morena.

recursos

v̂ Text

CPA
pp. 70–71

3.2 # Possessive adjectives Explanation Tutorial

ANTE TODO Possessive adjectives, like descriptive adjectives, are words that are used to qualify people, places, or things. Possessive adjectives express the quality of ownership or possession.

Forms of possessive adjectives

SINGULAR FORMS	PLURAL FORMS	
mi	**mis**	*my*
tu	**tus**	*your* (fam.)
su	**sus**	*his, her, its, your* (form.)
nuestro/a	**nuestros/as**	*our*
vuestro/a	**vuestros/as**	*your* (fam.)
su	**sus**	*their, your* (form.)

COMPARE & CONTRAST

In English, possessive adjectives are invariable; that is, they do not agree in gender and number with the nouns they modify. Spanish possessive adjectives, however, do agree in number with the nouns they modify.

my cousin	*my cousins*	*my aunt*	*my aunts*
mi primo	**mis** primos	**mi** tía	**mis** tías

The forms **nuestro** and **vuestro** agree in both gender and number with the nouns they modify.

| nuestr**o** prim**o** | nuestr**os** prim**os** | nuestr**a** tía | nuestr**as** tí**as** |

▶ Possessive adjectives are always placed before the nouns they modify.

—¿Está **tu novio** aquí? —No, **mi novio** está en la biblioteca.
Is your boyfriend here? *No, my boyfriend is in the library.*

AYUDA

Look at the context, focusing on nouns and pronouns, to help you determine the meaning of **su(s)**.

▶ Because **su** and **sus** have multiple meanings (*your, his, her, their, its*), you can avoid confusion by using this construction instead: [*article*] + [*noun*] + **de** + [*subject pronoun*].

sus parientes ◀ los parientes **de él/ella** *his/her relatives*
los parientes **de Ud./Uds.** *your relatives*
los parientes **de ellos/ellas** *their relatives*

recursos

vText

CPA
pp. 72–74

CH
pp. 39–40

vhlcentral.com

¡INTÉNTALO! Provide the appropriate form of each possessive adjective.

Singular

1. Es ___mi___ (*my*) libro.
2. _____ (*My*) familia es ecuatoriana.
3. ____ (*Your,* fam.) novio es italiano.
4. _____ (*Our*) profesor es español.
5. Es _____ (*her*) reloj.
6. Es _____ (*your,* fam.) mochila.
7. Es _____ (*your,* form.) maleta.
8. _____ (*Their*) casa es amarilla.

Plural

1. ___Sus___ (*Her*) primos son franceses.
2. _____ (*Our*) cuadernos son verdes.
3. Son _____ (*their*) lápices.
4. _____ (*Their*) nietos son japoneses.
5. Son _____ (*our*) plumas.
6. Son _____ (*my*) papeles.
7. _____ (*My*) amigas son inglesas.
8. Son _____ (*his*) cuadernos.

Práctica

1 **La familia de Manolo** Complete each sentence with the correct possessive adjective from the options in parentheses. Use the subject of each sentence as a guide. ◀

1. Me llamo Manolo, y _____ (nuestro, mi, sus) hermano es Federico.
2. _____ (Nuestra, Sus, Mis) madre Silvia es profesora y enseña química.
3. Ella admira a _____ (tu, nuestro, sus) estudiantes porque trabajan mucho.
4. Yo estudio en la misma escuela, pero no tomo clases con _____ (mi, nuestras, tus) madre.
5. Federico trabaja en una oficina con _____ (mis, tu, nuestro) padre.
6. _____ (Mi, Su, Tu) oficina está en el centro de la Ciudad de México.
7. Javier y Óscar son _____ (mis, mi, sus) tíos de Oaxaca.
8. ¿Y tú? ¿Cómo es _____ (mi, su, tu) familia?

AYUDA

Remember that possessive adjectives don't agree in number or gender with the *owner* of an item, but rather with the item(s) or person(s) they describe.

2 **Clarificar** Clarify each sentence with a prepositional phrase. Follow the model.

> **modelo**
>
> Su hermana es muy bonita. (ella)
>
> *La hermana de ella es muy bonita.*

1. Su casa es muy grande. (ellos) _____
2. ¿Cómo se llama su hermano? (ellas) _____
3. Sus padres trabajan en el centro. (ella) _____
4. Sus abuelos son muy simpáticos. (él) _____
5. Maribel es su prima. (ella) _____
6. Su primo lee los libros. (ellos) _____

3 **¿Dónde está?** With a partner, imagine that you can't remember where you put some of the belongings you see in the pictures. Your partner will help you by reminding you where your things are. Take turns playing each role. ◀

CONSULTA

For a list of useful prepositions, refer to the table *Prepositions often used with **estar**,* in **Estructura 2.3**, p. 60.

> **modelo**
>
> **Estudiante 1:** ¿Dónde está mi mochila?
> **Estudiante 2:** Tu mochila está encima del escritorio.

1.

2.

3.

4.

5.

6.

🅢 Practice more at **vhlcentral.com.**

Comunicación

4

Describir With a partner, take turns describing the people and places listed below. Make note of any similarities and be prepared to share them with the class.

> **modelo**
>
> la biblioteca de su escuela
>
> *La biblioteca de nuestra escuela es muy grande. Hay muchos libros en la biblioteca. Mis amigos y yo estudiamos en la biblioteca.*

1. tu profesor favorito
2. tu profesora favorita
3. su clase de español
4. la biblioteca de su escuela
5. tus padres
6. tus abuelos
7. tu mejor (*best*) amigo
8. tu mejor amiga
9. su escuela
10. tu país de origen

5

Una familia famosa Assume the identity of a member of a famous family, real or fictional (the Hiltons, Cyruses, Simpsons, Clintons, Beckhams, Jolie-Pitts, etc.) and write a description of "your" family. Be sure not to use any names! Then, in small groups, take turns reading the descriptions aloud. The other group members may ask follow-up questions to help them identify the famous person.

> **modelo**
>
> **Estudiante 1:** Hay cuatro personas en mi familia. Mi padre es delgado y muy trabajador. Su trabajo (*job*) es importante; él viaja mucho. Mi madre es guapa e inteligente. Tengo una hermana mayor. Ella y yo estudiamos en una escuela privada. Nuestra casa está en la capital.
>
> **Estudiante 2:** ¿Son ustedes de la capital?
>
> **Estudiante 1:** No, somos de Chicago.
>
> **Estudiante 3:** ¿Eres Sasha Obama?
>
> **Estudiante 1:** Sí.

Síntesis

6

Describe a tu familia Get together with two classmates and describe your family to them in several sentences (**Mi padre es alto y moreno. Mi madre es delgada y muy bonita. Mis hermanos son…**). They will work together to try to repeat your description (**Su padre es alto y moreno. Su madre…**). If they forget any details, they can ask you questions (**¿Es alto tu hermano?**). Alternate roles until all of you have described your families.

3.3 # Present tense of -er and -ir verbs

Explanation Tutorial

ANTE TODO In **Lección 2,** you learned how to form the present tense of regular -ar verbs. You also learned about the importance of verb forms, which change to show who is performing the action. The chart below shows the forms from two other important groups, **-er** verbs and **-ir** verbs.

CONSULTA

To review the conjugation of **-ar** verbs, see **Estructura 2.1,** p. 50.

Present tense of -er and -ir verbs		
	comer *(to eat)*	**escrib**ir *(to write)*
SINGULAR FORMS		
yo	com**o**	escrib**o**
tú	com**es**	escrib**es**
Ud./él/ella	com**e**	escrib**e**
PLURAL FORMS		
nosotros/as	com**emos**	escrib**imos**
vosotros/as	com**éis**	escrib**ís**
Uds./ellos/ellas	com**en**	escrib**en**

▶ **-Er** and **-ir** verbs have very similar endings. Study the preceding chart to detect the patterns that make it easier for you to use them to communicate in Spanish.

Felipe y su tío comen.

Jimena lee.

AYUDA

Here are some tips on learning Spanish verbs:
1) Learn to identify the verb's stem, to which all endings attach.
2) Memorize the endings that go with each verb and verb tense.
3) As often as possible, practice using different forms of each verb in speech and writing.
4) Devote extra time to learning irregular verbs, such as **ser** and **estar**.

▶ Like **-ar** verbs, the **yo** forms of **-er** and **-ir** verbs end in **-o.**

Yo com**o**.   Yo escrib**o**.

▶ Except for the **yo** form, all of the verb endings for **-er** verbs begin with **-e.**

-es   -emos   -en
-e   -éis

▶ **-Er** and **-ir** verbs have the exact same endings, except in the **nosotros/as** and **vosotros/as** forms.

nosotros ◀ com**emos**
escrib**imos**

vosotros ◀ com**éis**
escrib**ís**

Common -er and -ir verbs

-er verbs	
aprender (a + *inf.*)	*to learn*
beber	*to drink*
comer	*to eat*
comprender	*to understand*
correr	*to run*
creer (en)	*to believe (in)*
deber (+ *inf.*)	*should; must; ought to*
leer	*to read*

-ir verbs	
abrir	*to open*
asistir (a)	*to attend*
compartir	*to share*
decidir (+ *inf.*)	*to decide*
describir	*to describe*
escribir	*to write*
recibir	*to receive*
vivir	*to live*

Ellos **corren** en el parque.

Él **escribe** una carta.

¡INTÉNTALO!   Provide the appropriate present tense forms of these verbs.

correr

1. Graciela ___corre___.
2. Tú _____.
3. Yo _____.
4. Sara y Ana _____.
5. Usted _____.
6. Ustedes _____.
7. La gente _____.
8. Marcos y yo _____.

abrir

1. Ellos ___abren___ la puerta.
2. Carolina _____ la maleta.
3. Yo _____ las ventanas.
4. Nosotras _____ los libros.
5. Usted _____ el cuaderno.
6. Tú _____ la ventana.
7. Ustedes _____ las maletas.
8. Los muchachos _____ los cuadernos.

aprender

1. Él ___aprende___ español.
2. Maribel y yo _____ inglés.
3. Tú _____ japonés.
4. Tú y tu hermanastra _____ francés.
5. Mi hijo _____ chino.
6. Yo _____ alemán.
7. Usted _____ inglés.
8. Nosotros _____ italiano.

Práctica

1

Completar Complete Susana's sentences about her family with the correct forms of the verbs in parentheses. One of the verbs will remain in the infinitive.

1. Mi familia y yo _____ (vivir) en Mérida, Yucatán.
2. Tengo muchos libros. Me gusta _____ (leer).
3. Mi hermano Alfredo es muy inteligente. Alfredo _____ (asistir) a clases los lunes, miércoles y viernes.
4. Los martes y jueves Alfredo y yo _____ (correr) en el Parque del Centenario.
5. Mis padres _____ (comer) mucha lasaña los domingos y se quedan dormidos (*they fall asleep*).
6. Yo _____ (creer) que (*that*) mis padres deben comer menos (*less*).

2

Oraciones Juan is talking about what he and his friends do after school. Form complete sentences by adding any other necessary elements.

> **modelo**
> yo / correr / amigos / lunes y miércoles
> *Yo corro con mis amigos los lunes y miércoles.*

1. Manuela / asistir / clase / yoga
2. Eugenio / abrir / correo electrónico (*e-mail*)
3. Isabel y yo / leer / biblioteca
4. Sofía y Roberto / aprender / hablar / inglés
5. tú / comer / cafetería / escuela
6. mi novia y yo / compartir / libro de historia

3

Consejos Mario and his family are spending a year abroad to learn Japanese. In pairs, use the words below to say what he and/or his family members are doing or should do to adjust to life in Japan. Then, create one more sentence using a verb not on the list.

> **modelo**
> recibir libros / deber practicar japonés
> **Estudiante 1:** *Mario y su esposa reciben muchos libros en japonés.*
> **Estudiante 2:** *Los hijos deben practicar japonés.*

aprender japonés	decidir explorar el país
asistir a clases	escribir listas de palabras en japonés
beber té (*tea*)	leer novelas japonesas
deber comer cosas nuevas	vivir con una familia japonesa
¿?	¿?

 Practice more at **vhlcentral.com**.

Comunicación

4

Entrevista With a classmate, use these questions to interview each other. Be prepared to report the results of your interviews to the class.

1. ¿Dónde comes al mediodía? ¿Comes mucho?
2. ¿Cuándo asistes a tus clases?
3. ¿Cuál es tu clase favorita? ¿Por qué?
4. ¿Dónde vives?
5. ¿Con quién vives?
6. ¿Qué cursos debes tomar el próximo (*next*) semestre?
7. ¿Lees el periódico (*newspaper*)? ¿Qué periódico lees y cuándo?
8. ¿Recibes muchos mensajes de texto (*text messages*)? ¿De quién(es)?
9. ¿Escribes poemas?
10. ¿Crees en fantasmas (*ghosts*)?

5

Encuesta Your teacher will give you a worksheet. Walk around the class and ask a different classmate each question about his/her family members. Be prepared to report the results of your survey to the class.

Actividades

1. vivir en una casa
2. beber café
3. correr todos los días (*every day*)
4. comer mucho en restaurantes
5. recibir mucho correo electrónico (*e-mail*)
6. comprender tres lenguas
7. deber estudiar más (*more*)
8. leer muchos libros

Miembros de la familia

los padres de Alicia

Síntesis

6

Horario Your teacher will give you and a partner incomplete versions of Alicia's schedule. Fill in the missing information on the schedule by talking to your partner. Be prepared to reconstruct Alicia's complete schedule with the class.

> **modelo**
>
> **Estudiante 1:** A las ocho, Alicia corre.
> **Estudiante 2:** ¡Ah, sí! (*Writes down information.*) A las nueve, ella...

3.4 Present tense of **tener** and **venir**

Explanation Tutorial

ANTE TODO   The verbs **tener** (*to have*) and **venir** (*to come*) are among the most frequently used in Spanish. Because most of their forms are irregular, you will have to learn each one individually.

		The verbs **tener** and **venir**	
		tener	**venir**
SINGULAR FORMS	yo	ten**go**	ven**go**
	tú	tien**es**	vien**es**
	Ud./él/ella	tien**e**	vien**e**
PLURAL FORMS	nosotros/as	ten**emos**	ven**imos**
	vosotros/as	ten**éis**	ven**ís**
	Uds./ellos/ellas	tien**en**	vien**en**

▶ The endings are the same as those of regular **-er** and **-ir** verbs, except for the **yo** forms, which are irregular: **tengo, vengo.**

▶ In the **tú, Ud.,** and **Uds.** forms, the **e** of the stem changes to **ie,** as shown below.

INFINITIVE	VERB STEM	VERB FORM
tener ⟶	ten- ⟶	tú t**ie**nes
		Ud./él/ella t**ie**ne
		Uds./ellos/ellas t**ie**nen
venir ⟶	ven- ⟶	tú v**ie**nes
		Ud./él/ella v**ie**ne
		Uds./ellos/ellas v**ie**nen

¿Tienes una familia grande, Marissa?

No, tengo una familia pequeña.

▶ Only the **nosotros** and **vosotros** forms are regular. Compare them to the forms of **comer** and **escribir** that you learned on page 96.

	tener	comer	venir	escribir
nosotros/as	ten**emos**	com**emos**	ven**imos**	escrib**imos**
vosotros/as	ten**éis**	com**éis**	ven**ís**	escrib**ís**

▶ In certain idiomatic or set expressions in Spanish, you use the construction **tener** + [*noun*] to express *to be* + [*adjective*]. This chart contains a list of the most common expressions with **tener**.

Expressions with tener

tener... años	*to be... years old*	**tener (mucha) prisa**	*to be in a (big) hurry*
tener (mucho) calor	*to be (very) hot*	**tener razón**	*to be right*
tener (mucho) cuidado	*to be (very) careful*	**no tener razón**	*to be wrong*
tener (mucho) frío	*to be (very) cold*	**tener (mucha) sed**	*to be (very) thirsty*
tener (mucha) hambre	*to be (very) hungry*	**tener (mucho) sueño**	*to be (very) sleepy*
tener (mucho) miedo (de)	*to be (very) afraid/ scared (of)*	**tener (mucha) suerte**	*to be (very) lucky*

—¿**Tienen** hambre ustedes?
Are you hungry?

—Sí, y **tenemos** sed también.
Yes, and we're thirsty, too.

▶ To express an obligation, use **tener que** (*to have to*) + [*infinitive*].

—¿Qué **tienes que** estudiar hoy?
What do you have to study today?

—**Tengo que** estudiar biología.
I have to study biology.

▶ To ask people if they feel like doing something, use **tener ganas de** (*to feel like*) + [*infinitive*].

—¿**Tienes ganas de** comer?
Do you feel like eating?

—No, **tengo ganas de** dormir.
No, I feel like sleeping.

MIciudad.COM

Usted tiene que visitarnos.

¡INTÉNTALO! Provide the appropriate forms of **tener** and **venir**.

tener

1. Ellos _____tienen_____ dos hermanos.
2. Yo _____ una hermana.
3. El artista _____ tres primos.
4. Nosotros _____ diez tíos.
5. Eva y Diana _____ un sobrino.
6. Usted _____ cinco nietos.
7. Tú _____ dos hermanastras.
8. Ustedes _____ cuatro hijos.
9. Ella _____ una hija.

venir

1. Mis padres _____vienen_____ de México.
2. Tú _____ de España.
3. Nosotras _____ de Cuba.
4. Pepe _____ de Italia.
5. Yo _____ de Francia.
6. Ustedes _____ de Canadá.
7. Alfonso y yo _____ de Portugal.
8. Ellos _____ de Alemania.
9. Usted _____ de Venezuela.

Práctica

1

Emparejar Find the expression in column B that best matches an item in column A. Then, come up with a new item that corresponds with the leftover expression in column B.

A

1. el Polo Norte
2. una sauna
3. la comida salada (*salty food*)
4. una persona muy inteligente
5. un abuelo
6. una dieta

B

a. tener calor
b. tener sed
c. tener frío
d. tener razón
e. tener ganas de
f. tener hambre
g. tener 75 años

2

Completar Complete the sentences with the correct forms of **tener** or **venir**.

1. Hoy nosotros _____ una reunión familiar (*family reunion*).
2. Yo _____ en autobús del aeropuerto (*airport*) de Quito.
3. Todos mis parientes _____, excepto mi tío Manolo y su esposa.
4. Ellos no _____ ganas de venir porque viven en Portoviejo.
5. Mi prima Susana y su novio no _____ hasta las ocho porque ella _____ que trabajar.
6. En las fiestas, mi hermana siempre (*always*) _____ muy tarde (*late*).
7. Nosotros _____ mucha suerte porque las reuniones son divertidas (*fun*).
8. Mi madre cree que mis sobrinos son muy simpáticos. Creo que ella _____ razón.

3

Describir Describe what these people are doing or feeling, using an expression with **tener**.

1. _____

2. _____

3. _____

4. _____

5. _____

6. _____

 Practice more at **vhlcentral.com.**

Comunicación

4 **¿Sí o no?** Indicate whether these statements apply to you by checking either **Sí** or **No**.

	Sí	No
1. Mi padre tiene 50 años.	○	○
2. Mis amigos vienen a mi casa todos los días (*every day*).	○	○
3. Vengo a clase a tiempo (*on time*).	○	○
4. Tengo hambre.	○	○
5. Tengo dos computadoras.	○	○
6. Tengo sed.	○	○
7. Tengo que estudiar los domingos.	○	○
8. Tengo una familia grande.	○	○

Now interview a classmate by transforming each statement into a question. Be prepared to report the results of your interview to the class.

> **modelo**
>
> **Estudiante 1:** ¿Tiene tu padre 50 años?
> **Estudiante 2:** No, no tiene 50 años. Tiene 40.

5 **Preguntas** With a classmate, ask each other these questions.

1. ¿Tienes que estudiar hoy?
2. ¿Cuántos años tienes? ¿Y tus hermanos/as?
3. ¿Cuándo vienes a la clase de español?
4. ¿Cuándo vienen tus amigos a tu casa o apartamento?
5. ¿De qué tienes miedo? ¿Por qué?
6. ¿Qué tienes ganas de hacer esta noche (*tonight*)?

6 **Conversación** Use an expression with **tener** to hint at what's on your mind. Your partner will ask questions to find out why you feel that way. If your partner cannot guess what's on your mind after three attempts, tell him/her. Then switch roles.

> **modelo**
>
> **Estudiante 1:** Tengo miedo.
> **Estudiante 2:** ¿Tienes que hablar en público?
> **Estudiante 1:** No.
> **Estudiante 2:** ¿Tienes un examen hoy?
> **Estudiante 1:** Sí, y no tengo tiempo para estudiar.

Síntesis

7   **Minidrama** Act out this situation with a partner: you are introducing your best friend to your extended family. To avoid any surprises before you go, talk about who is coming and what each family member is like. Switch roles.

Recapitulación

Diagnostics
Remediation Activities

Review the grammar concepts you have learned in this lesson
by completing these activities.

1 **Adjetivos** Complete each sentence with the appropriate adjective. Change
the form of the adjective as necessary for gender/number agreement.   **6 pts.**

| antipático | interesante | mexicano |
| difícil | joven | moreno |

1. Mi tía es _____. Vive en Guadalajara.
2. Mi primo no es rubio, es _____.
3. Mi amigo cree que la clase no es fácil; es _____.
4. Los libros son _____; me gustan mucho.
5. Mis hermanos son _____; no tienen muchos amigos.
6. Las gemelas tienen nueve años. Son _____.

2 **Completar** For each set of sentences, provide the appropriate form of
the verb **tener** and the possessive adjective. Follow the model.   **12 pts.**

> **modelo**
> Él *tiene* un libro. Es *su* libro.

1. Esteban y Julio _____ una tía. Es _____ tía.
2. Yo _____ muchos amigos. Son _____ amigos.
3. Tú _____ tres primas. Son _____ primas.
4. María y tú _____ un hermano. Es _____ hermano.
5. Nosotras _____ unas mochilas. Son _____ mochilas.
6. Usted _____ dos sobrinos. Son _____ sobrinos.

3 **Oraciones** Arrange the words in the correct order to form complete
logical sentences. **¡Ojo!** Don't forget to conjugate the verbs.   **10 pts.**

1. libros / unos / tener / interesantes / tú / muy
   _____

2. dos / leer / fáciles / compañera / tu / lecciones
   _____

3. mi / francés / ser / amigo / buen / Hugo
   _____

4. ser / simpáticas / dos / personas / nosotras
   _____

5. a / clases / menores / mismas / sus / asisitir / hermanos / las
   _____

RESUMEN GRAMATICAL

3.1 **Descriptive adjectives**   *pp. 88–90*

Forms and agreement of adjectives

Masculine		Feminine	
Singular	**Plural**	**Singular**	**Plural**
alto	altos	alta	altas
inteligente	inteligentes	inteligente	inteligentes
trabajador	trabajadores	trabajadora	trabajadoras

▶ Descriptive adjectives follow the noun:
  el chico rubio

▶ Adjectives of color and nationality also follow the noun:
  la mujer española, el cuaderno azul

▶ Adjectives of quantity precede the noun:
  muchos libros, dos turistas

▶ When placed before a singular masculine noun,
  these adjectives are shortened:

  bueno → buen   malo → mal

▶ When placed before a singular noun, **grande** is
  shortened to **gran**.

3.2 **Possessive adjectives**   *p. 93*

Singular		Plural	
mi	nuestro/a	mis	nuestros/as
tu	vuestro/a	tus	vuestros/as
su	su	sus	sus

3.3 **Present tense of -er and -ir verbs**   *pp. 96–97*

comer		escribir	
como	comemos	escribo	escribimos
comes	coméis	escribes	escribís
come	comen	escribe	escriben

3.4 **Present tense of tener and venir**   *pp. 100–101*

tener		venir	
tengo	tenemos	vengo	venimos
tienes	tenéis	vienes	venís
tiene	tienen	viene	vienen

4 **Carta** Complete this letter with the appropriate forms of the verbs in the word list. Not all verbs will be used. **10 pts.**

abrir	correr	recibir
asistir	creer	tener
compartir	escribir	venir
comprender	leer	vivir

Hola, Ángel:

¿Qué tal? (Yo) (1) _____ esta carta (*this letter*) en la biblioteca. Todos los días (2) _____ aquí y (3) _____ un buen libro. Yo (4) _____ que es importante leer por diversión. Mi amigo José Luis no (5) _____ por qué me gusta leer. Él sólo (6) _____ los libros de texto. Pero nosotros (7) _____ unos intereses. Por ejemplo, los dos somos atléticos; por las mañanas nosotros (8) _____. También nos gustan las ciencias; por las tardes (9) _____ a nuestra clase de biología. Y tú, ¿cómo estás? ¿(Tú) (10) _____ trabajo (*work*)?

5 **Su familia** Write a brief description of a friend's family. Describe the family members using vocabulary and structures from this lesson. Write at least five sentences. **12 pts.**

> **modelo**
>
> La familia de mi amiga Gabriela es grande. Ella tiene tres hermanos y una hermana. Su hermana mayor es periodista...

6 **Proverbio** Complete this proverb with the correct forms of the verbs in parentheses. **2 EXTRA points!**

" **Dos andares°** _____ (*tener*) **el dinero°,** _____ (*venir*) **despacio° y se va° ligero°.** "

 Practice more at **vhlcentral.com.**

andares *speeds* dinero *money* despacio *slowly*
se va *it leaves* ligero *quickly*

Lectura (S) Audio: Synched Reading Additional Reading

Antes de leer

Estrategia

Guessing meaning from context

As you read in Spanish, you'll often come across words you haven't learned. You can guess what they mean by looking at the surrounding words and sentences. Look at the following text and guess what **tía abuela** means, based on the context.

¡Hola, Claudia!
　¿Qué hay de nuevo?
¿Sabes qué? Ayer fui a ver a mi tía abuela, la hermana de mi abuela. Tiene 85 años, pero es muy independiente. Vive en un apartamento en Quito con su prima Lorena, quien también tiene 85 años.

If you guessed *great-aunt*, you are correct, and you can conclude from this word and the format clues that this is a letter about someone's visit with his or her great-aunt.

Examinar el texto

Quickly read through the paragraphs and find two or three words you don't know. Using the context as your guide, guess what these words mean. Then glance at the paragraphs where these words appear and try to predict what the paragraphs are about.

Examinar el formato

Look at the format of the reading. What clues do the captions, photos, and layout give you about its content?

recursos

vText

CH
pp. 45–46

vhlcentral.com

Gente ··· Las familias

1. Me llamo Armando y tengo setenta años pero no me considero viejo. Tengo seis nietas y un nieto. Vivo con mi hija y tengo la oportunidad de pasar mucho tiempo con ella y con mi nieto. Por las tardes salgo a pasear° por el parque con él y por la noche le leo cuentos°.

Armando. Tiene seis nietas y un nieto.

2. Mi prima Victoria y yo nos llevamos muy bien. Estudiamos juntas° en la universidad y compartimos un apartamento. Ella es muy inteligente y me ayuda° con los estudios. Además°, es muy simpática y generosa. Si no tengo dinero°, ¡ella me lo presta!

Diana. Vive con su prima.

3. Me llamo Ramona y soy paraguaya, aunque° ahora vivo en los Estados Unidos. Tengo tres hijos, uno de nueve años, uno de doce y el mayor de quince. Es difícil a veces, pero mi esposo y yo tratamos° de ayudarlos y comprenderlos siempre°.

Ramona. Sus hijos son muy importantes para ella.

4. Tengo mucha suerte. Aunque mis padres están divorciados, tengo una familia muy unida. Tengo dos hermanos y dos hermanas. Me gusta hablar y salir a fiestas con ellos. Ahora tengo novio en la universidad y él no conoce a mis hermanos. ¡Espero que se lleven bien!

Ana María. Su familia es muy unida.

5. Antes quería° tener hermanos, pero ya no° es tan importante. Ser hijo único tiene muchas ventajas°: no tengo que compartir mis cosas con hermanos, no hay discusiones° y, como soy nieto único también, ¡mis abuelos piensan° que soy perfecto!

Fernando.
Es hijo único.

6. No tengo ni esposa ni hijos. Pero tengo un sobrino, el hijo de mi hermano, que es muy especial para mí. Se llama Benjamín y tiene ocho años. Es un muchacho muy simpático. Siempre tiene hambre y por lo tanto vamos° frecuentemente a comer hamburguesas. Nos gusta también ir al cine° a ver películas de acción. Hablamos de todo. ¡Creo que ser tío es mejor que ser padre!

Santiago. Cree que ser tío es divertido.

salgo a pasear *I go take a walk* cuentos *stories* juntas *together*
me ayuda *she helps me* Además *Besides* dinero *money* aunque *although*
tratamos *we try* siempre *always* quería *I wanted* ya no *no longer*
ventajas *advantages* discusiones *arguments* piensan *think* vamos *we go*
ir al cine *to go to the movies*

Después de leer

Emparejar

Glance at the paragraphs and see how the words and phrases in column A are used in context. Then find their definitions in column B.

A	**B**
1. me lo presta	a. the oldest
2. nos llevamos bien	b. movies
3. no conoce	c. the youngest
4. películas	d. loans it to me
5. mejor que	e. borrows it from me
6. el mayor	f. we see each other
	g. doesn't know
	h. we get along
	i. portraits
	j. better than

Seleccionar

Choose the sentence that best summarizes each paragraph.

1. Párrafo 1
   a. Me gusta mucho ser abuelo.
   b. No hablo mucho con mi nieto.
   c. No tengo nietos.
2. Párrafo 2
   a. Mi prima es antipática.
   b. Mi prima no es muy trabajadora.
   c. Mi prima y yo somos muy buenas amigas.
3. Párrafo 3
   a. Tener hijos es un gran sacrificio, pero es muy bonito también.
   b. No comprendo a mis hijos.
   c. Mi esposo y yo no tenemos hijos.
4. Párrafo 4
   a. No hablo mucho con mis hermanos.
   b. Comparto mis cosas con mis hermanos.
   c. Mis hermanos y yo somos como (*like*) amigos.
5. Párrafo 5
   a. Me gusta ser hijo único.
   b. Tengo hermanos y hermanas.
   c. Vivo con mis abuelos.
6. Párrafo 6
   a. Mi sobrino tiene diez años.
   b. Me gusta mucho ser tío.
   c. Mi esposa y yo no tenemos hijos.

 Practice more at **vhlcentral.com**.

Escritura

Estrategia

Using idea maps

How do you organize ideas for a first draft? Often, the organization of ideas represents the most challenging part of the process. Idea maps are useful for organizing pertinent information. Here is an example of an idea map you can use:

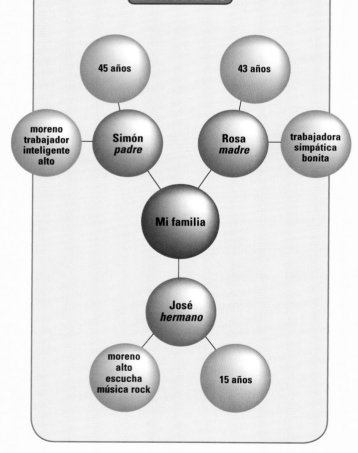

MAPA DE IDEAS

- 45 años
- 43 años
- moreno / trabajador / inteligente / alto
- Simón *padre*
- Rosa *madre*
- trabajadora / simpática / bonita
- Mi familia
- José *hermano*
- moreno / alto / escucha música rock
- 15 años

Tema

Escribir un mensaje electrónico

A friend you met in a chat room for Spanish speakers wants to know about your family. Using some of the verbs and adjectives you have learned in this lesson, write a brief e-mail describing your family or an imaginary family, including:

- ▶ Names and relationships
- ▶ Physical characteristics
- ▶ Hobbies and interests

Here are some useful expressions for writing a letter or e-mail in Spanish:

Salutations

Estimado/a Julio/Julia:	*Dear Julio/Julia,*
Querido/a Miguel/Ana María:	*Dear Miguel/Ana María,*

Closings

Un abrazo,	*A hug,*
Abrazos,	*Hugs,*
Cariños,	*Much love,*
¡Hasta pronto!	*See you soon!*
¡Hasta la próxima semana!	*See you next week!*

recursos

v̂Text   CPA pp. 84–85   CH pp. 47–48   vhlcentral.com

Escuchar

Preparación

Based on the photograph, where do you think
Cristina and Laura are? What do you think Laura
is saying to Cristina?

Ahora escucha

Now you are going to hear Laura and Cristina's
conversation. Use **R** to indicate which adjectives
describe Cristina's boyfriend, Rafael. Use **E** for
adjectives that describe Laura's boyfriend, Esteban.
Some adjectives will not be used.

____ **rubio**   ____ **interesante**

____ **feo**   ____ **antipático**

____ **alto**   ____ **inteligente**

____ **trabajador**   ____ **moreno**

____ **un poco gordo**   ____ **viejo**

Comprensión

Identificar

Which person would make each statement: Cristina or Laura?

	Cristina	Laura
1. Mi novio habla sólo de fútbol y de béisbol.	○	○
2. Tengo un novio muy interesante y simpático.	○	○
3. Mi novio es alto y moreno.	○	○
4. Mi novio trabaja mucho.	○	○
5. Mi amiga no tiene buena suerte con los muchachos.	○	○
6. El novio de mi amiga es un poco gordo, pero guapo.	○	○

¿Cierto o falso?

Indicate whether each sentence is **cierto** or **falso**, then
correct the false statements.

	Cierto	Falso
1. Esteban es un chico interesante y simpático.	○	○
2. Laura tiene mala suerte con los chicos.	○	○
3. Rafael es muy interesante.	○	○
4. Laura y su novio hablan de muchas cosas.	○	○

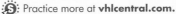 Practice more at **vhlcentral.com**.

En pantalla Video: TV Clip

The American concept of dating does not exist in the same way in countries like Mexico, Spain, and Argentina. In the Spanish-speaking world, at the beginning of a relationship couples can go out without the social or psychological pressures and expectations of "being on a date." Relationships develop just like in the rest of the world, but perhaps in a more spontaneous manner and without insisting on labels.

Vocabulario útil

has sido	you have been
maravillosa	wonderful
conmigo	with me
te sorprenda	it catches you by surprise
quiero que me dejes	I want you to let me
explicarte	explain to you
por muy bajo que te parezca	however low it seems to you
lo que hago	what I do
Gracias por haberme querido escuchar.	Thank you for having wanted to listen to me.
que me dejes	that you leave me
haberme querido	having loved me
vida	life

Preguntas

Answer these questions.

1. Who wrote the letter to the young woman?
2. What do you think she was expecting from the letter?
3. How does she feel at the end of the ad? Why?

 Conversar

Answer these questions with a classmate.

1. What is your opinion about the young woman's reaction to the letter?
2. What do you think about ending a relationship by mail?
3. What other ways do people use to break up?

algo falla *something is wrong* por eso *that's why* hay que acabar *we must break up* Sería *It would be* lo que ha sido *what has been*

Anuncio de Pentel

Eres una buena chica.

Pero algo falla°, por eso° hay que acabar°.

Sería° tonto convertir en feo lo que ha sido° bonito.

Video:
Flash cultura

If a Spanish-speaking friend told you he was going to a **reunión familiar**, what type of event would you picture? Most likely, your friend would not be referring to an annual event reuniting family members from far-flung cities. In Hispanic culture, family gatherings are much more frequent and relaxed, and thus do not require intensive planning or juggling of schedules. Some families gather every Sunday afternoon to enjoy a leisurely meal; others may prefer to hold get-togethers on a Saturday evening, with food, music, and dancing. In any case, gatherings tend to be laid-back events in which family members spend hours chatting, sharing stories, and telling jokes.

Vocabulario útil

el Día de la Madre	*Mother's Day*
estamos celebrando	*we are celebrating*
familia grande y feliz	*a big, happy family*
familia numerosa	*a large family*
hacer (algo) juntos	*to do (something) together*
el patio interior	*courtyard*
pelear	*to fight*
reuniones familiares	*family gatherings, reunions*

Preparación

What is a "typical family" like where you live? Is there such a thing? What members of a family usually live together?

Completar

Complete this paragraph with the correct options.

Los Valdivieso y los Bolaños son dos ejemplos de familias en Ecuador. Los Valdivieso son una familia (1) _____ (difícil/numerosa). Viven en una casa (2) _____ (grande/buena). En el patio, hacen (*they have*) muchas reuniones (3) _____ (familiares/con amigos). Los Bolaños son una familia pequeña. Ellos comen (4) _____ (separados/juntos) y preparan canelazo, una bebida (*drink*) típica ecuatoriana.

tan *so*

La familia

—Érica, ¿y cómo se llaman tus padres?
—Mi mamá, Lorena y mi papá, Miguel.

¡Qué familia tan° grande tiene!

Te presento a la familia Bolaños.

 Practice more at **vhlcentral.com**.

Ecuador

Interactive Map
Video: *Panorama cultural*

El país en cifras

▸ **Área:** 283.560 km2 (109.483 millas²),
incluyendo las islas Galápagos,
aproximadamente el área de Colorado

▸ **Población:** 14.483.499

▸ **Capital:** Quito—2.239.191

▸ **Ciudades° principales:** Guayaquil—2.350.915,
Cuenca, Machala, Portoviejo

SOURCE: Population Division, UN Secretariat

▸ **Moneda:** dólar estadounidense

▸ **Idiomas:** español (oficial), quichua

La lengua oficial de Ecuador es el español, pero
también se hablan° otras° lenguas en el país.
Aproximadamente unos 4.000.000 de
ecuatorianos hablan lenguas indígenas;
la mayoría° de ellos habla quichua.
El quichua es el dialecto ecuatoriano
del quechua, la lengua de los incas.

Bandera de Ecuador

Ecuatorianos célebres

▸ **Francisco Eugenio De Santa Cruz y Espejo,**
médico, periodista y patriota (1747–1795)

▸ **Juan León Mera,** novelista (1832–1894)

▸ **Eduardo Kingman,** pintor° (1913–1998)

▸ **Rosalía Arteaga,** abogada°, política y
ex vicepresidenta (1956–)

Ciudades *cities* se hablan *are spoken* otras *other* mayoría *majority*
pintor *painter* abogada *lawyer* sur *south* mundo *world* pies *feet*
dos veces más alto que *twice as tall as*

Las islas
Galápagos

ESTADOS UNIDOS
OCÉANO
ATLÁNTICO
OCÉANO
PACÍFICO
ECUADOR
AMÉRICA DEL SUR

COLOMBIA

Río Esmeraldas

Indígenas del
Amazonas

• Ibarra

Quito ★

Océano
Pacífico

Volcán Cotopaxi

Río Napo

Portoviejo •

Volcán Tungurahua

Río Daule

Cordillera de los Andes

Río Pastaza

Guayaquil •

Volcán
Chimborazo

Cuenca •

Muchos indígenas de
Ecuador hablan quichua.

• Machala

La ciudad de Quito y la
Cordillera de los Andes

• Loja

Catedral de Guayaquil

PERÚ

recursos

v Text

CPA
pp. 88–91

vhlcentral.com

¡Increíble pero cierto!

El volcán Cotopaxi, situado a unos 60 kilómetros
al sur° de Quito, es considerado el volcán activo
más alto del mundo°. Tiene una altura de 5.897
metros (19.340 pies°). Es dos veces más alto que°
el monte Santa Elena (2.550 metros o 9.215 pies)
en el estado de Washington.

Lugares • **Las islas Galápagos**

Muchas personas vienen de lejos a visitar las islas Galápagos porque son un verdadero tesoro° ecológico. Aquí Charles Darwin estudió° las especies que inspiraron° sus ideas sobre la evolución. Como las Galápagos están lejos del continente, sus plantas y animales son únicos. Las islas son famosas por sus tortugas° gigantes.

Artes • **Oswaldo Guayasamín**

Oswaldo Guayasamín fue° uno de los artistas latinoamericanos más famosos del mundo. Fue escultor° y muralista. Su expresivo estilo viene del cubismo y sus temas preferidos son la injusticia y la pobreza° sufridas° por los indígenas de su país.

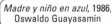

Madre y niño en azul, 1986,
Oswaldo Guayasamín

Deportes • **El *trekking***

El sistema montañoso de los Andes cruza° y divide Ecuador en varias regiones. La Sierra, que tiene volcanes, grandes valles y una variedad increíble de plantas y animales, es perfecta para el *trekking*. Muchos turistas visitan Ecuador cada° año para hacer° *trekking* y escalar montañas°.

Lugares • **Latitud 0**

Hay un monumento en Ecuador, a unos 22 kilómetros (14 millas) de Quito, donde los visitantes están en el hemisferio norte y el hemisferio sur a la vez°. Este monumento se llama la Mitad del Mundo° y es un destino turístico muy popular.

Explosión del volcán
Tungurahua en 1999

¿Qué aprendiste? Completa las oraciones con la información correcta.

1. La ciudad más grande (*biggest*) de Ecuador es _____.
2. La capital de Ecuador es _____.
3. Unos 4.000.000 de ecuatorianos hablan _____.
4. Darwin estudió el proceso de la evolución en _____.
5. Dos temas del arte de _____ son la pobreza y la _____.
6. Un monumento muy popular es _____.
7. La Sierra es un lugar perfecto para el _____.
8. El volcán _____ es el volcán activo más alto del mundo.

Conexión Internet Investiga estos temas en **vhlcentral.com**.

1. Busca información sobre una ciudad de Ecuador. ¿Te gustaría (*Would you like*) visitar la ciudad? ¿Por qué?
2. Haz una lista de tres animales o plantas que viven sólo en las islas Galápagos. ¿Dónde hay animales o plantas similares?

verdadero tesoro *true treasure* estudió *studied*
inspiraron *inspired* tortugas *tortoises* fue *was*
escultor *sculptor* pobreza *poverty* sufridas
suffered cruza *crosses* cada *every* hacer *to do*
escalar montañas *to climb mountains* a la vez
at the same time Mitad del Mundo *Equatorial
Line Monument (lit. Midpoint of the World)*

 Practice more at **vhlcentral.com**.

La familia

el/la abuelo/a	grandfather/grandmother
los abuelos	grandparents
el apellido	last name
el/la bisabuelo/a	great-grandfather/great-grandmother
el/la cuñado/a	brother-in-law/sister-in-law
el/la esposo/a	husband; wife; spouse
la familia	family
el/la gemelo/a	twin
el/la hermanastro/a	stepbrother/stepsister
el/la hermano/a	brother/sister
el/la hijastro/a	stepson/stepdaughter
el/la hijo/a	son/daughter
los hijos	children
la madrastra	stepmother
la madre	mother
el/la medio/a hermano/a	half-brother/half-sister
el/la nieto/a	grandson/granddaughter
la nuera	daughter-in-law
el padrastro	stepfather
el padre	father
los padres	parents
los parientes	relatives
el/la primo/a	cousin
el/la sobrino/a	nephew/niece
el/la suegro/a	father-in-law/mother-in-law
el/la tío/a	uncle/aunt
el yerno	son-in-law

Otras personas

el/la amigo/a	friend
la gente	people
el/la muchacho/a	boy/girl
el/la niño/a	child
el/la novio/a	boyfriend/girlfriend
la persona	person

Profesiones

el/la artista	artist
el/la doctor(a), el/la médico/a	doctor; physician
el/la ingeniero/a	engineer
el/la periodista	journalist
el/la programador(a)	computer programmer

Adjetivos

alto/a	tall
antipático/a	unpleasant
bajo/a	short (in height)
bonito/a	pretty
buen, bueno/a	good
delgado/a	thin; slender
difícil	difficult; hard
fácil	easy
feo/a	ugly
gordo/a	fat
gran, grande	big; large
guapo/a	good-looking
importante	important
inteligente	intelligent
interesante	interesting
joven (sing.), jóvenes (pl.)	young
mal, malo/a	bad
mismo/a	same
moreno/a	brunet(te)
mucho/a	much; many; a lot of
pelirrojo/a	red-haired
pequeño/a	small
rubio/a	blond(e)
simpático/a	nice; likeable
tonto/a	silly; foolish
trabajador(a)	hard-working
viejo/a	old

Colores

amarillo/a	yellow
azul	blue
blanco/a	white
negro/a	black
rojo/a	red
verde	green

Audio: Vocabulary Flashcards

Nacionalidades

alemán, alemana	German
argentino/a	Argentine
canadiense	Canadian
chino/a	Chinese
costarricense	Costa Rican
cubano/a	Cuban
ecuatoriano/a	Ecuadorian
español(a)	Spanish
estadounidense	from the U.S.
francés, francesa	French
inglés, inglesa	English
italiano/a	Italian
japonés, japonesa	Japanese
mexicano/a	Mexican
norteamericano/a	(North) American
puertorriqueño/a	Puerto Rican
ruso/a	Russian

Verbos

abrir	to open
aprender (a + inf.)	to learn
asistir (a)	to attend
beber	to drink
comer	to eat
compartir	to share
comprender	to understand
correr	to run
creer (en)	to believe (in)
deber (+ inf.)	should; must; ought to
decidir (+ inf.)	to decide
describir	to describe
escribir	to write
leer	to read
recibir	to receive
tener	to have
venir	to come
vivir	to live

Possessive adjectives	See page 93.
Expressions with *tener*	See page 101.
Expresiones útiles	See page 83.

recursos

v̂Text

CPA p. 83

vhlcentral.com

Communicative Goals

VOICE BOARD

I will be able to:
- Talk about pastimes, weekend activities, and sports
- Make plans and invitations

Los pasatiempos

4

A PRIMERA VISTA
- ¿Es esta persona un atleta o un artista?
- ¿En qué tiene interés, en el ciclismo o en el tenis?
- ¿Es viejo? ¿Es delgado?
- ¿Tiene frío o calor?

Los pasatiempos

Audio: Vocabulary Tutorials, Games

Más vocabulario

el béisbol	baseball
el ciclismo	cycling
el esquí (acuático)	(water) skiing
el fútbol americano	football
el golf	golf
el hockey	hockey
la natación	swimming
el tenis	tennis
el vóleibol	volleyball
el equipo	team
el parque	park
el partido	game; match
la plaza	city or town square
andar en patineta	to skateboard
bucear	to scuba dive
escalar montañas (f., pl.)	to climb mountains
esquiar	to ski
ganar	to win
ir de excursión	to go on a hike
practicar deportes (m., pl.)	to play sports
escribir una carta/ un mensaje electrónico	to write a letter/ an e-mail
leer correo electrónico	to read e-mail
leer una revista	to read a magazine
deportivo/a	sports-related

Variación léxica

piscina ⟷	pileta (Arg.); alberca (Méx.)
baloncesto ⟷	básquetbol (Amér. L.)
béisbol ⟷	pelota (P. Rico, Rep. Dom.)

Lee el periódico. (leer)

Pasea en bicicleta. (pasear)

la pelota

el fútbol

la jugadora

Visitan el monumento. (visitar)

Pasean. (pasear)

Toma el sol. (tomar)

Nada. (nadar)

la piscina

recursos

vText

CPA pp. 95–97

CH pp. 49–50

vhlcentral.com

Práctica

1 **Escuchar** 🎧 Indicate the letter of the activity in Column B that best corresponds to each statement you hear. Two items in Column B will not be used.

A	B
1. _____	a. leer correo electrónico
2. _____	b. tomar el sol
3. _____	c. pasear en bicicleta
4. _____	d. ir a un partido de fútbol americano
5. _____	e. escribir una carta
6. _____	f. practicar muchos deportes
	g. nadar
	h. ir de excursión

2 **Ordenar** 🎧 Order these activities according to what you hear in the narration.

_____ a. pasear en bicicleta   _____ d. tomar el sol

_____ b. nadar   _____ e. practicar deportes

_____ c. leer una revista   _____ f. patinar en línea

3 **¿Cierto o falso?** Indicate whether each statement is **cierto** or **falso** based on the illustration.

	Cierto	Falso
1. Un hombre nada en la piscina.	○	○
2. Un hombre lee una revista.	○	○
3. Un chico pasea en bicicleta.	○	○
4. Dos muchachos esquían.	○	○
5. Una mujer y dos niños visitan un monumento.	○	○
6. Un hombre bucea.	○	○
7. Hay un equipo de hockey.	○	○
8. Una mujer toma el sol.	○	○

Patina en línea. (patinar)

el jugador

el baloncesto

4 **Clasificar** Fill in the chart below with as many terms from **Contextos** as you can.

Actividades	Deportes	Personas

En el centro

el cine

el museo

el gimnasio

el restaurante

CINE ESTRELLA

MUSEO DE BELLAS ARTES

GIMNASIO BARCELONA

Café Asturias

PORTOFINO

el café

Audio: Vocabulary

Más vocabulario

la diversión	fun activity; entertainment; recreation
el fin de semana	weekend
el pasatiempo	pastime; hobby
los ratos libres	spare (free) time
el videojuego	video game
la iglesia	church
el lugar	place
ver películas (f., pl.)	to watch movies
favorito/a	favorite

5 **Identificar** Identify the place where these activities would take place.

modelo

Esquiamos. Es una montaña.

1. Tomamos una limonada.
2. Vemos una película.
3. Nadamos y tomamos el sol.
4. Hay muchos monumentos.
5. Comemos tacos y fajitas.
6. Miramos pinturas (*paintings*) de Diego Rivera y Frida Kahlo.
7. Hay mucho tráfico.
8. Practicamos deportes.

6 **Preguntar** Ask a classmate what he or she does in the places mentioned below. Your classmate will respond using verbs from the word bank.

modelo

una plaza

Estudiante 1: ¿Qué haces (*do you do*) cuando estás en una plaza?

Estudiante 2: Camino por la plaza y miro a las personas.

beber	escalar	mirar	practicar
caminar	escribir	nadar	tomar
correr	leer	patinar	visitar

1. una biblioteca
2. un estadio
3. una plaza
4. una piscina
5. las montañas
6. un parque
7. un café
8. un museo

 Practice more at **vhlcentral.com**.

Comunicación

recursos

v̂ Text

CPA
pp. 98–99

7

Crucigrama Your instructor will give you and your partner an incomplete crossword puzzle. Yours has the words your partner needs and vice versa. In order to complete the puzzle, take turns giving each other clues, using definitions, examples, and phrases.

> **modelo**
>
> **2 horizontal:** Es un deporte que practicamos en la piscina.
> **6 vertical:** Es un mensaje que escribimos con lápiz o con pluma.

8

Entrevista In pairs, take turns asking and answering these questions.

1. ¿Hay un café cerca de la escuela? ¿Dónde está?
2. ¿Cuál es tu restaurante favorito?
3. ¿Te gusta viajar y visitar monumentos? ¿Por qué?
4. ¿Te gusta ir al cine los fines de semana?
5. ¿Cuáles son tus películas favoritas?
6. ¿Te gusta practicar deportes?
7. ¿Cuáles son tus deportes favoritos? ¿Por qué?
8. ¿Cuáles son tus pasatiempos favoritos?

> **CONSULTA**
>
> To review the verb **gustar**, see **Estructura 2.1**, p. 52.

9

Conversación Using the words and expressions provided, work with a partner to prepare a short conversation about pastimes.

¿a qué hora?	¿con quién(es)?	¿dónde?
¿cómo?	¿cuándo?	¿qué?

> **modelo**
>
> **Estudiante 1:** ¿Cuándo patinas en línea?
> **Estudiante 2:** Patino en línea los domingos. Y tú, ¿patinas en línea?
> **Estudiante 1:** No, no me gusta patinar en línea. Me gusta practicar el béisbol.

10

Pasatiempos In pairs, tell each other what pastimes three of your friends and family members enjoy. Be prepared to share with the class any pastimes they have in common.

> **modelo**
>
> **Estudiante 1:** Mi hermana pasea mucho en bicicleta, pero mis padres practican la natación. Mi hermano no nada, pero visita muchos museos.
> **Estudiante 2:** Mi primo lee muchas revistas, pero no practica muchos deportes. Mis tíos esquían y practican el golf...

Fútbol, cenotes y mole

Maru, Miguel, Jimena y Marissa visitan un cenote, mientras
Felipe y Juan Carlos van a un partido de fútbol.

PERSONAJES   MIGUEL   PABLO

S Video: *Fotonovela*
Record and Compare

1

MIGUEL Buenos días a todos.

TÍA ANA MARÍA Hola Miguel. Maru,
¿qué van a hacer hoy?

MARU Miguel y yo vamos a llevar
a Marissa a un cenote.

2

MARISSA ¿No vamos a nadar?
¿Qué es un cenote?

MIGUEL Sí, sí vamos a nadar. Un
cenote... difícil de explicar. Es
una piscina natural en un
hueco profundo.

MARU ¡Ya vas a ver! Seguro que
te va a gustar.

3

ANA MARÍA Marissa, ¿qué te gusta
hacer? ¿Escalar montañas?
¿Ir de excursión?

MARISSA Sí, me gusta ir de
excursión y practicar el esquí
acuático. Y usted, ¿qué prefiere
hacer en sus ratos libres?

6

FELIPE ¿Recuerdas el restaurante
del mole?

EDUARDO ¿Qué restaurante?

JIMENA El mole de mi tía
Ana María es mi favorito.

MARU Chicos, ya es hora. ¡Vamos!

7

(*más tarde, en el parque*)

PABLO No puede ser. ¡Cinco
a uno!

FELIPE ¡Vamos a jugar! Si
perdemos, compramos el
almuerzo. Y si ganamos...

EDUARDO ¡Empezamos!

8

(*mientras tanto, en el cenote*)

MARISSA ¿Hay muchos cenotes
en México?

MIGUEL Sólo en la península
de Yucatán.

MARISSA ¡Vamos a nadar!

ANA MARÍA   **MARU**   **MARISSA**   **EDUARDO**   **FELIPE**   **JUAN CARLOS**   **JIMENA** DON GUILLERMO

PABLO Mi mamá tiene muchos pasatiempos y actividades.

EDUARDO Sí. Ella nada y juega al tenis y al golf.

PABLO Va al cine y a los museos.

ANA MARÍA Sí, salgo mucho los fines de semana.

(*unos minutos después*)

EDUARDO Hay un partido de fútbol en el parque. ¿Quieren ir conmigo?

PABLO Y conmigo. Si no consigo más jugadores, nuestro equipo va a perder.

(*Los chicos visitan a don Guillermo, un vendedor de paletas heladas.*)

JUAN CARLOS Don Guillermo, ¿dónde podemos conseguir un buen mole?

FELIPE Eduardo y Pablo van a pagar el almuerzo. Y yo voy a pedir un montón de comida.

FELIPE Sí, éste es el restaurante. Recuerdo la comida.

EDUARDO Oye, Pablo... No tengo...

PABLO No te preocupes, hermanito.

FELIPE ¿Qué buscas? (*muestra la cartera de Pablo*) ¿Esto?

recursos

v̂ Text

CPA
pp. 100–101

vhlcentral.com

Expresiones útiles

Making invitations
Hay un partido de fútbol en el parque. ¿Quieren ir conmigo?
There's a soccer game in the park. Do you want to come with me?
¡Yo puedo jugar!
I can play!
Mmm... no quiero.
Hmm... I don't want to.
Lo siento, pero no puedo.
I'm sorry, but I can't.
¡Vamos a nadar!
Let's go swimming!
Sí, vamos.
Yes, let's go.

Making plans
¿Qué van a hacer hoy?
What are you going to do today?
Vamos a llevar a Marissa a un cenote.
We are taking Marissa to a cenote.
Vamos a comprar unas paletas heladas.
We're going to buy some popsicles.
Vamos a jugar. Si perdemos, compramos el almuerzo.
Let's play. If we lose, we'll buy lunch.

Talking about pastimes
¿Qué te gusta hacer? ¿Escalar montañas? ¿Ir de excursión?
What do you like to do? Mountain climbing? Hiking?
Sí, me gusta ir de excursión y practicar esquí acuático.
Yes, I like hiking and water skiing.
Y usted, ¿qué prefiere hacer en sus ratos libres?
And you, what do you like to do in your free time?
Salgo mucho los fines de semana.
I go out a lot on the weekends.
Voy al cine y a los museos.
I go to the movies and to museums.

Additional vocabulary
la cartera *wallet*
el hueco *hole*
un montón de *a lot of*

¿Qué pasó?

1

Escoger Choose the answer that best completes each sentence.

1. Marissa, Maru y Miguel desean _____.
   a. nadar b. correr por el parque c. leer el periódico

2. A Marissa le gusta _____.
   a. el tenis b. el vóleibol c. ir de excursión y practicar esquí acuático

3. A la tía Ana María le gusta _____.
   a. jugar al hockey b. nadar y jugar al tenis y al golf c. hacer ciclismo

4. Pablo y Eduardo pierden el partido de _____.
   a. fútbol b. béisbol c. baloncesto

5. Juan Carlos y Felipe desean _____.
   a. patinar b. esquiar c. comer mole ◀

NOTA CULTURAL

Mole is a typical sauce in Mexican cuisine. It is made from pumpkin seeds, chile, and chocolate, and it is usually served with chicken, beef, or pork.

2

Identificar Identify the person who would make each statement.

1. A mí me gusta nadar, pero no sé qué es un cenote. _____
2. Mamá va al cine y al museo en sus ratos libres. _____
3. Yo voy a pedir mucha comida. _____
4. ¿Quieren ir a jugar al fútbol con nosotros en el parque? _____
5. Me gusta salir los fines de semana. _____

MARISSA

FELIPE

EDUARDO

PABLO

TÍA ANA MARÍA

NOTA CULTURAL

Cenotes are deep, freshwater sinkholes found in caves throughout the Yucatán peninsula. They were formed in prehistoric times by the erosion and collapse of cave walls. The Mayan civilization considered the **cenotes** sacred, and performed rituals there. Today, they are popular destinations for swimming and diving.

3

Preguntas Answer the questions using the information from the **Fotonovela.**

1. ¿Qué van a hacer Miguel y Maru?

2. ¿Adónde van Felipe y Juan Carlos mientras sus amigos van al cenote?

3. ¿Quién gana el partido de fútbol?

4. ¿Quiénes van al cenote con Maru y Miguel?

4

Conversación With a partner, prepare a conversation in which you talk about pastimes and invite each other to do some activity together. Use these expressions and also look at **Expresiones útiles** on the previous page.

¿A qué hora?	**¿Dónde?** *Where?*	**Nos vemos a las siete.**
(At) What time?	**No puedo porque...**	*See you at seven.*
contigo *with you*	*I can't because...*	

▶ ¿Eres aficionado/a a...? ▶ ¿Por qué no...? ▶ ¿Qué vas a hacer
▶ ¿Te gusta...? ▶ ¿Quieres... conmigo? esta noche?

 Practice more at **vhlcentral.com.**

Pronunciación   Audio: Explanation Record and Compare
Word stress and accent marks

pe-lí-cu-la   **e-di-fi-cio**   **ver**   **yo**

Every Spanish syllable contains at least one **vowel**. When two vowels are joined in the same syllable they form a **diphthong***. A **monosyllable** is a word formed by a single syllable.

bi-blio-te-ca   **vi-si-tar**   **par-que**   **fút-bol**

The syllable of a Spanish word that is pronounced most emphatically is the "stressed" syllable.

pe-lo-ta   **pis-ci-na**   **ra-tos**   **ha-blan**

Words that end in **n**, **s**, or a **vowel** are usually stressed on the next-to-last syllable.

na-ta-ción   **pa-pá**   **in-glés**   **Jo-sé**

If words that end in **n**, **s**, or a **vowel** are stressed on the last syllable, they must carry an accent mark on the stressed syllable.

bai-lar   **es-pa-ñol**   **u-ni-ver-si-dad**   **tra-ba-ja-dor**

Words that do *not* end in **n**, **s**, or a **vowel** are usually stressed on the last syllable.

béis-bol   **lá-piz**   **ár-bol**   **Gó-mez**

If words that do *not* end in **n**, **s**, or a **vowel** are stressed on the next-to-last syllable, they must carry an accent mark on the stressed syllable.

The two vowels that form a diphthong are either both weak or one is weak and the other is strong.

Práctica Pronounce each word, stressing the correct syllable. Then give the word stress rule for each word.

1. profesor
2. Puebla
3. ¿Cuántos?
4. Mazatlán
5. examen
6. ¿Cómo?
7. niños
8. Guadalajara
9. programador
10. México
11. están
12. geografía

Oraciones Read the conversation aloud to practice word stress.

MARINA Hola, Carlos. ¿Qué tal?
CARLOS Bien. Oye, ¿a qué hora es el partido de fútbol?
MARINA Creo que es a las siete.
CARLOS ¿Quieres ir?
MARINA Lo siento, pero no puedo. Tengo que estudiar biología.

Refranes Read these sayings aloud to practice word stress.

En la unión está la fuerza.²

Quien ríe de último, ríe mejor.¹

1 He who laughs last, laughs loudest.
2 United we stand.

recursos
v Text   CPA p. 102   CH p. 51   vhlcentral.com

EN DETALLE

Reading, Additional Reading

Real Madrid y Barça:
rivalidad total

Soccer in Spain is a force to be reckoned with, and no two teams draw more attention than **Real Madrid** and the **Fútbol Club Barcelona.**

Rivalidades del fútbol

Argentina: Boca Juniors vs River Plate

México: Águilas del América vs Chivas del Guadalajara

Chile: Colo Colo vs Universidad de Chile

Guatemala: Comunicaciones vs Municipal

Uruguay: Peñarol vs Nacional

Colombia: Millonarios vs Independiente Santa Fe

Whether the venue is Madrid's **Santiago Bernabéu** or Barcelona's **Camp Nou,** both cities become paralyzed by **fútbol** fever. A ticket to the actual game is always the hottest ticket in town.

The rivalry between **Real Madrid** and **Barça** is about more than soccer. As the two biggest, most powerful cities in Spain, Barcelona and Madrid are constantly compared to one another and have a natural rivalry. There is also a political component to the dynamic. Barcelona, with its distinct language and culture, has long struggled for increased autonomy from Madrid's centralized government. Under Francisco Franco's rule (1939–1975), when repression of the Catalan identity was at its height, a game between **Real Madrid** and **FC Barcelona** was wrapped up with all the symbolism of the regime versus the resistance, even though both teams suffered casualties in Spain's civil war and the subsequent Franco dictatorship.

Although the dictatorship is far behind, the legacy of decades' worth of competition still transforms both cities into a frenzied, tense panic leading up to the game. Once the final score is announced, one of those cities transforms again, this time into the best party in the country.

ACTIVIDADES

1 **¿Cierto o falso?** Indicate whether each statement is **cierto** or **falso.** Correct the false statements.

1. People from Spain don't like soccer.
2. Madrid and Barcelona are the most important cities in Spain.
3. Santiago Bernabéu is a stadium in Barcelona.
4. The rivalry between Real Madrid and FC Barcelona is not only in soccer.
5. Barcelona has resisted Madrid's centralized government.

6. Only the FC Barcelona team was affected by the civil war.
7. During Franco's regime, the Catalan culture thrived.
8. There are many famous rivalries between soccer teams in the Spanish-speaking world.
9. River Plate is a popular team from Argentina.
10. Comunicaciones and Peñarol are famous rivals in Guatemala.

ASÍ SE DICE

Los deportes

el/la árbitro/a	*referee*
el/la atleta	*athlete*
la bola; el balón	**la pelota**
el campeón/ la campeona	*champion*
la carrera	*race*
competir	*to compete*
empatar	*to draw; to tie*
la medalla	*medal*
el/la mejor	*the best*
mundial	*worldwide*
el torneo	*tournament*

EL MUNDO HISPANO

Atletas importantes

World-renowned Hispanic athletes:

- **Rafael Nadal** (España) is one of the best tennis players in the world. His medals include multiple Grand Slam singles titles and the 2008 Olympic gold medal in singles.

- **Dayron Robles** (Cuba) made history in 2008 in his specialty, the 110 meter hurdles. Robles won the gold at the Beijing Olympics and set the world record.

- **Carolina Ruiz Castillo** (España), an alpine skier, competed in the 2006 and 2010 Olympics.

- **Paola Milagros Espinosa Sánchez** (México) specializes in 10m platform diving. She and her partner, Tatiana Ortiz, took home the Olympic bronze in 2008. Espinosa also won the gold at the 2011 Pan American Games.

PERFILES

Lionel Messi y Lorena Ochoa

Lionel Andrés Messi is considered one of the best soccer players of his generation. Born in 1987 in Argentina, Messi suffered a hormone deficiency that conflicted with his athletic dreams. He moved to Spain as a teenager and, at just 17, played his first game for the team **Fútbol Club Barcelona**. He is now the highest-paid player in the Spanish league.

Mexican golfer **Lorena Ochoa**, born in 1981, took up the sport at the age of five and won her first national event two years later. Winner of the LPGA Tour Player of the Year award every year from 2006–2009, Ochoa was ranked number one worldwide among female golfers when she retired in 2010.

 Conexión Internet

¿Qué deportes son populares en los países hispanos?

Go to **vhlcentral.com** to find more cultural information related to this **Cultura** section.

ACTIVIDADES

2 **Comprensión** Write the name of the athlete described in each sentence.

1. Es un jugador de fútbol de Argentina. _____

2. Es una chica que practica el golf. _____

3. Es una chica española a la que le gusta esquiar. _____

4. Es una chica mexicana que practica un deporte en la piscina. _____

3 **¿Quién es?** Write a short paragraph describing an athlete that you like, but do not mention their name. What do they look like? What sport do they play? Where do they live? Read your description to the class to see if they can guess the identity of the athlete.

 Practice more at **vhlcentral.com**.

recursos

 v̂ Text

CH p. 52

 vhlcentral.com

Explanation
Tutorial

4.1 Present tense of **ir**

ANTE TODO The verb **ir** (*to go*) is irregular in the present tense. Note that, except for the **yo** form (**voy**) and the lack of a written accent on the **vosotros** form (**vais**), the endings are the same as those for regular present-tense -**ar** verbs.

The verb **ir** (*to go*)

Singular forms		Plural forms	
yo	**voy**	nosotros/as	**vamos**
tú	**vas**	vosotros/as	**vais**
Ud./él/ella	**va**	Uds./ellos/ellas	**van**

▶ **Ir** is often used with the preposition **a** (*to*). If **a** is followed by the definite article **el**, they combine to form the contraction **al**. If **a** is followed by the other definite articles (**la, las, los**), there is no contraction.

$$a + el = al$$

Voy **al** parque con Juan.
I'm going to the park with Juan.

Mis amigos van **a las** montañas.
My friends are going to the mountains.

▶ The construction **ir a** + [*infinitive*] is used to talk about actions that are going to happen in the future. It is equivalent to the English *to be going* + [*infinitive*].

Va a leer el periódico.
He is going to read the newspaper.

Van a pasear por el pueblo.
They are going to walk around town.

¡Voy a ir con ellos!

Ella va al cine y a los museos.

▶ **Vamos a** + [*infinitive*] can also express the idea of *let's (do something)*.

Vamos a pasear.
Let's take a stroll.

¡**Vamos a** ver!
Let's see!

CONSULTA

To review the contraction **de** + **el**, see **Estructura 1.3**, pp. 20–21.

AYUDA

When asking a question that contains a form of the verb **ir**, remember to use **adónde**:

¿Adónde vas?
(To) Where are you going?

recursos

v̂Text

CPA
pp. 103–105

CH
pp. 53–54

vhlcentral.com

¡INTÉNTALO! Provide the present tense forms of **ir**.

1. Ellos ___*van*___.
2. Yo _____.
3. Tu novio _____.
4. Adela _____.
5. Mi prima y yo _____.
6. Tú _____.
7. Ustedes _____.
8. Nosotros _____.
9. Usted _____.
10. Nosotras _____.
11. Miguel _____.
12. Ellas _____.

Práctica

1

¿Adónde van? Everyone in your neighborhood is dashing off to various places. Say where they are going.

1. la señora Castillo / el centro
2. las hermanas Gómez / la piscina
3. tu tío y tu papá / el partido de fútbol
4. yo / el Museo de Arte Moderno
5. nosotros / el restaurante Miramar

2

¿Qué van a hacer? These sentences describe what several students in a high school hiking club are doing today. Use **ir a** + [*infinitive*] to say that they are also going to do the same activities tomorrow.

> **modelo**
>
> Martín y Rodolfo nadan en la piscina.
> *Van a nadar en la piscina mañana también.*

1. Sara lee una revista.
2. Yo practico deportes.
3. Ustedes van de excursión.
4. El presidente del club patina.
5. Tú tomas el sol.
6. Paseamos con nuestros amigos.

3

Preguntas With a partner, take turns asking and answering questions about where the people are going and what they are going to do there.

> **modelo**
>
> **Estudiante 1:** ¿Adónde va Estela?
> **Estudiante 2:** Va a la Librería Sol.
> **Estudiante 1:** Va a comprar un libro.

Estela

1. Álex y Miguel

2. mi amigo

3. tú

4. los estudiantes

5. la profesora Torres

6. ustedes

 Practice more at **vhlcentral.com.**

Comunicación

4

Situaciones Work with a partner and say where you and your friends go in these situations.

1. Cuando deseo descansar…
2. Cuando mi mejor amigo/a tiene que estudiar…
3. Si mis compañeros de clase necesitan practicar el español…
4. Si deseo hablar con mis amigos…
5. Cuando tengo dinero (*money*)…
6. Cuando mis amigos y yo tenemos hambre…
7. En mis ratos libres…
8. Cuando mis amigos desean esquiar…
9. Si estoy de vacaciones…
10. Si tengo ganas de leer…

5

Encuesta Your teacher will give you a worksheet. Walk around the class and ask your classmates if they are going to do these activities today. Find one person to answer **Sí** and one to answer **No** for each item and note their names on the worksheet in the appropriate column. Be prepared to report your findings to the class.

modelo

Tú: ¿Vas a leer el periódico hoy?
Ana: Sí, voy a leer el periódico hoy.
Luis: No, no voy a leer el periódico hoy.

recursos

v̂ **Text**

CPA
p. 106

Actividades	Sí	No
1. comer en un restaurante chino		
2. leer el periódico		
3. escribir un mensaje electrónico	Ana	Luis
4. correr 20 kilómetros		
5. ver una película de terror		
6. pasear en bicicleta		

6

Entrevista Talk to two classmates in order to find out where they are going and what they are going to do on their next vacation.

modelo

Estudiante 1: ¿Adónde vas de vacaciones (*on vacation*)?
Estudiante 2: Voy a Guadalajara con mi familia.
Estudiante 3: ¿Y qué van a hacer (*to do*) ustedes en Guadalajara?
Estudiante 2: Vamos a visitar unos monumentos y museos. ¿Y tú?

Síntesis

7

Planes Make a schedule of your activities for the weekend. Then, share with a partner.

▶ For each day, list at least three things you have to do.
▶ For each day, list at least two things you will do for fun.
▶ Tell a classmate what your weekend schedule is like. He or she will write down what you say.
▶ Switch roles to see if you have any plans in common.
▶ Take turns asking each other to participate in some of the activities you listed.

4.2 Stem-changing verbs: e:ie, o:ue

Explanation Tutorial

ANTE TODO Stem-changing verbs deviate from the normal pattern of regular verbs. Note the spelling changes to the stem in the conjugations below.

CONSULTA

To review the present tense of regular **-ar** verbs, see **Estructura 2.1**, p. 50.

• • •

To review the present tense of regular **-er** and **-ir** verbs, see **Estructura 3.3**, p. 96.

INFINITIVE	VERB STEM	STEM CHANGE	CONJUGATED FORM
empezar volver	empez- volv-	empiez- vuelv-	empiezo vuelvo

▶ In many verbs, such as **empezar** (*to begin*), the stem vowel changes from **e** to **ie**. Note that the **nosotros/as** and **vosotros/as** forms don't have a stem change.

The verb empezar (e:ie) (*to begin*)

Singular forms		Plural forms	
yo	empi**e**zo	nosotros/as	empezamos
tú	empi**e**zas	vosotros/as	empezáis
Ud./él/ella	empi**e**za	Uds./ellos/ellas	empi**e**zan

Los chicos empiezan a hablar de su visita al cenote.

Ellos vuelven a comer en el restaurante.

▶ In many other verbs, such as **volver** (*to return*), the stem vowel changes from **o** to **ue**. The **nosotros/as** and **vosotros/as** forms have no stem change.

The verb volver (o:ue) (*to return*)

Singular forms		Plural forms	
yo	v**ue**lvo	nosotros/as	volvemos
tú	v**ue**lves	vosotros/as	volvéis
Ud./él/ella	v**ue**lve	Uds./ellos/ellas	v**ue**lven

▶ To help you identify stem-changing verbs, they will appear as follows throughout the text:

empezar (e:ie), volver (o:ue)

Common stem-changing verbs

e:ie		o:ue	
cerrar	*to close*	**almorzar**	*to have lunch*
comenzar (a + *inf.*)	*to begin*	**contar**	*to count; to tell*
empezar (a + *inf.*)	*to begin*	**dormir**	*to sleep*
entender	*to understand*	**encontrar**	*to find*
pensar	*to think*	**mostrar**	*to show*
perder	*to lose; to miss*	**poder (+ *inf.*)**	*to be able to; can*
preferir (+ *inf.*)	*to prefer*	**recordar**	*to remember*
querer (+ *inf.*)	*to want; to love*	**volver**	*to return*

¡LENGUA VIVA!

The verb **perder** can mean *to lose* or *to miss*, in the sense of "to miss a train."
Siempre pierdo mis llaves.
I always lose my keys.
Es importante no perder el autobús.
It's important not to miss the bus.

▶ **Jugar** (*to play a sport or a game*) is the only Spanish verb that has a **u:ue** stem change. **Jugar** is followed by **a** + [*definite article*] when the name of a sport or game is mentioned.

Ella juega al tenis y al golf.

Los chicos juegan al fútbol.

▶ **Comenzar** and **empezar** require the preposition **a** when they are followed by an infinitive.

Comienzan a jugar a las siete.
They begin playing at seven.

Ana **empieza a** escribir una postal.
Ana is starting to write a postcard.

▶ **Pensar** + [*infinitive*] means *to plan* or *to intend to do something.* **Pensar en** means *to think about someone* or *something.*

¿**Piensan** ir al gimnasio?
Are you planning to go to the gym?

¿**En** qué **piensas**?
What are you thinking about?

 ¡INTÉNTALO!   Provide the present tense forms of these verbs.

cerrar (e:ie)	dormir (o:ue)
1. Ustedes *cierran*.	1. Mi abuela no *duerme*.
2. Tú _____.	2. Yo no _____.
3. Nosotras _____.	3. Tú no _____.
4. Mi hermano _____.	4. Mis hijos no _____.
5. Yo _____.	5. Usted no _____.
6. Usted _____.	6. Nosotros no _____.
7. Los chicos _____.	7. Él no _____.
8. Ella _____.	8. Ustedes no _____.

recursos

v̂ Text

CPA
pp. 107–109

CH
pp. 55–56

vhlcentral.com

Práctica

1

Completar Complete this conversation with the appropriate forms of the verbs. Then act it out with a partner.

PABLO Óscar, voy al centro ahora.

ÓSCAR ¿A qué hora (1)_____ (pensar) volver? El partido de fútbol (2)_____ (empezar) a las dos.

PABLO (3)_____ (Volver) a la una. (4)_____ (Querer) ver el partido.

ÓSCAR (5)¿_____ (Recordar) que (*that*) nuestro equipo es muy bueno? (6)¡_____ (Poder) ganar!

PABLO No, (7)_____ (pensar) que va a (8)_____ (perder). Los jugadores de Guadalajara son salvajes (*wild*) cuando (9)_____ (jugar).

2

Preferencias With a partner, take turns asking and answering questions about what these people want to do, using the cues provided.

> **modelo**
> Guillermo: estudiar / pasear en bicicleta
> **Estudiante 1:** *¿Quiere estudiar Guillermo?*
> **Estudiante 2:** *No, prefiere pasear en bicicleta.*

1. tú: trabajar / dormir

2. ustedes: mirar la televisión / jugar al dominó

3. tus amigos: ir de excursión / descansar

4. tú: comer en la cafetería / ir a un restaurante

5. Elisa: ver una película / leer una revista

6. María y su hermana: tomar el sol / practicar el esquí acuático

3

Describir Use a verb from the list to describe what these people are doing.

almorzar	cerrar	contar	dormir	encontrar	mostrar

1. las niñas

2. yo

3. nosotros

4. tú

5. Pedro

6. Teresa

 Practice more at **vhlcentral.com.**

Comunicación

4

Frecuencia In pairs, take turns using the verbs from the list and other stem-changing verbs you know to tell your partner which activities you do daily (**todos los días**), which you do once a month (**una vez al mes**), and which you do once a year (**una vez al año**). Record your partner's responses in the chart so that you can report back to class.

> **modelo**
>
> **Estudiante 1:** Yo recuerdo a mis abuelos todos los días.
> **Estudiante 2:** Yo pierdo uno de mis libros una vez al año.

cerrar	perder
dormir	poder
empezar	preferir
encontrar	querer
jugar	recordar
¿?	¿?

todos los días	una vez al mes	una vez al año

5

En la televisión Read the television listings for Saturday. In pairs, write a conversation between two siblings arguing about what to watch. Be creative and be prepared to act out your conversation for the class.

> **modelo**
>
> **Hermano:** Podemos ver la Copa Mundial.
> **Hermana:** ¡No, no quiero ver la Copa Mundial! Prefiero ver...

	13:00	14:00	15:00	16:00	17:00	18:00	19:00	20:00	21:00	22:00	23:00
7	Copa Mundial (*World Cup*) de fútbol			República Deportiva		Campeonato (*Championship*) Mundial de Vóleibol: México-Argentina				Torneo de Natación	
8	Abierto (*Open*) Mexicano de Tenis: Santiago González (México) vs. Nicolás Almagro (España). Semifinales			Campeonato de baloncesto: Los Correcaminos de Tampico vs. los Santos de San Luis				Aficionados al buceo		Cozumel: Aventuras	
12	Yo soy Betty, la fea		Héroes		Hermanos y hermanas			Película: Sin nombre		Película: **El coronel no tiene quien le escriba**	
13	El padrastro			60 Minutos			El esquí acuático			Patinaje artístico	
17	Biografías: La artista Frida Kahlo			Música de la semana		Entrevista del día: Iker Casillas y su pasión por el fútbol			Cine de la noche: **Elsa y Fred**		

NOTA CULTURAL

Iker Casillas Fernández is a famous goalkeeper for **Real Madrid**. A native of Madrid, he is among the best goalkeepers of his generation.

Síntesis

6

Situación Your teacher will give you and your partner each a partially illustrated itinerary of a city tour. Complete the itineraries by asking each other questions using the verbs in the captions and vocabulary you have learned.

> **modelo**
>
> **Estudiante 1:** Por la mañana, empiezan en el café.
> **Estudiante 2:** Y luego...

recursos

vText

CPA
pp. 110–111

4.3 Stem-changing verbs: e:i **Explanation Tutorial**

ANTE TODO You've already seen that many verbs in Spanish change their stem vowel when conjugated. There is a third kind of stem-vowel change in some verbs, such as **pedir** (*to ask for; to request*). In these verbs, the stressed vowel in the stem changes from **e** to **i**, as shown in the diagram.

INFINITIVE	VERB STEM	STEM CHANGE	CONJUGATED FORM
pedir ▶	p**e**d- ▶	p**i**d- ▶	p**i**do

▶ As with other stem-changing verbs you have learned, there is no stem change in the **nosotros/as** or **vosotros/as** forms in the present tense.

The verb **pedir** (e:i) (*to ask for; to request*)

Singular forms		Plural forms	
yo	p**i**do	nosotros/as	pedimos
tú	p**i**des	vosotros/as	pedís
Ud./él/ella	p**i**de	Uds./ellos/ellas	p**i**den

¡LENGUA VIVA!

As you learned in **Lección 2**, preguntar means *to ask a question*. **Pedir**, however, means *to ask for something*:

Ella me pregunta cuántos años tengo.
She asks me how old I am.

Él me pide ayuda.
He asks me for help.

▶ To help you identify verbs with the **e:i** stem change, they will appear as follows throughout the text:

pedir (e:i)

▶ These are the most common **e:i** stem-changing verbs:

conseguir	**decir**	**repetir**	**seguir**
to get; to obtain	*to say; to tell*	*to repeat*	*to follow; to continue; to keep (doing something)*

Pido favores cuando es necesario.
I ask for favors when it's necessary.

Sigue con su tarea.
He continues with his homework.

Javier dice la verdad.
Javier is telling the truth.

Consiguen ver buenas películas.
They get to see good movies.

▶ **¡Atención!** The verb **decir** is irregular in its **yo** form: **yo digo**.

▶ The **yo** forms of **seguir** and **conseguir** have a spelling change in addition to the stem change **e:i**.

Sigo su plan.
I'm following their plan.

Consigo novelas en la librería.
I get novels at the bookstore.

recursos

v̂ Text

CPA
pp. 112–114

CH
pp. 57–58

vhlcentral.com

¡INTÉNTALO! Provide the correct forms of the verbs.

repetir (e:i)	**decir (e:i)**	**seguir (e:i)**
1. Arturo y Eva ___repiten___.	1. Yo ___digo___.	1. Yo ___sigo___.
2. Yo _____.	2. Él _____.	2. Nosotros _____.
3. Nosotros _____.	3. Tú _____.	3. Tú _____.
4. Julia _____.	4. Usted _____.	4. Los chicos _____.
5. Sofía y yo _____.	5. Ellas _____.	5. Usted _____.

Práctica

1

Completar Complete these sentences with the correct form of the verb provided.

1. Cuando mi familia pasea por la ciudad, mi madre siempre (*always*) va a un café y _____ (pedir) una soda.
2. Pero mi padre _____ (decir) que perdemos mucho tiempo. Tiene prisa por llegar al Bosque de Chapultepec.
3. Mi padre tiene suerte, porque él siempre _____ (conseguir) lo que (*that which*) desea.
4. Cuando llegamos al parque, mis hermanos y yo _____ (seguir) conversando (*talking*) con nuestros padres.
5. Mis padres siempre _____ (repetir) la misma cosa: "Nosotros tomamos el sol aquí sin ustedes."
6. Yo siempre _____ (pedir) permiso para volver a casa un poco más tarde porque me gusta mucho el parque.

NOTA CULTURAL

A popular weekend destination for residents and tourists, **el Bosque de Chapultepec** is a beautiful park located in Mexico City. It occupies over 1.5 square miles and includes lakes, wooded areas, several museums, and a botanical garden. You may recognize this park from **Fotonovela, Lección 2**.

2

Combinar Combine words from the columns to create sentences about yourself and people you know.

A	**B**
yo	(no) pedir muchos favores
mi mejor (*best*) amigo/a	nunca (*never*) pedir perdón
mi familia	nunca seguir las instrucciones
mis amigos/as	siempre seguir las instrucciones
mis amigos/as y yo	conseguir libros en Internet
mis padres	repetir el vocabulario
mi hermano/a	poder hablar dos lenguas
mi profesor(a) de español	dormir hasta el mediodía
	siempre perder sus libros

3

Opiniones In pairs, take turns guessing how your partner completed the sentences from **Actividad 2**. If you guess incorrectly, your partner must supply the correct answer.

> **modelo**
>
> **Estudiante 1:** Creo que tus padres consiguen libros en Internet.
> **Estudiante 2:** ¡No! Mi hermana consigue libros en Internet.

CONSULTA

To review possessive adjectives, see **Estructura 3.2**, p. 93.

4

¿Quién? Your instructor will give you a worksheet. Talk to your classmates until you find one person who does each of the activities. Use **e:ie**, **o:ue**, and **e:i** stem-changing verbs.

> **modelo**
>
> **Tú:** ¿Pides consejos con frecuencia?
> **Maira:** No, no pido consejos con frecuencia.
> **Tú:** ¿Pides consejos con frecuencia?
> **Lucas:** Sí, pido consejos con frecuencia.

recursos

v̂Text

CPA
p. 115

S Practice more at **vhlcentral.com**.

Comunicación

5 **Las películas** Use these questions to interview a classmate.

1. ¿Prefieres las películas románticas, las películas de acción o las películas de terror? ¿Por qué?

2. ¿Dónde consigues información sobre (*about*) cine y televisión?

3. ¿Dónde consigues las entradas (*tickets*) para ver una película?

4. Para decidir qué películas vas a ver, ¿sigues las recomendaciones de tus amigos? ¿Qué dicen tus amigos en general?

5. ¿Qué cines en tu comunidad muestran las mejores (*best*) películas?

6. ¿Vas a ver una película esta semana? ¿A qué hora empieza la película?

Síntesis

6 **El cine** In pairs, first scan the ad and jot down all the stem-changing verbs. Then answer the questions. Be prepared to share your answers with the class.

1. ¿Qué palabras indican que *Avatar* es una película dramática?

2. ¿Cómo son los dos personajes (*characters*) del póster? ¿Qué relación tienen?

3. ¿Te gustan las películas como ésta (*this one*)? ¿Por qué?

4. Describe tu película favorita con los verbos de la **Lección 4**.

Ganadora de tres premios Óscar

Cuando todas las puertas se cierran, siempre hay una oportunidad para volver a empezar.

Del productor y director de **Titanic** y **Terminator**

Un mundo lejano puede desaparecer, su salvación está en las manos de un hombre que también puede perderlo todo... Incluso el amor.
¿Cuentan con él?

4.4 # Verbs with irregular **yo** forms

ANTE TODO In Spanish, several verbs have irregular **yo** forms in the present tense. You have already seen three verbs with the **-go** ending in the **yo** form: **decir → digo**, **tener → tengo**, and **venir → vengo**.

▶ Here are some common expressions with **decir**.

decir la verdad
to tell the truth

decir mentiras
to tell lies

decir que
to say that

decir la respuesta
to say the answer

▶ The verb **hacer** is often used to ask questions about what someone does. Note that when answering, **hacer** is frequently replaced with another, more specific action verb.

Verbs with irregular yo forms				
hacer *(to do;* *to make)*	**poner** *(to put;* *to place)*	**salir** *(to leave)*	**suponer** *(to suppose)*	**traer** *(to bring)*
hago	**pongo**	**salgo**	**supongo**	**traigo**
haces	pones	sales	supones	traes
hace	pone	sale	supone	trae
hacemos	ponemos	salimos	suponemos	traemos
hacéis	ponéis	salís	suponéis	traéis
hacen	ponen	salen	suponen	traen

SINGULAR FORMS / PLURAL FORMS

Salgo mucho los fines de semana.

Yo no salgo, yo hago la tarea y veo películas en la televisión.

▶ **Poner** can also mean *to turn on* a household appliance.

Carlos **pone** la radio.
Carlos turns on the radio.

María **pone** la televisión.
María turns on the television.

▶ **Salir de** is used to indicate that someone is leaving a particular place.

Hoy **salgo del** hospital.
Today I leave the hospital.

Sale de la clase a las cuatro.
He leaves class at four.

▶ **Salir para** is used to indicate someone's destination.

Mañana **salgo para** México.
Tomorrow I leave for Mexico.

Hoy **salen para** España.
Today they leave for Spain.

▶ **Salir con** means *to leave with someone* or *something*, or *to date someone*.

Alberto **sale con** su mochila.
Alberto is leaving with his backpack.

Margarita **sale con** Guillermo.
Margarita is going out with Guillermo.

The verbs **ver** and **oír**

▶ The verb **ver** (*to see*) has an irregular **yo** form. The other forms of **ver** are regular.

The verb ver (*to see*)

Singular forms		Plural forms	
yo	**veo**	nosotros/as	vemos
tú	ves	vosotros/as	veis
Ud./él/ella	ve	Uds./ellos/ellas	ven

▶ The verb **oír** (*to hear*) has an irregular **yo** form and the spelling change **i:y** in the **tú**, **usted/él/ella**, and **ustedes/ellos/ellas** forms. The **nosotros/as** and **vosotros/as** forms have an accent mark.

The verb oír (*to hear*)

Singular forms		Plural forms	
yo	**oigo**	nosotros/as	oímos
tú	o**y**es	vosotros/as	oís
Ud./él/ella	o**y**e	Uds./ellos/ellas	o**y**en

▶ While most commonly translated as *to hear*, **oír** is also used in contexts where English would use *to listen*.

Oigo a unas personas en la otra sala.
I hear some people in the other room.

¿**Oyes** la radio por la mañana?
Do you listen to the radio in the morning?

¡INTÉNTALO! Provide the appropriate forms of these verbs.

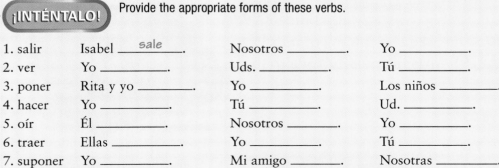

1. salir   Isabel ____*sale*____.   Nosotros _____.   Yo _____.
2. ver   Yo _____.   Uds. _____.   Tú _____.
3. poner   Rita y yo _____.   Yo _____.   Los niños _____.
4. hacer   Yo _____.   Tú _____.   Ud. _____.
5. oír   Él _____.   Nosotros _____.   Yo _____.
6. traer   Ellas _____.   Yo _____.   Tú _____.
7. suponer   Yo _____.   Mi amigo _____.   Nosotras _____.

Práctica

1

Completar Complete this conversation with the appropriate forms of the verbs. Then act it out with a partner.

ERNESTO David, ¿qué (1)_____ (hacer) hoy?

DAVID Ahora estudio biología, pero esta noche (2)_____ (salir) con Luisa. Vamos al cine. (3)_____ (Decir) que la nueva (*new*) película de Almodóvar es buena.

ERNESTO ¿Y Diana? ¿Qué (4)_____ (hacer) ella?

DAVID (5)_____ (Salir) a comer con sus padres.

ERNESTO ¿Qué (6)_____ (hacer) Andrés y Javier?

DAVID Tienen que (7)_____ (hacer) las maletas. (8)_____ (Salir) para Monterrey mañana.

ERNESTO Pues, ¿qué (9)_____ (hacer) yo?

DAVID (10)_____ (Suponer) que puedes estudiar o (11)_____ (ver) la televisión.

ERNESTO No quiero estudiar. Mejor (12)_____ (poner) la televisión. Mi programa favorito empieza en unos minutos.

2

Oraciones Form sentences using the cues provided and verbs from **Estructura 4.4**.

> **modelo**
> tú / _____ / cosas / en / su lugar / antes de (*before*) / salir
> *Tú pones las cosas en su lugar antes de salir.*

1. mis amigos / _____ / conmigo / centro
2. tú / _____ / mentiras / pero / yo / _____ / verdad
3. Alberto / _____ / música del café Pasatiempos
4. yo / no / _____ / muchas películas
5. domingo / nosotros / _____ / mucha / tarea
6. si / yo / _____ / que / yo / querer / ir / cine / mis amigos / ir / también

3

Describir Use the verbs from **Estructura 4.4** to describe what these people are doing.

1. Fernán

2. los aficionados

3. yo

4. nosotros

5. la señora Vargas

6. el estudiante

 Practice more at **vhlcentral.com**.

Comunicación

4

Tu rutina In pairs, take turns asking each other these questions.

1. ¿Qué traes a clase?
2. ¿Quiénes traen un diccionario a clase? ¿Por qué traen un diccionario?
3. ¿A qué hora sales de tu casa por la mañana? ¿A qué hora salen tus hermanos/as o tus padres?
4. ¿Dónde pones tus libros cuando regresas de clase? ¿Siempre (*Always*) pones tus cosas en su lugar?
5. ¿Qué prefieres hacer, oír la radio o ver la televisión?
6. ¿Oyes música cuando estudias?
7. ¿Ves películas en casa o prefieres ir al cine?
8. ¿Haces mucha tarea los fines de semana?
9. ¿Sales con tus amigos los fines de semana? ¿A qué hora? ¿Qué hacen?
10. ¿Te gusta ver deportes en la televisión o prefieres ver otros programas? ¿Cuáles?

5

Charadas In groups, play a game of charades. Each person should think of two phrases containing the verbs **hacer, oír, poner, salir, traer,** or **ver**. The first person to guess correctly acts out the next charade.

6

Entrevista You are doing a market research report on lifestyles. Interview a classmate to find out when he or she goes out with these people and what they do for entertainment.

▶ los/las amigos/as
▶ los/las hermanos/as
▶ los padres
▶ otros parientes

Síntesis

7

Situación Imagine that you are speaking with a member of your family or your best friend. With a partner, prepare a conversation using these cues.

Estudiante 1	Estudiante 2
Ask your partner what he or she is doing.	Tell your partner that you are watching TV.
Say what you suppose he or she is watching.	Say that you like the show _____. Ask if he or she wants to watch.
Say no, because you are going out with friends and tell where you are going.	Say you think it's a good idea, and ask what your partner and his or her friends are doing there.
Say what you are going to do, and ask your partner whether he or she wants to come along.	Say no and tell your partner what you prefer to do.

Recapitulación

Diagnostics
Remediation Activities

Review the grammar concepts you have learned in this lesson by completing these activities.

1 **Completar** Complete the chart with the correct verb forms. **15 pts.**

Infinitive	yo	nosotros/as	ellos/as
	vuelvo		
comenzar		**comenzamos**	
		hacemos	**hacen**
ir			
	juego		
repetir			**repiten**

2 **Un día típico** Complete the paragraph with the appropriate forms of the stem-changing verbs in the word list. Not all verbs will be used. Some may be used more than once. **10 pts.**

almorzar	ir	salir
cerrar	jugar	seguir
empezar	mostrar	ver
hacer	querer	volver

¡Hola! Me llamo Cecilia y vivo en Puerto Vallarta, México. ¿Cómo es un día típico en mi vida (*life*)? Por la mañana como con mis padres y juntos (*together*) (1)_____ las noticias (*news*) en la televisión. A las siete y media, (yo) (2)_____ de mi casa y tomo el autobús. Me gusta llegar temprano (*early*) a la escuela porque siempre (*always*) (3)_____ a mis amigos en la cafetería. Conversamos y planeamos lo que (4)_____ hacer cada (*each*) día. A las ocho y cuarto, mi amiga Sandra y yo (5)_____ al laboratorio de lenguas. La clase de francés (6)_____ a las ocho y media. ¡Es mi clase favorita! A las doce y media (yo) (7)_____ en la cafetería con mis amigos. Después (*Afterwards*), yo (8)_____ con mis clases. Por las tardes, mis amigos (9)_____ a sus casas, pero yo (10)_____ al vóleibol con mi amigo Tomás.

RESUMEN GRAMATICAL

4.1 **Present tense of ir**   *p. 126*

yo	voy	nosotros	vamos
tú	vas	vosotros	vais
él	va	ellas	van

► ir a + [*infinitive*] = to be going + [*infinitive*]
► a + el = al
► vamos a + [*infinitive*] = let's (*do something*)

4.2 **Stem-changing verbs e:ie, o:ue, u:ue**   *pp. 129–130*

	empezar	volver	jugar
yo	empiezo	vuelvo	juego
tú	empiezas	vuelves	juegas
él	empieza	vuelve	juega
nos.	empezamos	volvemos	jugamos
vos.	empezáis	volvéis	jugáis
ellas	empiezan	vuelven	juegan

► Other e:ie verbs: **cerrar, comenzar, entender, pensar, perder, preferir, querer**
► Other o:ue verbs: **almorzar, contar, dormir, encontrar, mostrar, poder, recordar**

4.3 **Stem-changing verbs e:i**   *p. 133*

		pedir	
yo	pido	nos.	pedimos
tú	pides	vos.	pedís
él	pide	ellas	piden

► Other e:i verbs: **conseguir, decir, repetir, seguir**

4.4 **Verbs with irregular yo forms**   *pp. 136–137*

hacer	poner	salir	suponer	traer
hago	pongo	salgo	supongo	traigo

► **ver:** veo, ves, ve, vemos, veis, ven
► **oír:** oigo, oyes, oye, oímos, oís, oyen

3

Oraciones Arrange the cues provided in the correct order to form complete sentences. Make all necessary changes. **14 pts.**

1. tarea / los / hacer / sábados / nosotros / la

   _____

2. en / pizza / Andrés / una / restaurante / el / pedir

   _____

3. a / ? / museo / ir / ¿ / el / (tú)

   _____

4. de / oír / amigos / bien / los / no / Elena

   _____

5. libros / traer / yo / clase / mis / a

   _____

6. película / ver / en / Jorge y Carlos / pensar / cine / una / el

   _____

7. unos / escribir / Mariana / electrónicos / querer / mensajes

   _____

4

Escribir Write a short paragraph about what you do on a typical day. Use at least six of the verbs you have learned in this lesson. You can use the paragraph on the opposite page (**Actividad 2**) as a model. **11 pts.**

Un día típico

Hola, me llamo Julia y vivo en Vancouver, Canadá. Por la mañana, yo...

5

Adivinanza Complete the rhyme with the appropriate forms of the correct verbs from the list. **2 EXTRA points!**

| contar | poder |
| oír | suponer |

"Si no _____ dormir
    y el sueño deseas,
    lo vas a conseguir
    si _____ ovejas°. **"**

ovejas *sheep*

 Practice more at **vhlcentral.com**.

Lectura

Audio: Synched Reading
Additional Reading

Antes de leer

Estrategia
Predicting content from visuals

When you are reading in Spanish, be sure to look for visual clues that will orient you to the content and purpose of what you are reading. Photos and illustrations, for example, will often give you a good idea of the main points that the reading covers. You may also encounter very helpful visuals that are used to summarize large amounts of data in a way that is easy to comprehend; these include bar graphs, pie charts, flow charts, lists of percentages, and other sorts of diagrams.

Examinar el texto

Take a quick look at the visual elements of the magazine article in order to generate a list of ideas about its content. Then compare your list with a classmate's. Are they the same or are they different? Discuss they and make any changes needed to produce a final list of ideas.

Contestar

Read the list of ideas you wrote in **Examinar el texto**, and look again at the visual elements of the magazine article. Then answer these questions:

1. Who is the woman in the photo, and what is her role?
2. What is the article about?
3. What is the subject of the pie chart?
4. What is the subject of the bar graph?

recursos

vText

CH
pp. 61–62

vhlcentral.com

por María Úrsula Echevarría

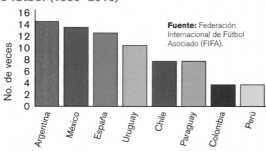

El fútbol es el deporte más popular en el mundo° hispano, según° una encuesta° reciente realizada entre jóvenes universitarios. Mucha gente practica este deporte y tiene un equipo de fútbol favorito. Cada cuatro años se realiza la Copa Mundial°. Argentina y Uruguay han ganado° este campeonato° más de una vez°. Los aficionados siguen los partidos de fútbol en casa por tele y en muchos otros lugares como bares, restaurantes, estadios y clubes deportivos. Los jóvenes juegan al fútbol con sus amigos en parques y gimnasios.

Países hispanos en campeonatos mundiales de fútbol (1930–2010)

Fuente: Federación Internacional de Fútbol Asociado (FIFA).

Pero, por supuesto°, en los países de habla hispana también hay otros deportes populares. ¿Qué deporte sigue al fútbol en estos países? Bueno, ¡depende del país y de otros factores!

Después de leer

Evaluación y predicción

Which of the following sporting events would be most popular among the college students surveyed? Rate them from one (most popular) to five (least popular). Which would be the most popular at your school?

_____ 1. la Copa Mundial de Fútbol

_____ 2. los Juegos Olímpicos

_____ 3. el Campeonato de Wimbledon

_____ 4. la Serie Mundial de Béisbol

_____ 5. el Tour de Francia

No sólo el fútbol

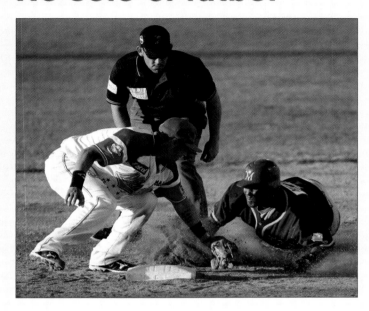

En Colombia, el béisbol también es muy popular después del fútbol, aunque° esto varía según la región del país. En la costa del norte de Colombia, el béisbol es una pasión. Y el ciclismo también es un deporte que los colombianos siguen con mucho interés.

Dónde es más popular el béisbol

En los países del Caribe, el béisbol es el deporte predominante. Éste es el caso en Puerto Rico, Cuba y la República Dominicana. Los niños empiezan a jugar cuando son muy pequeños. En Puerto Rico y la República Dominicana, la gente también quiere participar en otros deportes, como el baloncesto, o ver los partidos en la tele. Y para los espectadores aficionados del Caribe, el boxeo es número dos.

Deportes más populares

Fútbol (69%)
Béisbol (10%)
Baloncesto (8%)
Ciclismo (4%)
Tenis (4%)
Boxeo (3%)
Vóleibol (2%)

Dónde es más popular el fútbol

En México, el béisbol es el segundo° deporte más popular después° del fútbol. Pero en Argentina, después del fútbol, el rugby tiene mucha importancia. En Perú a la gente le gusta mucho ver partidos de vóleibol. ¿Y en España? Muchas personas prefieren el baloncesto, el tenis y el ciclismo.

---

mundo *world* **según** *according to* **encuesta** *survey* **se realiza la Copa Mundial** *the World Cup is held* **han ganado** *have won* **campeonato** *championship*
más de una vez *more than once* **por supuesto** *of course* **segundo** *second* **después** *after* **aunque** *although*

¿Cierto o falso?

Indicate whether each sentence is **cierto** or **falso**, then correct the false statements.

	Cierto	Falso
1. El vóleibol es el segundo deporte más popular en México.	○	○
2. En España a la gente le gustan varios deportes como el baloncesto y el ciclismo.	○	○
3. En la costa del norte de Colombia, el tenis es una pasión.	○	○
4. En el Caribe, el deporte más popular es el béisbol.	○	○

Preguntas

Answer these questions in Spanish.

1. ¿Dónde ven el fútbol los aficionados? Y tú, ¿cómo ves tus deportes favoritos?
2. ¿Te gusta el fútbol? ¿Por qué?
3. ¿Miras la Copa Mundial en la televisión?
4. ¿Qué deportes miras en la televisión?
5. En tu opinión, ¿cuáles son los tres deportes más populares en tu escuela? ¿En tu comunidad? ¿En tu país?
6. ¿Practicas deportes en tus ratos libres?

Escritura

Estrategia
Using a dictionary

A common mistake made by beginning language learners is to embrace the dictionary as the ultimate resource for reading, writing, and speaking. While it is true that the dictionary is a useful tool that can provide valuable information about vocabulary, using the dictionary correctly requires that you understand the elements of each entry.

If you glance at a Spanish-English dictionary, you will notice that its format is similar to that of an English dictionary. The word is listed first, usually followed by its pronunciation. Then come the definitions, organized by parts of speech. Sometimes the most frequently used definitions are listed first.

To find the best word for your needs, you should refer to the abbreviations and the explanatory notes that appear next to the entries. For example, imagine that you are writing about your pastimes. You want to write, "I want to buy a new racket for my match tomorrow," but you don't know the Spanish word for "racket." In the dictionary, you may find an entry like this:

> **racket** *s* 1. alboroto; 2. raqueta (*dep.*)

The abbreviation key at the front of the dictionary says that *s* corresponds to **sustantivo** (*noun*). Then, the first word you see is **alboroto**. The definition of **alboroto** is *noise* or *racket*, so **alboroto** is probably not the word you're looking for. The second word is **raqueta**, followed by the abbreviation *dep.*, which stands for **deportes**. This indicates that the word **raqueta** is the best choice for your needs.

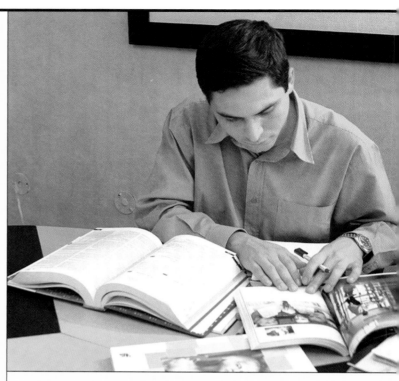

Tema

Escribir un folleto ✍📄
Choose one topic to write a pamphlet.

1. You are on the Homecoming Committee at your school this year. Create a pamphlet that lists events for Friday night, Saturday, and Sunday. Include a brief description of each event and its time and location. Include activities for different age groups, since some alumni will bring their families.

2. You are on the Freshman Student Orientation Committee and are in charge of creating a pamphlet for new students that describes the sports offered at your school. Write the flyer, including a variety of activities.

3. You volunteer at your community's recreation center. It is your job to market your community to potential residents. Write a brief pamphlet that describes the recreational opportunities your community provides, the areas where the activities take place, and the costs, if any. Be sure to include activities that will appeal to singles as well as couples and families; you should include activities for all age groups and for both men and women.

recursos

v**Text**

CPA pp. 119–120

CH pp. 63–64

vhlcentral.com

Escuchar

Estrategia

Listening for the gist

Listening for the general idea, or gist, can help you follow what someone is saying even if you can't hear or understand some of the words. When you listen for the gist, you simply try to capture the essence of what you hear without focusing on individual words.

 To help you practice this strategy, you will listen to a paragraph made up of three sentences. Jot down a brief summary of what you hear.

Preparación

Based on the photo, what do you think Anabela is like? Do you and Anabela have similar interests?

Ahora escucha

You will hear first José talking, then Anabela. As you listen, check off each person's favorite activities.

Pasatiempos favoritos de José

1. _____ leer el correo electrónico
2. _____ jugar al béisbol
3. _____ ver películas de acción
4. _____ ir al café
5. _____ ir a partidos de béisbol
6. _____ ver películas románticas
7. _____ dormir la siesta
8. _____ escribir mensajes electrónicos

Pasatiempos favoritos de Anabela

9. _____ esquiar
10. _____ nadar
11. _____ practicar el ciclismo
12. _____ jugar al golf
13. _____ jugar al baloncesto
14. _____ ir a ver partidos de tenis
15. _____ escalar montañas
16. _____ ver televisión

Comprensión

Preguntas

Answer these questions about José's and Anabela's pastimes.

1. ¿Quién practica más deportes?
2. ¿Quién piensa que es importante descansar?
3. ¿A qué deporte es aficionado José?
4. ¿Por qué Anabela no practica el baloncesto?
5. ¿Qué películas le gustan a la novia de José?
6. ¿Cuál es el deporte favorito de Anabela?

Seleccionar

Which person do these statements best describe?

1. Le gusta practicar deportes.
2. Prefiere las películas de acción.
3. Le gustan las computadoras.
4. Le gusta nadar.
5. Siempre (*Always*) duerme una siesta por la tarde.
6. Quiere ir de vacaciones a las montañas.

 Practice more at **vhlcentral.com.**

En pantalla

Video: TV Clip

In many Spanish-speaking countries, soccer isn't just a game; it's a way of life. Many countries have professional and amateur leagues, and soccer is even played in the streets. Every four years, during the World Cup, even those who aren't big fans of the sport find it impossible not to get swept up in "soccer fever." During the month-long Cup, passions only increase with each of the sixty-four matches played. Companies also get caught up in the soccer craze, conducting ad campaigns and offering promotions with prizes that range from commemorative glasses to all-expenses-paid trips to the World Cup venue.

Vocabulario útil

cracks	stars, aces (sports)
lo tuvo a Pelé de hijo	he was a better player than Pelé (coll. expr. Peru)
Dios me hizo	God made me
patito feo	ugly duckling
plata	money (S. America)
jugando	playing

Comprensión

Indicate whether each statement is **cierto** or **falso**.

	Cierto	Falso
1. La familia juega al baloncesto.	○	○
2. No hay mujeres en el anuncio (*ad*).	○	○
3. La pareja tiene cinco hijos.	○	○
4. El hijo más joven es un mariachi.	○	○

Conversación

With a partner, discuss these questions in Spanish.

1. En el anuncio hay varios elementos culturales representativos de la cultura de los países hispanos. ¿Cuáles son?
2. ¿Qué otros elementos culturales de los países hispanos conocen (*do you know*)?

jugaba *used to play* cuna *crib* barriga *womb* Por eso *That's why* esperaban que yo fuera *they expected that I be* el mejor de todos *the best of all*

Anuncio de Totofútbol

Mi hermano mayor jugaba° desde la cuna°.

Mi segundo hermano, desde la barriga°.

Por eso° esperaban que yo fuera° el mejor de todos°.

Practice more at **vhlcentral.com.**

Video: *Flash cultura*

The rivalry between the teams **Real Madrid** and **F.C. Barcelona** is perhaps the fiercest in all of soccer—just imagine if they occupied the same city! Well, each team also has competing clubs within its respective city: Spain's capital has the **Club Atlético de Madrid**, and Barcelona is home to **Espanyol**. In fact, across the Spanish-speaking world, it is common for a city to have more than one professional team, often with strikingly dissimilar origins, identity, and fan base. For example, in Bogotá, the **Millonarios** were so named for the large sums spent on players, while the **Santa Fe** team is one of the most traditional in Colombian soccer. **River Plate** and **Boca Juniors**, who enjoy a famous rivalry, are just two of twenty-four clubs in Buenos Aires—the city with the most professional soccer teams in the world.

Vocabulario útil	
afición	*fans*
celebran	*they celebrate*
preferido/a	*favorite*
rivalidad	*rivalry*
se junta con	*it's tied up with*

Preparación

What is the most popular sport at your school? What teams are your rivals? How do students celebrate a win?

Escoger

Select the correct answer.

1. Un partido entre el Barça y el Real Madrid es un _____ (deporte/evento) importante en toda España.
2. Ronaldinho fue (*was*) un futbolista estrella (*soccer star*) del _____ (Barça/Real Madrid).
3. Los aficionados _____ (miran/celebran) las victorias de sus equipos en las calles (*streets*).
4. La rivalidad entre el Real Madrid y el Barça está relacionada con la _____ (religión/política).

¡Fútbol en España!

(Hay mucha afición al fútbol en España.)

¿Y cuál es vuestro jugador favorito?

—**¿Y quién va a ganar?**
—**El Real Madrid.**

recursos		
vText	CPA pp. 121–122	vhlcentral.com

 Practice more at **vhlcentral.com**.

México

Interactive Map
Video: *Panorama cultural*

El país en cifras

▶ **Área:** 1.972.550 km^2
(761.603 millas^2), *casi° tres veces° el área de Texas*

La situación geográfica de México, al sur° de los Estados Unidos, ha influido en° la economía y la sociedad de los dos países. Una de las consecuencias es la emigración de la población mexicana al país vecino°. Hoy día, más de 30 millones de personas de ascendencia mexicana viven en los Estados Unidos.

▶ **Población:** 114.793.000
▶ **Capital:** México, D.F. (y su área metropolitana)—20.078.000
▶ **Ciudades principales:**
Guadalajara—4.424.252,
Monterrey—4.080.329,
Puebla—2.668.347,
Ciudad Juárez—1.457.955

SOURCE: Population Division, UN Secretariat

▶ **Moneda:** peso mexicano
▶ **Idiomas:** español (oficial), náhuatl, otras lenguas indígenas

Bandera de México

Mexicanos célebres

▶ **Benito Juárez,** héroe nacional (1806–1872)
▶ **Octavio Paz,** poeta (1914–1998)
▶ **Elena Poniatowska,** periodista y escritora (1932–)
▶ **Julio César Chávez,** boxeador (1962–)

casi *almost* veces *times* sur *south* ha influido en *has influenced* vecino *neighboring* se llenan de luz *get filled with light* flores *flowers* Muertos *Dead* se ríen *laugh* muerte *death* lo cual se refleja *which is reflected* calaveras de azúcar *sugar skulls* pan *bread* huesos *bones*

Cabo San Lucas

ESTADOS UNIDOS

Autorretrato con mono
(*Self-portrait with monkey*),
1938, Frida Kahlo

Tijuana

Ciudad Juárez

Golfo de California

Baja California

Río Grande

Río Bravo del Norte

Sierra Madre Oriental

Sierra Madre Occidental

ESTADOS UNIDOS

MÉXICO

OCÉANO ATLÁNTICO

OCÉANO PACÍFICO

AMÉRICA DEL SUR

Monterrey

Océano Pacífico

Puerto Vallarta

Ciudad de México

Guadalajara

Puebla

Acapulco

Artesanías
en Taxco, Guerrero

Pirámide de Kukulcán
en Chichén Itzá

recursos

v̄ Text

CPA
pp. 123–126

vhlcentral.com

¡Increíble pero cierto!

Cada dos de noviembre los cementerios de México se llenan de luz°, música y flores°. El Día de Muertos° no es un evento triste; es una fiesta en honor a las personas muertas. En ese día, los mexicanos se ríen° de la muerte°, lo cual se refleja° en detalles como las calaveras de azúcar° y el pan° de muerto —pan en forma de huesos°.

Ciudades • **México, D.F.**

La Ciudad de México, fundada° en 1525, también se llama el D.F. o Distrito Federal. Muchos turistas e inmigrantes vienen a la ciudad porque es el centro cultural y económico del país. El crecimiento° de la población es de los más altos° del mundo°. El D.F. tiene una población mayor que las de Nueva York, Madrid o París.

Artes • **Diego Rivera y Frida Kahlo**

Frida Kahlo y Diego Rivera eran° artistas mexicanos muy famosos. Se casaron° en 1929. Los dos se interesaron° en las condiciones sociales de la gente indígena de su país. Puedes ver algunas° de sus obras° en el Museo de Arte Moderno de la Ciudad de México.

Historia • **Los aztecas**

Los aztecas dominaron° en México del siglo° XIV al siglo XVI. Sus canales, puentes° y pirámides con templos religiosos eran muy importantes.
El fin del imperio azteca comenzó° con la llegada° de los españoles en 1519, pero la presencia azteca sigue hoy. La Ciudad de México está situada en la capital azteca de Tenochtitlán, y muchos turistas van a visitar sus ruinas.

Golfo
de México

Península
de Yucatán

Mérida

Cancún

Bahía de
Campeche

acruz

Istmo de
Tehuantepec

BELICE

GUATEMALA

Economía • **La plata**

México es el mayor productor de plata° del mundo. Estados como Zacatecas y Durango tienen ciudades fundadas cerca de los más grandes yacimientos° de plata del país. Estas ciudades fueron° en la época colonial unas de las más ricas e importantes. Hoy en día, aún° conservan mucho de su encanto° y esplendor.

 ¿Qué aprendiste? Responde a cada pregunta con una oración completa.

1. ¿Qué lenguas hablan los mexicanos?

2. ¿Cómo es la población del D.F. en comparación con la de otras ciudades?

3. ¿En qué se interesaron Frida Kahlo y Diego Rivera?

4. Nombra algunas de las estructuras de la arquitectura azteca.

5. ¿Dónde está situada la capital de México?

6. ¿Qué estados de México tienen los mayores yacimientos de plata?

 Conexión Internet Investiga estos temas en **vhlcentral.com**.

1. Busca información sobre dos lugares de México. ¿Te gustaría (*Would you like*) vivir allí? ¿Por qué?

2. Busca información sobre dos artistas mexicanos. ¿Cómo se llaman sus obras más famosas?

fundada *founded* crecimiento *growth* más altos *highest* mundo *world* eran *were* Se casaron *They got married* se interesaron *were interested* algunas *some* obras *works* dominaron *dominated* siglo *century* puentes *bridges* comenzó *started* llegada *arrival* plata *silver* yacimientos *deposits* fueron *were* aún *still* encanto *charm*

Pasatiempos

andar en patineta	to skateboard
bucear	to scuba dive
escalar montañas (f., pl.)	to climb mountains
escribir una carta	to write a letter
escribir un mensaje electrónico	to write an e-mail
esquiar	to ski
ganar	to win
ir de excursión	to go on a hike
leer correo electrónico	to read e-mail
leer un periódico	to read a newspaper
leer una revista	to read a magazine
nadar	to swim
pasear	to take a walk; to stroll
pasear en bicicleta	to ride a bicycle
patinar (en línea)	to (inline) skate
practicar deportes (m., pl.)	to play sports
tomar el sol	to sunbathe
ver películas (f., pl.)	to watch movies
visitar monumentos (m., pl.)	to visit monuments
la diversión	fun activity; entertainment; recreation
el fin de semana	weekend
el pasatiempo	pastime; hobby
los ratos libres	spare (free) time
el videojuego	video game

Deportes

el baloncesto	basketball
el béisbol	baseball
el ciclismo	cycling
el equipo	team
el esquí (acuático)	(water) skiing
el fútbol	soccer
el fútbol americano	football
el golf	golf
el hockey	hockey
el/la jugador(a)	player
la natación	swimming
el partido	game; match
la pelota	ball
el tenis	tennis
el vóleibol	volleyball

Adjetivos

deportivo/a	sports-related
favorito/a	favorite

Lugares

el café	café
el centro	downtown
el cine	movie theater
el gimnasio	gymnasium
la iglesia	church
el lugar	place
el museo	museum
el parque	park
la piscina	swimming pool
la plaza	city or town square
el restaurante	restaurant

  Audio: Vocabulary Flashcards

Verbos

almorzar (o:ue)	to have lunch
cerrar (e:ie)	to close
comenzar (e:ie)	to begin
conseguir (e:i)	to get; to obtain
contar (o:ue)	to count; to tell
decir (e:i)	to say; to tell
dormir (o:ue)	to sleep
empezar (e:ie)	to begin
encontrar (o:ue)	to find
entender (e:ie)	to understand
hacer	to do; to make
ir	to go
jugar (u:ue)	to play (a sport or a game)
mostrar (o:ue)	to show
oír	to hear
pedir (e:i)	to ask for; to request
pensar (e:ie)	to think
pensar (+ inf.)	to intend
pensar en	to think about
perder (e:ie)	to lose; to miss
poder (o:ue)	to be able to; can
poner	to put; to place
preferir (e:ie)	to prefer
querer (e:ie)	to want; to love
recordar (o:ue)	to remember
repetir (e:i)	to repeat
salir	to leave
seguir (e:i)	to follow; to continue
suponer	to suppose
traer	to bring
ver	to see
volver (o:ue)	to return

Decir expressions	See page 136.
Expresiones útiles	See page 121.

recursos

vText

CPA p. 118

vhlcentral.com

Glossary of Grammatical Terms

ADJECTIVE A word that modifies, or describes, a noun or pronoun.

muchos libros	un hombre **rico**
many books	*a rich man*
las mujeres **altas**	
the tall women	

Demonstrative adjective An adjective that specifies which noun a speaker is referring to.

esta fiesta	**ese** chico
this party	*that boy*
aquellas flores	
those flowers	

Possessive adjective An adjective that indicates ownership or possession.

mi mejor vestido	Éste es **mi** hermano.
my best dress	*This is my brother.*

Stressed possessive adjective A possessive adjective that emphasizes the owner or possessor.

Es un libro **mío.**
It's my book./It's a book of mine.

Es amiga **tuya**; yo no la conozco.
She's a friend of yours; I don't know her.

ADVERB A word that modifies, or describes, a verb, adjective, or other adverb.

Pancho escribe **rápidamente.**
Pancho writes quickly.

Este cuadro es **muy** bonito.
This picture is very pretty.

ARTICLE A word that points out a noun in either a specific or a non-specific way.

Definite article An article that points out a noun in a specific way.

el libro	**la** maleta
the book	*the suitcase*
los diccionarios	**las** palabras
the dictionaries	*the words*

Indefinite article An article that points out a noun in a general, non-specific way.

un lápiz	**una** computadora
a pencil	*a computer*
unos pájaros	**unas** escuelas
some birds	*some schools*

CLAUSE A group of words that contains both a conjugated verb and a subject, either expressed or implied.

Main (or Independent) clause A clause that can stand alone as a complete sentence.

Pienso ir a cenar pronto.
I plan to go to dinner soon.

Subordinate (or Dependent) clause A clause that does not express a complete thought and therefore cannot stand alone as a sentence.

Trabajo en la cafetería **porque necesito dinero para la escuela.**
I work in the cafeteria because I need money for school.

COMPARATIVE A construction used with an adjective or adverb to express a comparison between two people, places, or things.

Este programa es **más interesante que** el otro.
This program is more interesting than the other one.

Tomás no es **tan alto como** Alberto.
Tomás is not as tall as Alberto.

CONJUGATION A set of the forms of a verb for a specific tense or mood or the process by which these verb forms are presented.

Preterite conjugation of **cantar:**

cant**é**	cant**amos**
cant**aste**	cant**asteis**
cant**ó**	cant**aron**

CONJUNCTION A word used to connect words, clauses, or phrases.

Susana es de Cuba **y** Pedro es de España.
Susana is from Cuba and Pedro is from Spain.

No quiero estudiar **pero** tengo que hacerlo.
I don't want to study, but I have to.

CONTRACTION The joining of two words into one. The only contractions in Spanish are **al** and **del**.

Mi hermano fue **al** concierto ayer.
*My brother went **to the** concert yesterday.*

Saqué dinero **del** banco.
*I took money **from the** bank.*

DIRECT OBJECT A noun or pronoun that directly receives the action of the verb.

Tomás lee **el libro.**   **La** pagó ayer.
*Tomás reads **the book.**   She paid **it** yesterday.*

GENDER The grammatical categorizing of certain kinds of words, such as nouns and pronouns, as masculine, feminine, or neuter.

Masculine
articles el, un
pronouns él, lo, mío, éste, ése, aquél
adjective simpático

Feminine
articles la, una
pronouns ella, la, mía, ésta, ésa, aquélla
adjective simpática

IMPERSONAL EXPRESSION A third-person expression with no expressed or specific subject.

Es muy importante.   **Llueve** mucho.
It's very important.   *It's raining hard.*

Aquí **se habla** español.
*Spanish **is spoken** here.*

INDIRECT OBJECT A noun or pronoun that receives the action of the verb indirectly; the object, often a living being, to or for whom an action is performed.

Eduardo **le** dio un libro **a Linda.**
*Eduardo gave a book **to Linda.***

La profesora **me** puso una C en el examen.
*The professor gave **me** a C on the test.*

INFINITIVE The basic form of a verb. Infinitives in Spanish end in **-ar**, **-er**, or **-ir**.

hablar   correr   abrir
to speak   *to run*   *to open*

INTERROGATIVE An adjective or pronoun used to ask a question.

¿Quién habla?   **¿Cuántos** compraste?
Who is speaking?   *How many did you buy?*

¿Qué piensas hacer hoy?
What do you plan to do today?

INVERSION Changing the word order of a sentence, often to form a question.

Statement: Elena pagó la cuenta del restaurante.

Inversion: ¿Pagó Elena la cuenta del restaurante?

MOOD A grammatical distinction of verbs that indicates whether the verb is intended to make a statement or command or to express a doubt, emotion, or condition contrary to fact.

Imperative mood Verb forms used to make commands.

Di la verdad.   **Caminen** ustedes conmigo.
Tell the truth.   *Walk with me.*

¡Comamos ahora!
Let's eat now!

Indicative mood Verb forms used to state facts, actions, and states considered to be real.

Sé que **tienes** el dinero.
I know that you have the money.

Subjunctive mood Verb forms used principally in subordinate (dependent) clauses to express wishes, desires, emotions, doubts, and certain conditions, such as contrary-to-fact situations.

Prefieren que **hables** en español.
*They prefer that **you speak** in Spanish.*

Dudo que Luis **tenga** el dinero necesario.
*I doubt that Luis **has** the necessary money.*

NOUN A word that identifies people, animals, places, things, and ideas.

hombre   gato
man   *cat*

México   casa
Mexico   *house*

libertad   libro
freedom   *book*

NUMBER A grammatical term that refers to singular or plural. Nouns in Spanish and English have number. Other parts of a sentence, such as adjectives, articles, and verbs, can also have number.

Singular	Plural
una cosa	**unas** cosas
a thing	*some things*
el profesor	**los** profesores
the professor	*the professors*

NUMBERS Words that represent amounts.

Cardinal numbers Words that show specific amounts.

cinco minutos
five minutes

el año **dos mil veintitrés**
the year 2023

Ordinal numbers Words that indicate the order of a noun in a series.

el **cuarto** jugador	la **décima** hora
*the **fourth** player*	*the **tenth** hour*

PAST PARTICIPLE A past form of the verb used in compound tenses. The past participle may also be used as an adjective, but it must then agree in number and gender with the word it modifies.

Han **buscado** por todas partes.
*They have **searched** everywhere.*

Yo no había **estudiado** para el examen.
*I hadn't **studied** for the exam.*

Hay una **ventana abierta** en la sala.
*There is an **open window** in the living room.*

PERSON The form of the verb or pronoun that indicates the speaker, the one spoken to, or the one spoken about. In Spanish, as in English, there are three persons: first, second, and third.

Person	Singular	Plural
1st	**yo** *I*	**nosotros/as** *we*
2nd	**tú, Ud.** *you*	**vosotros/as, Uds.** *you*
3rd	**él, ella** *he, she*	**ellos, ellas** *they*

PREPOSITION A word or words that describe(s) the relationship, most often in time or space, between two other words.

Anita es **de** California.
*Anita is **from** California.*

La chaqueta está **en** el carro.
*The jacket is **in** the car.*

Marta se peinó **antes de** salir.
*Marta combed her hair **before** going out.*

PRESENT PARTICIPLE In English, a verb form that ends in *-ing*. In Spanish, the present participle ends in **-ndo**, and is often used with **estar** to form a progressive tense.

Mi hermana está **hablando** por teléfono ahora mismo.
*My sister is **talking** on the phone right now.*

PRONOUN A word that takes the place of a noun or nouns.

Demonstrative pronoun A pronoun that takes the place of a specific noun.

Quiero **ésta**.
*I want **this one**.*

¿Vas a comprar **ése**?
*Are you going to buy **that one**?*

Juan prefirió **aquéllos**.
*Juan preferred **those** (over there).*

Object pronoun A pronoun that functions as a direct or indirect object of the verb.

Te digo la verdad.
*I'm telling **you** the truth.*

Me lo trajo Juan.
*Juan brought **it** to **me**.*

Reflexive pronoun A pronoun that indicates that the action of a verb is performed by the subject on itself. These pronouns are often expressed in English with *-self: myself, yourself,* etc.

Yo **me bañé** antes de salir.
*I bathed **(myself)** before going out.*

Elena **se acostó** a las once y media.
*Elena **went to bed** at eleven-thirty.*

Relative pronoun A pronoun that connects a subordinate clause to a main clause.

El chico **que** nos escribió viene a visitar mañana.
*The boy **who** wrote us is coming to visit tomorrow.*

Ya sé **lo que** tenemos que hacer.
*I already know **what** we have to do.*

Subject pronoun A pronoun that replaces the name or title of a person or thing, and acts as the subject of a verb.

Tú debes estudiar más.
***You** should study more.*

Él llegó primero.
***He** arrived first.*

SUBJECT A noun or pronoun that performs the action of a verb and is often implied by the verb.

María va al supermercado.
***María** goes to the supermarket.*

(Ellos) Trabajan mucho.
***They** work hard.*

Esos **libros** son muy caros.
*Those **books** are very expensive.*

SUPERLATIVE A word or construction used with an adjective or adverb to express the highest or lowest degree of a specific quality among three or more people, places, or things.

De todas mis clases, ésta es la **más interesante**.
*Of all my classes, this is the **most interesting**.*

Raúl es el **menos simpático** de los chicos.
*Raúl is the **least pleasant** of the boys.*

TENSE A set of verb forms that indicates the time of an action or state: past, present, or future.

Compound tense A two-word tense made up of an auxiliary verb and a present or past participle. In Spanish, there are two auxiliary verbs: **estar** and **haber**.

En este momento, **estoy estudiando**.
*At this time, **I am studying**.*

El paquete no **ha llegado** todavía.
*The package **has** not **arrived** yet.*

Simple tense A tense expressed by a single verb form.

María **estaba** enferma anoche.
*María **was** sick last night.*

Juana **hablará** con su mamá mañana.
*Juana **will speak** with her mom tomorrow.*

VERB A word that expresses actions or states-of-being.

Auxiliary verb A verb used with a present or past participle to form a compound tense. **Haber** is the most commonly used auxiliary verb in Spanish.

Los chicos **han** visto los elefantes.
*The children **have** seen the elephants.*

Espero que **hayas** comido.
*I hope you **have** eaten.*

Reflexive verb A verb that describes an action performed by the subject on itself and is always used with a reflexive pronoun.

Me compré un carro nuevo.
*I **bought myself** a new car.*

Pedro y Adela **se levantan** muy temprano.
*Pedro and Adela **get (themselves) up** very early.*

Spelling-change verb A verb that undergoes a predictable change in spelling, in order to reflect its actual pronunciation in the various conjugations.

practicar	c→qu	practico	practiqué
dirigir	g→j	dirigí	dirijo
almorzar	z→c	almorzó	almorcé

Stem-changing verb A verb whose stem vowel undergoes one or more predictable changes in the various conjugations.

entender (i:ie)	entiendo
pedir (e:i)	piden
dormir (o:ue, u)	duermo, durmieron

Verb Conjugation Tables

The verb lists

The list of verbs below and the model verb tables that start on page 158 show you how to conjugate every verb taught in **DESCUBRE**. Each verb in the list is followed by a model verb conjugated according to the same pattern. The number in parentheses indicates where in the verb tables you can find the conjugated forms of the model verb. If you want to find out how to conjugate **divertirse**, for example, look up number 33, **sentir**, the model for verbs that follow the **e:ie** stem-change pattern.

How to use the verb tables

In the tables you will find the infinitive, present and past participles, and all the simple forms of each model verb. The formation of the compound tenses of any verb can be inferred from the table of compound tenses, pages 158–159, either by combining the past participle of the verb with a conjugated form of **haber** or by combining the present participle with a conjugated form of **estar**.

abrazar (z:c) like cruzar (37)

abrir like vivir (3) *except* past participle is abierto

aburrir(se) like vivir (3)

acabar de like hablar (1)

acampar like hablar (1)

acompañar like hablar (1)

aconsejar like hablar (1)

acordarse (o:ue) like contar (24)

acostarse (o:ue) like contar (24)

adelgazar (z:c) like cruzar (37)

afeitarse like hablar (1)

ahorrar like hablar (1)

alegrarse like hablar (1)

aliviar like hablar (1)

almorzar (o:ue) like contar (24) *except* (z:c)

alquilar like hablar (1)

andar like hablar (1) *except* preterite stem is anduv-

anunciar like hablar (1)

apagar (g:gu) like llegar (41)

aplaudir like vivir (3)

apreciar like hablar (1)

aprender like comer (2)

apurarse like hablar (1)

arrancar (c:qu) like tocar (43)

arreglar like hablar (1)

asistir like vivir (3)

aumentar like hablar (1)

ayudar(se) like hablar (1)

bailar like hablar (1)

bajar(se) like hablar (1)

bañarse like hablar (1)

barrer like comer (2)

beber like comer (2)

besar(se) like hablar (1)

borrar like hablar (1)

brindar like hablar (1)

bucear like hablar (1)

buscar (c:qu) like tocar (43)

caber (4)

caer(se) (5)

calentarse (e:ie) like pensar (30)

calzar (z:c) like cruzar (37)

cambiar like hablar (1)

caminar like hablar (1)

cantar like hablar (1)

casarse like hablar (1)

cazar (z:c) like cruzar (37)

celebrar like hablar (1)

cenar like hablar (1)

cepillarse like hablar (1)

cerrar (e:ie) like pensar (30)

cobrar like hablar (1)

cocinar like hablar (1)

comenzar (e:ie) (z:c) like empezar (26)

comer (2)

compartir like vivir (3)

comprar like hablar (1)

comprender like comer (2)

comprometerse like comer (2)

comunicarse (c:qu) like tocar (43)

conducir (c:zc) (6)

confirmar like hablar (1)

conocer (c:zc) (35)

conseguir (e:i) (gu:g) like seguir (32)

conservar like hablar (1)

consumir like vivir (3)

contaminar like hablar (1)

contar (o:ue) (24)

contestar like hablar (1))

contratar like hablar (1)

controlar like hablar (1)

conversar like hablar (1)

correr like comer (2)

costar (o:ue) like contar (24)

creer (y) (36)

cruzar (z:c) (37)

cuidar like hablar (1)

cumplir like vivir (3)

dañar like hablar (1)

dar (7)

deber like comer (2)

decidir like vivir (3)

decir (e:i) (8)

declarar like hablar (1)

dejar like hablar (1)

depositar like hablar (1)

desarrollar like hablar (1)

desayunar like hablar (1)

descansar like hablar (1)

descargar (g:gu) like llegar (41)

describir like vivir (3) *except* past participle is descrito

descubrir like vivir (3) *except* past participle is descubierto

desear like hablar (1)

despedirse (e:i) like pedir (29)

despertarse (e:ie) like pensar (30)

destruir (y) (38)

dibujar like hablar (1)

dirigir like vivir (3) *except* (g:j)

disfrutar like hablar (1)

divertirse (e:ie) like sentir (33)

divorciarse like hablar (1)

doblar like hablar (1)

doler (o:ue) like volver (34) *except* past participle is regular

dormir(se) (o:ue) (25)

ducharse like hablar (1)

dudar like hablar (1)

durar like hablar (1)

echar like hablar (1)

elegir (e:i) like pedir (29) *except* (g:j)

emitir like vivir (3)

empezar (e:ie) (z:c) (26)

enamorarse like hablar (1)
encantar like hablar (1)
encontrar(se) (o:ue) like contar (24)
enfermarse like hablar (1)
engordar like hablar (1)
enojarse like hablar (1)
enseñar like hablar (1)
ensuciar like hablar (1)
entender (e:ie) (27)
entrenarse like hablar (1)
entrevistar like hablar (1)
enviar (envío) (39)
escalar like hablar (1)
escanear like hablar (1)
escoger (g:j) like proteger (42)
escribir like vivir (3) *except* past participle is escrito
escuchar like hablar (1)
esculpir like vivir (3)
esperar like hablar (1)
esquiar (esquío) like enviar (39)
establecer (c:zc) like conocer (35)
estacionar like hablar (1)
estar (9)
estornudar like hablar (1)
estudiar like hablar (1)
evitar like hablar (1)
explicar (c:qu) like tocar (43)
faltar like hablar (1)
fascinar like hablar (1)
firmar like hablar (1)
fumar like hablar (1)
funcionar like hablar (1)
ganar like hablar (1)
gastar like hablar (1)
grabar like hablar (1)
graduarse (gradúo) (40)
guardar like hablar (1)
gustar like hablar (1)
haber (hay) (10)
hablar (1)
hacer (11)
importar like hablar (1)
imprimir like vivir (3)
indicar (c:qu) like tocar (43)
informar like hablar (1)
insistir like vivir (3)
interesar like hablar (1)
invertir (e:ie) like sentir (33)
invitar like hablar (1)
ir(se) (12)

jubilarse like hablar (1)
jugar (u:ue) (g:gu) (28)
lastimarse like hablar (1)
lavar(se) like hablar (1)
leer (y) like creer (36)
levantar(se) like hablar (1)
limpiar like hablar (1)
llamar(se) like hablar (1)
llegar (g:gu) (41)
llenar like hablar (1)
llevar(se) like hablar (1)
llover (o:ue) like volver (34) *except* past participle is regular
luchar like hablar (1)
mandar like hablar (1)
manejar like hablar (1)
mantener(se) like tener (20)
maquillarse like hablar (1)
mejorar like hablar (1)
merendar (e:ie) like pensar (30)
mirar like hablar (1)
molestar like hablar (1)
montar like hablar (1)
morir (o:ue) like dormir (25) *except* past participle is *muerto*
mostrar (o:ue) like contar (24)
mudarse like hablar (1)
nacer (c:zc) like conocer (35)
nadar like hablar (1)
navegar (g:gu) like llegar (41)
necesitar like hablar (1)
negar (e:ie) like pensar (30) *except* (g:gu)
nevar (e:ie) like pensar (30)
obedecer (c:zc) like conocer (35)
obtener like tener (20)
ocurrir like vivir (3)
odiar like hablar (1)
ofrecer (c:zc) like conocer (35)
oír (y) (13)
olvidar like hablar (1)
pagar (g:gu) like llegar (41)
parar like hablar (1)
parecer (c:zc) like conocer (35)
pasar like hablar (1)
pasear like hablar (1)
patinar like hablar (1)

pedir (e:i) (29)
peinarse like hablar (1)
pensar (e:ie) (30)
perder (e:ie) like entender (27)
pescar (c:qu) like tocar (43)
pintar like hablar (1)
planchar like hablar (1)
poder (o:ue) (14)
poner(se) (15)
practicar (c:qu) like tocar (43)
preferir (e:ie) like sentir (33)
preguntar like hablar (1)
prender like comer (2)
preocuparse like hablar (1)
preparar like hablar (1)
presentar like hablar (1)
prestar like hablar (1)
probar(se) (o:ue) like contar (24)
prohibir like vivir (3)
proteger (g:j) (42)
publicar (c:qu) like tocar (43)
quedar(se) like hablar (1)
querer (e:ie) (16)
quitar(se) like hablar (1)
recetar like hablar (1)
recibir like vivir (3)
reciclar like hablar (1)
recoger (g:j) like proteger (42)
recomendar (e:ie) like pensar (30)
recordar (o:ue) like contar (24)
reducir (c:zc) like conducir (6)
regalar like hablar (1)
regatear like hablar (1)
regresar like hablar (1)
reír(se) (e:i) (31)
relajarse like hablar (1)
renunciar like hablar (1)
repetir (e:i) like pedir (29)
resolver (o:ue) like volver (34)
respirar like hablar (1)
revisar like hablar (1)
rogar (o:ue) like contar (24) *except* (g:gu)
romper(se) like comer (2) *except* past participle is roto
saber (17)
sacar (c:qu) like tocar (43)
sacudir like vivir (3)

salir (18)
saludar(se) like hablar (1)
secar(se) (c:q) like tocar (43)
seguir (e:i) (32)
sentarse (e:ie) like pensar (30)
sentir(se) (e:ie) (33)
separarse like hablar (1)
ser (19)
servir (e:i) like pedir (29)
solicitar like hablar (1)
sonar (o:ue) like contar (24)
sonreír (e:i) like reír(se) (31)
sorprender like comer (2)
subir like vivir (3)
sudar like hablar (1)
sufrir like vivir (3)
sugerir (e:ie) like sentir (33)
suponer like poner (15)
temer like comer (2)
tener (20)
terminar like hablar (1)
tocar (c:qu) (43)
tomar like hablar (1)
torcerse (o:ue) like volver (34) *except* (c:z) and past participle is regular; e.g. yo tuerzo
toser like comer (2)
trabajar like hablar (1)
traducir (c:zc) like conducir (6)
traer (21)
transmitir like vivir (3)
tratar like hablar (1)
usar like hablar (1)
vender like comer (2)
venir (22)
ver (23)
vestirse (e:i) like pedir (29)
viajar like hablar (1)
visitar like hablar (1)
vivir (3)
volver (o:ue) (34)
votar like hablar (1)

Regular verbs: simple tenses

	INDICATIVE					SUBJUNCTIVE		IMPERATIVE
Infinitive	Present	Imperfect	Preterite	Future	Conditional	Present	Past	
1 hablar	hablo	hablaba	hablé	hablaré	hablaría	hable	hablara	
Participles:	hablas	hablabas	hablaste	hablarás	hablarías	hables	hablaras	habla tú (no hables)
hablando	habla	hablaba	habló	hablará	hablaría	hable	hablara	hable Ud.
hablado	hablamos	hablábamos	hablamos	hablaremos	hablaríamos	hablemos	habláramos	hablemos
	habláis	hablabais	hablasteis	hablaréis	hablaríais	habléis	hablarais	hablad (no habléis)
	hablan	hablaban	hablaron	hablarán	hablarían	hablen	hablaran	hablen Uds.
2 comer	como	comía	comí	comeré	comería	coma	comiera	
Participles:	comes	comías	comiste	comerás	comerías	comas	comieras	come tú (no comas)
comiendo	come	comía	comió	comerá	comería	coma	comiera	coma Ud.
comido	comemos	comíamos	comimos	comeremos	comeríamos	comamos	comiéramos	comamos
	coméis	comíais	comisteis	comeréis	comeríais	comáis	comierais	comed (no comáis)
	comen	comían	comieron	comerán	comerían	coman	comieran	coman Uds.
3 vivir	vivo	vivía	viví	viviré	viviría	viva	viviera	
Participles:	vives	vivías	viviste	vivirás	vivirías	vivas	vivieras	vive tú (no vivas)
viviendo	vive	vivía	vivió	vivirá	viviría	viva	viviera	viva Ud.
vivido	vivimos	vivíamos	vivimos	viviremos	viviríamos	vivamos	viviéramos	vivamos
	vivís	vivíais	vivisteis	viviréis	viviríais	viváis	vivierais	vivid (no viváis)
	viven	vivían	vivieron	vivirán	vivirían	vivan	vivieran	vivan Uds.

All verbs: compound tenses

PERFECT TENSES

INDICATIVE								SUBJUNCTIVE			
Present Perfect		Past Perfect		Future Perfect		Conditional Perfect		Present Perfect		Past Perfect	
he	hablado	había	hablado	habré	hablado	habría	hablado	haya	hablado	hubiera	hablado
has	comido	habías	comido	habrás	comido	habrías	comido	hayas	comido	hubieras	comido
ha	vivido	había	vivido	habrá	vivido	habría	vivido	haya	vivido	hubiera	vivido
hemos		habíamos		habremos		habríamos		hayamos		hubiéramos	
habéis		habíais		habréis		habríais		hayáis		hubierais	
han		habían		habrán		habrían		hayan		hubieran	

PROGRESSIVE TENSES

	INDICATIVE				SUBJUNCTIVE	
	Present Progressive	Past Progressive	Future Progressive	Conditional Progressive	Present Progressive	Past Progressive
	estoy	estaba	estaré	estaría	esté	estuviera
	estás	estabas	estarás	estarías	estés	estuvieras
	está hablando	estaba hablando	estará hablando	estaría hablando	esté hablando	estuviera hablando
	estamos comiendo	estábamos comiendo	estaremos comiendo	estaríamos comiendo	estemos comiendo	estuviéramos comiendo
	estáis viviendo	estabais viviendo	estaréis viviendo	estaríais viviendo	estéis viviendo	estuvierais viviendo
	están	estaban	estarán	estarían	estén	estuvieran

Irregular verbs

Infinitive	INDICATIVE					SUBJUNCTIVE		IMPERATIVE
	Present	Imperfect	Preterite	Future	Conditional	Present	Past	
4 caber	**quepo**	cabía	**cupe**	**cabré**	**cabría**	**quepa**	**cupiera**	
	cabes	cabías	**cupiste**	**cabrás**	**cabrías**	**quepas**	**cupieras**	cabe tú (no **quepas**)
	cabe	cabía	**cupo**	**cabrá**	**cabría**	**quepa**	**cupiera**	**quepa** Ud.
Participles:	cabemos	cabíamos	**cupimos**	**cabremos**	**cabríamos**	**quepamos**	**cupiéramos**	**quepamos**
cabiendo	cabéis	cabíais	**cupisteis**	**cabréis**	**cabríais**	**quepáis**	**cupierais**	cabed (no **quepáis**)
cabido	caben	cabían	**cupieron**	**cabrán**	**cabrían**	**quepan**	**cupieran**	**quepan** Uds.
5 caer(se)	**caigo**	caía	caí	caeré	caería	**caiga**	**cayera**	
	caes	caías	**caíste**	caerás	caerías	**caigas**	**cayeras**	cae tú (no **caigas**)
	cae	caía	**cayó**	caerá	caería	**caiga**	**cayera**	**caiga** Ud.
Participles:	caemos	caíamos	**caímos**	caeremos	caeríamos	**caigamos**	**cayéramos**	**caigamos**
cayendo	caéis	caíais	**caísteis**	caeréis	caeríais	**caigáis**	**cayerais**	caed (no **caigáis**)
caído	caen	caían	**cayeron**	caerán	caerían	**caigan**	**cayeran**	**caigan** Uds.
6 conducir (c:zc)	**conduzco**	conducía	**conduje**	conduciré	conduciría	**conduzca**	**condujera**	
	conduces	conducías	**condujiste**	conducirás	conducirías	**conduzcas**	**condujeras**	conduce tú (no **conduzcas**)
	conduce	conducía	**condujo**	conducirá	conduciría	**conduzca**	**condujera**	**conduzca** Ud.
Participles:	conducimos	conducíamos	**condujimos**	conduciremos	conduciríamos	**conduzcamos**	**condujéramos**	**conduzcamos**
conduciendo	conducís	conducíais	**condujisteis**	conduciréis	conduciríais	**conduzcáis**	**condujerais**	conducid (no **conduzcáis**)
conducido	conducen	conducían	**condujeron**	conducirán	conducirían	**conduzcan**	**condujeran**	**conduzcan** Uds.

7 · dar
Participles: dando, dado

	INDICATIVE					SUBJUNCTIVE		IMPERATIVE
	Present	Imperfect	Preterite	Future	Conditional	Present	Past	
	doy	daba	di	daré	daría	dé	diera	
	das	dabas	diste	darás	darías	des	dieras	da tú (no des)
	da	daba	dio	dará	daría	dé	diera	dé Ud.
	damos	dábamos	dimos	daremos	daríamos	demos	diéramos	demos
	dais	dabais	disteis	daréis	daríais	deis	dierais	dad (no deis)
	dan	daban	dieron	darán	darían	den	dieran	den Uds.

8 · decir (e:i)
Participles: diciendo, dicho

	INDICATIVE					SUBJUNCTIVE		IMPERATIVE
	Present	Imperfect	Preterite	Future	Conditional	Present	Past	
	digo	decía	dije	diré	diría	diga	dijera	
	dices	decías	dijiste	dirás	dirías	digas	dijeras	di tú (no digas)
	dice	decía	dijo	dirá	diría	diga	dijera	diga Ud.
	decimos	decíamos	dijimos	diremos	diríamos	digamos	dijéramos	digamos
	decís	decíais	dijisteis	diréis	diríais	digáis	dijerais	decid (no digáis)
	dicen	decían	dijeron	dirán	dirían	digan	dijeran	digan Uds.

9 · estar
Participles: estando, estado

	INDICATIVE					SUBJUNCTIVE		IMPERATIVE
	Present	Imperfect	Preterite	Future	Conditional	Present	Past	
	estoy	estaba	estuve	estaré	estaría	esté	estuviera	
	estás	estabas	estuviste	estarás	estarías	estés	estuvieras	está tú (no estés)
	está	estaba	estuvo	estará	estaría	esté	estuviera	esté Ud.
	estamos	estábamos	estuvimos	estaremos	estaríamos	estemos	estuviéramos	estemos
	estáis	estabais	estuvisteis	estaréis	estaríais	estéis	estuvierais	estad (no estéis)
	están	estaban	estuvieron	estarán	estarían	estén	estuvieran	estén Uds.

10 · haber
Participles: habiendo, habido

	INDICATIVE					SUBJUNCTIVE		IMPERATIVE
	Present	Imperfect	Preterite	Future	Conditional	Present	Past	
	he	había	hube	habré	habría	haya	hubiera	
	has	habías	hubiste	habrás	habrías	hayas	hubieras	
	ha	había	hubo	habrá	habría	haya	hubiera	
	hemos	habíamos	hubimos	habremos	habríamos	hayamos	hubiéramos	
	habéis	habíais	hubisteis	habréis	habríais	hayáis	hubierais	
	han	habían	hubieron	habrán	habrían	hayan	hubieran	

11 · hacer
Participles: haciendo, hecho

	INDICATIVE					SUBJUNCTIVE		IMPERATIVE
	Present	Imperfect	Preterite	Future	Conditional	Present	Past	
	hago	hacía	hice	haré	haría	haga	hiciera	
	haces	hacías	hiciste	harás	harías	hagas	hicieras	haz tú (no hagas)
	hace	hacía	hizo	hará	haría	haga	hiciera	haga Ud.
	hacemos	hacíamos	hicimos	haremos	haríamos	hagamos	hiciéramos	hagamos
	hacéis	hacíais	hicisteis	haréis	haríais	hagáis	hicierais	haced (no hagáis)
	hacen	hacían	hicieron	harán	harían	hagan	hicieran	hagan Uds.

12 · ir
Participles: yendo, ido

	INDICATIVE					SUBJUNCTIVE		IMPERATIVE
	Present	Imperfect	Preterite	Future	Conditional	Present	Past	
	voy	iba	fui	iré	iría	vaya	fuera	
	vas	ibas	fuiste	irás	irías	vayas	fueras	ve tú (no vayas)
	va	iba	fue	irá	iría	vaya	fuera	vaya Ud.
	vamos	íbamos	fuimos	iremos	iríamos	vayamos	fuéramos	vamos (no vayamos)
	vais	ibais	fuisteis	iréis	iríais	vayáis	fuerais	id (no vayáis)
	van	iban	fueron	irán	irían	vayan	fueran	vayan Uds.

13 · oír (y)
Participles: oyendo, oído

	INDICATIVE					SUBJUNCTIVE		IMPERATIVE
	Present	Imperfect	Preterite	Future	Conditional	Present	Past	
	oigo	oía	oí	oiré	oiría	oiga	oyera	
	oyes	oías	oíste	oirás	oirías	oigas	oyeras	oye tú (no oigas)
	oye	oía	oyó	oirá	oiría	oiga	oyera	oiga Ud.
	oímos	oíamos	oímos	oiremos	oiríamos	oigamos	oyéramos	oigamos
	oís	oíais	oísteis	oiréis	oiríais	oigáis	oyerais	oíd (no oigáis)
	oyen	oían	oyeron	oirán	oirían	oigan	oyeran	oigan Uds.

14 poder (o:ue)
Participles: pudiendo, podido

	INDICATIVE					SUBJUNCTIVE		IMPERATIVE
	Present	Imperfect	Preterite	Future	Conditional	Present	Past	
	puedo	podía	pude	podré	podría	pueda	pudiera	
	puedes	podías	pudiste	podrás	podrías	puedas	pudieras	puede tú (no puedas)
	puede	podía	pudo	podrá	podría	pueda	pudiera	pueda Ud.
	podemos	podíamos	pudimos	podremos	podríamos	podamos	pudiéramos	podamos
	podéis	podíais	pudisteis	podréis	podríais	podáis	pudierais	poded (no podáis)
	pueden	podían	pudieron	podrán	podrían	puedan	pudieran	puedan Uds.

15 poner
Participles: poniendo, puesto

	INDICATIVE					SUBJUNCTIVE		IMPERATIVE
	Present	Imperfect	Preterite	Future	Conditional	Present	Past	
	pongo	ponía	puse	pondré	pondría	ponga	pusiera	
	pones	ponías	pusiste	pondrás	pondrías	pongas	pusieras	pon tú (no pongas)
	pone	ponía	puso	pondrá	pondría	ponga	pusiera	ponga Ud.
	ponemos	poníamos	pusimos	pondremos	pondríamos	pongamos	pusiéramos	pongamos
	ponéis	poníais	pusisteis	pondréis	pondríais	pongáis	pusierais	poned (no pongáis)
	ponen	ponían	pusieron	pondrán	pondrían	pongan	pusieran	pongan Uds.

16 querer (e:ie)
Participles: queriendo, querido

	INDICATIVE					SUBJUNCTIVE		IMPERATIVE
	Present	Imperfect	Preterite	Future	Conditional	Present	Past	
	quiero	quería	quise	querré	querría	quiera	quisiera	
	quieres	querías	quisiste	querrás	querrías	quieras	quisieras	quiere tú (no quieras)
	quiere	quería	quiso	querrá	querría	quiera	quisiera	quiera Ud.
	queremos	queríamos	quisimos	querremos	querríamos	queramos	quisiéramos	queramos
	queréis	queríais	quisisteis	querréis	querríais	queráis	quisierais	quered (no queráis)
	quieren	querían	quisieron	querrán	querrían	quieran	quisieran	quieran Uds.

17 saber
Participles: sabiendo, sabido

	INDICATIVE					SUBJUNCTIVE		IMPERATIVE
	Present	Imperfect	Preterite	Future	Conditional	Present	Past	
	sé	sabía	supe	sabré	sabría	sepa	supiera	
	sabes	sabías	supiste	sabrás	sabrías	sepas	supieras	sabe tú (no sepas)
	sabe	sabía	supo	sabrá	sabría	sepa	supiera	sepa Ud.
	sabemos	sabíamos	supimos	sabremos	sabríamos	sepamos	supiéramos	sepamos
	sabéis	sabíais	supisteis	sabréis	sabríais	sepáis	supierais	sabed (no sepáis)
	saben	sabían	supieron	sabrán	sabrían	sepan	supieran	sepan Uds.

18 salir
Participles: saliendo, salido

	INDICATIVE					SUBJUNCTIVE		IMPERATIVE
	Present	Imperfect	Preterite	Future	Conditional	Present	Past	
	salgo	salía	salí	saldré	saldría	salga	saliera	
	sales	salías	saliste	saldrás	saldrías	salgas	salieras	sal tú (no salgas)
	sale	salía	salió	saldrá	saldría	salga	saliera	salga Ud.
	salimos	salíamos	salimos	saldremos	saldríamos	salgamos	saliéramos	salgamos
	salís	salíais	salisteis	saldréis	saldríais	salgáis	salierais	salid (no salgáis)
	salen	salían	salieron	saldrán	saldrían	salgan	salieran	salgan Uds.

19 ser
Participles: siendo, sido

	INDICATIVE					SUBJUNCTIVE		IMPERATIVE
	Present	Imperfect	Preterite	Future	Conditional	Present	Past	
	soy	era	fui	seré	sería	sea	fuera	
	eres	eras	fuiste	serás	serías	seas	fueras	sé tú (no seas)
	es	era	fue	será	sería	sea	fuera	sea Ud.
	somos	éramos	fuimos	seremos	seríamos	seamos	fuéramos	seamos
	sois	erais	fuisteis	seréis	seríais	seáis	fuerais	sed (no seáis)
	son	eran	fueron	serán	serían	sean	fueran	sean Uds.

20 tener
Participles: teniendo, tenido

	INDICATIVE					SUBJUNCTIVE		IMPERATIVE
	Present	Imperfect	Preterite	Future	Conditional	Present	Past	
	tengo	tenía	tuve	tendré	tendría	tenga	tuviera	
	tienes	tenías	tuviste	tendrás	tendrías	tengas	tuvieras	ten tú (no tengas)
	tiene	tenía	tuvo	tendrá	tendría	tenga	tuviera	tenga Ud.
	tenemos	teníamos	tuvimos	tendremos	tendríamos	tengamos	tuviéramos	tengamos
	tenéis	teníais	tuvisteis	tendréis	tendríais	tengáis	tuvierais	tened (no tengáis)
	tienen	tenían	tuvieron	tendrán	tendrían	tengan	tuvieran	tengan Uds.

21 traer · Participles: trayendo, traído

Infinitive	INDICATIVE					SUBJUNCTIVE		IMPERATIVE
	Present	Imperfect	Preterite	Future	Conditional	Present	Past	
traer	traigo	traía	traje	traeré	traería	traiga	trajera	
	traes	traías	trajiste	traerás	traerías	traigas	trajeras	trae tú (no traigas)
	trae	traía	trajo	traerá	traería	traiga	trajera	traiga Ud.
Participles:	traemos	traíamos	trajimos	traeremos	traeríamos	traigamos	trajéramos	traigamos
trayendo	traéis	traíais	trajisteis	traeréis	traeríais	traigáis	trajerais	traed (no traigáis)
traído	traen	traían	trajeron	traerán	traerían	traigan	trajeran	traigan Uds.

22 venir · Participles: viniendo, venido

Infinitive	INDICATIVE					SUBJUNCTIVE		IMPERATIVE
	Present	Imperfect	Preterite	Future	Conditional	Present	Past	
venir	vengo	venía	vine	vendré	vendría	venga	viniera	
	vienes	venías	viniste	vendrás	vendrías	vengas	vinieras	ven tú (no vengas)
	viene	venía	vino	vendrá	vendría	venga	viniera	venga Ud.
Participles:	venimos	veníamos	vinimos	vendremos	vendríamos	vengamos	viniéramos	vengamos
viniendo	venís	veníais	vinisteis	vendréis	vendríais	vengáis	vinierais	venid (no vengáis)
venido	vienen	venían	vinieron	vendrán	vendrían	vengan	vinieran	vengan Uds.

23 ver · Participles: viendo, visto

Infinitive	INDICATIVE					SUBJUNCTIVE		IMPERATIVE
	Present	Imperfect	Preterite	Future	Conditional	Present	Past	
ver	veo	veía	vi	veré	vería	vea	viera	
	ves	veías	viste	verás	verías	veas	vieras	ve tú (no veas)
	ve	veía	vio	verá	vería	vea	viera	vea Ud.
Participles:	vemos	veíamos	vimos	veremos	veríamos	veamos	viéramos	veamos
viendo	veis	veíais	visteis	veréis	veríais	veáis	vierais	ved (no veáis)
visto	ven	veían	vieron	verán	verían	vean	vieran	vean Uds.

Stem-changing verbs

24 contar (o:ue) · Participles: contando, contado

Infinitive	INDICATIVE					SUBJUNCTIVE		IMPERATIVE
	Present	Imperfect	Preterite	Future	Conditional	Present	Past	
contar (o:ue)	cuento	contaba	conté	contaré	contaría	cuente	contara	
	cuentas	contabas	contaste	contarás	contarías	cuentes	contaras	cuenta tú (no cuentes)
	cuenta	contaba	contó	contará	contaría	cuente	contara	cuente Ud.
Participles:	contamos	contábamos	contamos	contaremos	contaríamos	contemos	contáramos	contemos
contando	contáis	contabais	contasteis	contaréis	contaríais	contéis	contarais	contad (no contéis)
contado	cuentan	contaban	contaron	contarán	contarían	cuenten	contaran	cuenten Uds.

25 dormir (o:ue) · Participles: durmiendo, dormido

Infinitive	INDICATIVE					SUBJUNCTIVE		IMPERATIVE
	Present	Imperfect	Preterite	Future	Conditional	Present	Past	
dormir (o:ue)	duermo	dormía	dormí	dormiré	dormiría	duerma	durmiera	
	duermes	dormías	dormiste	dormirás	dormirías	duermas	durmieras	duerme tú (no duermas)
	duerme	dormía	durmió	dormirá	dormiría	duerma	durmiera	duerma Ud.
Participles:	dormimos	dormíamos	dormimos	dormiremos	dormiríamos	durmamos	durmiéramos	durmamos
durmiendo	dormís	dormíais	dormisteis	dormiréis	dormiríais	durmáis	durmierais	dormid (no durmáis)
dormido	duermen	dormían	durmieron	dormirán	dormirían	duerman	durmieran	duerman Uds.

26 empezar (e:ie) (z:c) · Participles: empezando, empezado

Infinitive	INDICATIVE					SUBJUNCTIVE		IMPERATIVE
	Present	Imperfect	Preterite	Future	Conditional	Present	Past	
empezar (e:ie) (z:c)	empiezo	empezaba	empecé	empezaré	empezaría	empiece	empezara	
	empiezas	empezabas	empezaste	empezarás	empezarías	empieces	empezaras	empieza tú (no empieces)
	empieza	empezaba	empezó	empezará	empezaría	empiece	empezara	empiece Ud.
Participles:	empezamos	empezábamos	empezamos	empezaremos	empezaríamos	empecemos	empezáramos	empecemos
empezando	empezáis	empezabais	empezasteis	empezaréis	empezaríais	empecéis	empezarais	empezad (no empecéis)
empezado	empiezan	empezaban	empezaron	empezarán	empezarían	empiecen	empezaran	empiecen Uds.

27 entender (e:ie)
Participles: entendiendo, entendido

	Present	Imperfect	Preterite	Future	Conditional	Subj. Present	Subj. Past	Imperative
	entiendo	entendía	entendí	entenderé	entendería	entienda	entendiera	
	entiendes	entendías	entendiste	entenderás	entenderías	entiendas	entendieras	entiende tú (no entiendas)
	entiende	entendía	entendió	entenderá	entendería	entienda	entendiera	entienda Ud.
	entendemos	entendíamos	entendimos	entenderemos	entenderíamos	entendamos	entendiéramos	entendamos
	entendéis	entendíais	entendisteis	entenderéis	entenderíais	entendáis	entendierais	entended (no entendáis)
	entienden	entendían	entendieron	entenderán	entenderían	entiendan	entendieran	entiendan Uds.

28 jugar (u:ue) (g:gu)
Participles: jugando, jugado

	Present	Imperfect	Preterite	Future	Conditional	Subj. Present	Subj. Past	Imperative
	juego	jugaba	jugué	jugaré	jugaría	juegue	jugara	
	juegas	jugabas	jugaste	jugarás	jugarías	juegues	jugaras	juega tú (no juegues)
	juega	jugaba	jugó	jugará	jugaría	juegue	jugara	juegue Ud.
	jugamos	jugábamos	jugamos	jugaremos	jugaríamos	juguemos	jugáramos	juguemos
	jugáis	jugabais	jugasteis	jugaréis	jugaríais	juguéis	jugarais	jugad (no juguéis)
	juegan	jugaban	jugaron	jugarán	jugarían	jueguen	jugaran	jueguen Uds.

29 pedir (e:i)
Participles: pidiendo, pedido

	Present	Imperfect	Preterite	Future	Conditional	Subj. Present	Subj. Past	Imperative
	pido	pedía	pedí	pediré	pediría	pida	pidiera	
	pides	pedias	pediste	pedirás	pedirías	pidas	pidieras	pide tú (no pidas)
	pide	pedía	pidió	pedirá	pediría	pida	pidiera	pida Ud.
	pedimos	pedíamos	pedimos	pediremos	pediríamos	pidamos	pidiéramos	pidamos
	pedís	pedíais	pedisteis	pediréis	pediríais	pidáis	pidierais	pedid (no pidáis)
	piden	pedían	pidieron	pedirán	pedirían	pidan	pidieran	pidan Uds.

30 pensar (e:ie)
Participles: pensando, pensado

	Present	Imperfect	Preterite	Future	Conditional	Subj. Present	Subj. Past	Imperative
	pienso	pensaba	pensé	pensaré	pensaría	piense	pensara	
	piensas	pensabas	pensaste	pensarás	pensarías	pienses	pensaras	piensa tú (no pienses)
	piensa	pensaba	pensó	pensará	pensaría	piense	pensara	piense Ud.
	pensamos	pensábamos	pensamos	pensaremos	pensaríamos	pensemos	pensáramos	pensemos
	pensáis	pensabais	pensasteis	pensaréis	pensaríais	penséis	pensarais	pensad (no penséis)
	piensan	pensaban	pensaron	pensarán	pensarían	piensen	pensaran	piensen Uds.

31 reír (e:i)
Participles: riendo, reído

	Present	Imperfect	Preterite	Future	Conditional	Subj. Present	Subj. Past	Imperative
	río	reía	reí	reiré	reiría	ría	riera	
	ríes	reías	reíste	reirás	reirías	rías	rieras	ríe tú (no rías)
	ríe	reía	rió	reirá	reiría	ría	riera	ría Ud.
	reímos	reíamos	reímos	reiremos	reiríamos	riamos	riéramos	riamos
	reís	reíais	reísteis	reiréis	reiríais	riáis	rierais	reíd (no riáis)
	ríen	reían	rieron	reirán	reirían	rían	rieran	rían Uds.

32 seguir (e:i) (gu:g)
Participles: siguiendo, seguido

	Present	Imperfect	Preterite	Future	Conditional	Subj. Present	Subj. Past	Imperative
	sigo	seguía	seguí	seguiré	seguiría	siga	siguiera	
	sigues	seguías	seguiste	seguirás	seguirías	sigas	siguieras	sigue tú (no sigas)
	sigue	seguía	siguió	seguirá	seguiría	siga	siguiera	siga Ud.
	seguimos	seguíamos	seguimos	seguiremos	seguiríamos	sigamos	siguiéramos	sigamos
	seguís	seguíais	seguisteis	seguiréis	seguiríais	sigáis	siguierais	seguid (no sigáis)
	siguen	seguían	siguieron	seguirán	seguirían	sigan	siguieran	sigan Uds.

33 sentir (e:ie)
Participles: sintiendo, sentido

	Present	Imperfect	Preterite	Future	Conditional	Subj. Present	Subj. Past	Imperative
	siento	sentía	sentí	sentiré	sentiría	sienta	sintiera	
	sientes	sentías	sentiste	sentirás	sentirías	sientas	sintieras	siente tú (no sientas)
	siente	sentía	sintió	sentirá	sentiría	sienta	sintiera	sienta Ud.
	sentimos	sentíamos	sentimos	sentiremos	sentiríamos	sintamos	sintiéramos	sintamos
	sentís	sentíais	sentisteis	sentiréis	sentiríais	sintáis	sintierais	sentid (no sintáis)
	sienten	sentían	sintieron	sentirán	sentirían	sientan	sintieran	sientan Uds.

34

Infinitive	INDICATIVE					SUBJUNCTIVE		IMPERATIVE
	Present	Imperfect	Preterite	Future	Conditional	Present	Past	
volver (o:ue)	vuelvo	volvía	volví	volveré	volvería	vuelva	volviera	
	vuelves	volvías	volviste	volverás	volverías	vuelvas	volvieras	vuelve tú (no vuelvas)
	vuelve	volvía	volvió	volverá	volvería	vuelva	volviera	vuelva Ud.
Participles:	volvemos	volvíamos	volvimos	volveremos	volveríamos	volvamos	volviéramos	volvamos
volviendo	volvéis	volvíais	volvisteis	volveréis	volveríais	volváis	volvierais	volved (no volváis)
vuelto	vuelven	volvían	volvieron	volverán	volverían	vuelvan	volvieran	vuelvan Uds.

Verbs with spelling changes only

35

Infinitive	INDICATIVE					SUBJUNCTIVE		IMPERATIVE
	Present	Imperfect	Preterite	Future	Conditional	Present	Past	
conocer	conozco	conocía	conocí	conoceré	conocería	conozca	conociera	
(c:zc)	conoces	conocías	conociste	conocerás	conocerías	conozcas	conocieras	conoce tú (no conozcas)
	conoce	conocía	conoció	conocerá	conocería	conozca	conociera	conozca Ud.
Participles:	conocemos	conocíamos	conocimos	conoceremos	conoceríamos	conozcamos	conociéramos	conozcamos
conociendo	conocéis	conocíais	conocisteis	conoceréis	conoceríais	conozcáis	conocierais	conoced (no conozcáis)
conocido	conocen	conocían	conocieron	conocerán	conocerían	conozcan	conocieran	conozcan Uds.

36

Infinitive	INDICATIVE					SUBJUNCTIVE		IMPERATIVE
	Present	Imperfect	Preterite	Future	Conditional	Present	Past	
creer (y)	creo	creía	creí	creeré	creería	crea	creyera	
	crees	creías	creíste	creerás	creerías	creas	creyeras	cree tú (no creas)
	cree	creía	creyó	creerá	creería	crea	creyera	crea Ud.
Participles:	creemos	creíamos	creímos	creeremos	creeríamos	creamos	creyéramos	creamos
creyendo	creéis	creíais	creísteis	creeréis	creeríais	creáis	creyerais	creed (no creáis)
creído	creen	creían	creyeron	creerán	creerían	crean	creyeran	crean Uds.

37

Infinitive	INDICATIVE					SUBJUNCTIVE		IMPERATIVE
	Present	Imperfect	Preterite	Future	Conditional	Present	Past	
cruzar (z:c)	cruzo	cruzaba	crucé	cruzaré	cruzaría	cruce	cruzara	
	cruzas	cruzabas	cruzaste	cruzarás	cruzarías	cruces	cruzaras	cruza tú (no cruces)
	cruza	cruzaba	cruzó	cruzará	cruzaría	cruce	cruzara	cruce Ud.
Participles:	cruzamos	cruzábamos	cruzamos	cruzaremos	cruzaríamos	crucemos	cruzáramos	crucemos
cruzando	cruzáis	cruzabais	cruzasteis	cruzaréis	cruzaríais	crucéis	cruzarais	cruzad (no crucéis)
cruzado	cruzan	cruzaban	cruzaron	cruzarán	cruzarían	crucen	cruzaran	crucen Uds.

38

Infinitive	INDICATIVE					SUBJUNCTIVE		IMPERATIVE
	Present	Imperfect	Preterite	Future	Conditional	Present	Past	
destruir (y)	destruyo	destruía	destruí	destruiré	destruiría	destruya	destruyera	
	destruyes	destruías	destruiste	destruirás	destruirías	destruyas	destruyeras	destruye tú (no destruyas)
	destruye	destruía	destruyó	destruirá	destruiría	destruya	destruyera	destruya Ud.
Participles:	destruimos	destruíamos	destruimos	destruiremos	destruiríamos	destruyamos	destruyéramos	destruyamos
destruyendo	destruís	destruíais	destruisteis	destruiréis	destruiríais	destruyáis	destruyerais	destruid (no destruyáis)
destruido	destruyen	destruían	destruyeron	destruirán	destruirían	destruyan	destruyeran	destruyan Uds.

39

Infinitive	INDICATIVE					SUBJUNCTIVE		IMPERATIVE
	Present	Imperfect	Preterite	Future	Conditional	Present	Past	
enviar	envío	enviaba	envié	enviaré	enviaría	envíe	enviara	
(envío)	envías	enviabas	enviaste	enviarás	enviarías	envíes	enviaras	envía tú (no envíes)
	envía	enviaba	envió	enviará	enviaría	envíe	enviara	envíe Ud.
Participles:	enviamos	enviábamos	enviamos	enviaremos	enviaríamos	enviemos	enviáramos	enviemos
enviando	enviáis	enviabais	enviasteis	enviaréis	enviaríais	enviéis	enviarais	enviad (no enviéis)
enviado	envían	enviaban	enviaron	enviarán	enviarían	envíen	enviaran	envíen Uds.

| Infinitive | INDICATIVE | | | | | SUBJUNCTIVE | | IMPERATIVE |
	Present	Imperfect	Preterite	Future	Conditional	Present	Past	
40 graduarse (gradúo)	gradúo	graduaba	gradué	graduaré	graduaría	gradúe	graduara	
	gradúas	graduabas	graduaste	graduarás	graduarías	gradúes	graduaras	**gradúa** tú (no **gradúes**)
	gradúa	graduaba	graduó	graduará	graduaría	gradúe	graduara	**gradúe** Ud.
Participles:	graduamos	graduábamos	graduamos	graduaremos	graduaríamos	graduemos	graduáramos	graduemos
graduando	graduáis	graduabais	graduasteis	graduaréis	graduaríais	graduéis	graduarais	graduad (no graduéis)
graduado	gradúan	graduaban	graduaron	graduarán	graduarían	gradúen	graduaran	**gradúen** Uds.
41 llegar (g:gu)	llego	llegaba	**llegué**	llegaré	llegaría	**llegue**	llegara	
	llegas	llegabas	llegaste	llegarás	llegarías	**llegues**	llegaras	llega tú (no **llegues**)
	llega	llegaba	llegó	llegará	llegaría	**llegue**	llegara	**llegue** Ud.
Participles:	llegamos	llegábamos	llegamos	llegaremos	llegaríamos	**lleguemos**	llegáramos	**lleguemos**
llegando	llegáis	llegabais	llegasteis	llegaréis	llegaríais	**lleguéis**	llegarais	llegad (no **lleguéis**)
llegado	llegan	llegaban	llegaron	llegarán	llegarían	**lleguen**	llegaran	**lleguen** Uds.
42 proteger (g:j)	**protejo**	protegía	protegí	protegeré	protegería	**proteja**	protegiera	
	proteges	protegías	protegiste	protegerás	protegerías	**protejas**	protegieras	protege tú (no **protejas**)
	protege	protegía	protegió	protegerá	protegería	**proteja**	protegiera	**proteja** Ud.
Participles:	protegemos	protegíamos	protegimos	protegeremos	protegeríamos	**protejamos**	protegiéramos	**protejamos**
protegiendo	protegéis	protegíais	protegisteis	protegeréis	protegeríais	**protejáis**	protegierais	proteged (no **protejáis**)
protegido	protegen	protegían	protegieron	protegerán	protegerían	**protejan**	protegieran	**protejan** Uds.
43 tocar (c:qu)	toco	tocaba	**toqué**	tocaré	tocaría	**toque**	tocara	
	tocas	tocabas	tocaste	tocarás	tocarías	**toques**	tocaras	toca tú (no **toques**)
	toca	tocaba	tocó	tocará	tocaría	**toque**	tocara	**toque** Ud.
Participles:	tocamos	tocábamos	tocamos	tocaremos	tocaríamos	**toquemos**	tocáramos	**toquemos**
tocando	tocáis	tocabais	tocasteis	tocaréis	tocaríais	**toquéis**	tocarais	tocad (no **toquéis**)
tocado	tocan	tocaban	tocaron	tocarán	tocarían	**toquen**	tocaran	**toquen** Uds.

Guide to Vocabulary

Contents of the glossary

This glossary contains the words and expressions listed on the **Vocabulario** page found at the end of each lesson in **DESCUBRE** as well as other useful vocabulary. The number following an entry indicates the **DESCUBRE** level and lesson where the word or expression was introduced. Check the **Estructura** sections of each lesson for words and expressions related to those grammar topics.

Abbreviations used in this glossary

adj.	adjective	*f.*	feminine	*m.*	masculine	*prep.*	preposition
adv.	adverb	*fam.*	familiar	*n.*	noun	*pron.*	pronoun
art.	article	*form.*	formal	*obj.*	object	*ref.*	reflexive
conj.	conjunction	*indef.*	indefinite	*p.p.*	past participle	*sing.*	singular
def.	definite	*interj.*	interjection	*pl.*	plural	*sub.*	subject
d.o.	direct object	*i.o.*	indirect object	*poss.*	possessive	*v.*	verb

Note on alphabetization

In current practice, for purposes of alphabetization, **ch** and **ll** are not treated as separate letters, but **ñ** still follows **n**. Therefore, in this glossary you will find that **año**, for example, appears after **anuncio**.

Spanish-English

A

a *prep.* at; to 1.1
  a bordo aboard 1.1
  a la derecha to the right 1.2
  a la izquierda to the left 1.2
  a la(s) + *time* at + *time* 1.1
  a nombre de in the name of 1.5
  ¿A qué hora...? At what time...? 1.1
  a ver let's see 1.2
abeja *f.* bee
abierto/a *adj.* open 1.5
abrazo *m.* hug
abrigo *m.* coat 1.6
abril *m.* April 1.5
abrir *v.* to open 1.3
abuelo/a *m., f.* grandfather; grandmother 1.3
abuelos *pl.* grandparents 1.3
aburrido/a *adj.* bored; boring 1.5
aburrir *v.* to bore 1.7
acabar de (+ *inf.***)** *v.* to have just (*done something*) 1.6
acampar *v.* to camp 1.5
aceite *m.* oil 1.8
acordarse (de) (o:ue) *v.* to remember 1.7
acostarse (o:ue) *v.* to go to bed 1.7
acuático/a *adj.* aquatic 1.4
adicional *adj.* additional
adiós *m.* good-bye 1.1
adjetivo *m.* adjective
administración de empresas *f.* business administration 1.2

adolescencia *f.* adolescence 1.9
¿adónde? *adv.* where (to)? (*destination*) 1.2
aduana *f.* customs 1.5
aeropuerto *m.* airport 1.5
afeitarse *v.* to shave 1.7
aficionado/a *adj.* fan 1.4
afirmativo/a *adj.* affirmative
agencia de viajes *f.* travel agency 1.5
agente de viajes *m., f.* travel agent 1.5
agosto *m.* August 1.5
agradable *adj.* pleasant
agua *f.* water 1.8
  agua mineral mineral water 1.8
ahora *adv.* now 1.2
  ahora mismo right now 1.5
aire *m.* air 1.5
ajo *m.* garlic 1.8
al (*contraction of* **a + el**) 1.2
  al aire libre open-air 1.6
  al lado de beside 1.2
alegre *adj.* happy; joyful 1.5
alegría *f.* happiness 1.9
alemán, alemana *adj.* German 1.3
algo *pron.* something; anything 1.7
algodón *m.* cotton 1.6
alguien *pron.* someone; somebody; anyone 1.7
algún, alguno/a(s) *adj.* any; some 1.7
alimento *m.* food
alimentación *f.* diet
allá *adv.* over there 1.2
allí *adv.* there 1.2
almacén *m.* department store 1.6

almorzar (o:ue) *v.* to have lunch 1.4
almuerzo *m.* lunch 1.8
alto/a *adj.* tall 1.3
amable *adj.* nice; friendly 1.5
amarillo/a *adj.* yellow 1.3
amigo/a *m., f.* friend 1.3
amistad *f.* friendship 1.9
amor *m.* love 1.9
anaranjado/a *adj.* orange 1.6
andar *v.* **en patineta** to skateboard 1.4
aniversario (de bodas) *m.* (wedding) anniversary 1.9
anoche *adv.* last night 1.6
anteayer *adv.* the day before yesterday 1.6
antes *adv.* before 1.7
  antes de *prep.* before 1.7
antipático/a *adj.* unpleasant 1.3
año *m.* year 1.5
  año pasado last year 1.6
aparato *m.* appliance
apellido *m.* last name 1.3
aprender (a + *inf.***)** *v.* to learn 1.3
aquel, aquella *adj.* that 1.6
aquél, aquélla *pron.* that 1.6
aquello *neuter pron.* that; that thing; that fact 1.6
aquellos/as *pl. adj.* those (over there) 1.6
aquéllos/as *pl. pron.* those (ones) (over there) 1.6
aquí *adv.* here 1.1
  Aquí está... Here it is... 1.5
  Aquí estamos en... Here we are at/in...
Argentina *f.* Argentina 1.1
argentino/a *adj.* Argentine 1.3

arqueología *f.* archaeology 1.2
arriba *adv.* up
arroz *m.* rice 1.8
arte *m.* art 1.2
artista *m., f.* artist 1.3
arveja *m.* pea 1.8
asado/a *adj.* roast 1.8
ascensor *m.* elevator 1.5
asistir (a) *v.* to attend 1.3
atún *m.* tuna 1.8
aunque *conj.* although
autobús *m.* bus 1.1
automático/a *adj.* automatic
auto(móvil) *m.* auto(mobile) 1.5
avenida *f.* avenue
avergonzado/a *adj.*
  embarrassed 1.5
avión *m.* airplane 1.5
¡Ay! *interj.* Oh!
  ¡Ay, qué dolor! Oh, what
   pain!
ayer *adv.* yesterday 1.6
azúcar *m.* sugar 1.8
azul *adj.* blue 1.3

B

bailar *v.* to dance 1.2
bajo/a *adj.* short (*in height*) 1.3
bajo control under control 1.7
baloncesto *m.* basketball 1.4
banana *f.* banana 1.8
bandera *f.* flag
bañarse *v.* to bathe;
  to take a bath 1.7
baño *m.* bathroom 1.7
barato/a *adj.* cheap 1.6
barco *m.* boat 1.5
beber *v.* to drink 1.3
bebida *f.* drink 1.8
béisbol *m.* baseball 1.4
beso *m.* kiss 1.9
biblioteca *f.* library 1.2
bicicleta *f.* bicycle 1.4
bien *adj., adv.* well 1.1
billete *m.* paper money; ticket
billón *m.* trillion
biología *f.* biology 1.2
bisabuelo/a *m.* great-grandfather;
  great-grandmother 1.3
bistec *m.* steak 1.8
bizcocho *m.* biscuit
blanco/a *adj.* white 1.3
(blue)jeans *m., pl.* jeans 1.6
blusa *f.* blouse 1.6
boda *f.* wedding 1.9
bolsa *f.* purse, bag 1.6
bonito/a *adj.* pretty 1.3
borrador *m.* eraser 1.2
bota *f.* boot 1.6
botella *f.* bottle 1.9
  botella de vino bottle of
   wine 1.9
botones *m., f. sing* bellhop 1.5
brindar *v.* to toast (*drink*) 1.9
bucear *v.* to scuba dive 1.4
bueno *adv.* well 1.2

buen, bueno/a *adj.* good 1.3,
  1.6
  ¡Buen viaje! Have a good
   trip! 1.1
  Buena idea. Good idea. 1.4
  Buenas noches. Good
   evening.; Good night. 1.1
  Buenas tardes. Good
   afternoon. 1.1
  buenísimo extremely good
  ¿Bueno? Hello. (*on telephone*)
  Buenos días. Good morning.
   1.1
bulevar *m.* boulevard
buscar *v.* to look for 1.2

C

caballo *m.* horse 1.5
cada *adj.* each 1.6
café *m.* café 1.4;
  adj. brown 1.6;
  m. coffee 1.8
cafetería *f.* cafeteria 1.2
caja *f.* cash register 1.6
calcetín (calcetines) *m.*
  sock(s) 1.6
calculadora *f.* calculator 1.2
caldo *m.* soup
calidad *f.* quality 1.6
calor *m.* heat 1.4
calzar *v.* to take size... shoes 1.6
cama *f.* bed 1.5
camarero/a *m., f.* waiter/
  waitress 1.8
camarón *m.* shrimp 1.8
cambiar (de) *v.* to change 1.9
cambio *m.* **de moneda** currency
  exchange
caminar *v.* to walk 1.2
camino *m.* road
camión *m* truck; bus
camisa *f.* shirt 1.6
camiseta *f.* t-shirt 1.6
campo *m.* countryside 1.5
canadiense *adj.* Canadian 1.3
cansado/a *adj.* tired 1.5
cantar *v.* to sing 1.2
capital *f.* capital city 1.1
cara *f.* face 1.7
caramelo *m.* caramel 1.9
carne *f.* meat 1.8
  carne de res *f.* beef 1.8
caro/a *adj.* expensive 1.6
carta *f.* letter 1.4; (*playing*)
  card 1.5
cartera *f.* wallet 1.6
casa *f.* house; home 1.2
casado/a *adj.* married 1.9
casarse (con) *v.* to get married
  (to) 1.9
catorce *n., adj.* fourteen 1.1
cebolla *f.* onion 1.8
celebrar *v.* to celebrate 1.9
cena *f.* dinner 1.8
cenar *v.* to have dinner 1.2
centro *m.* downtown 1.4

centro comercial shopping
  mall 1.6
cepillarse los dientes/el pelo
  v. to brush one's teeth/one's hair
  1.7
cerca de *prep.* near 1.2
cerdo *m.* pork 1.8
cereales *m., pl.* cereal; grains 1.8
cero *m.* zero 1.1
cerrado/a *adj.* closed 1.5
cerrar (e:ie) *v.* to close 1.4
cerveza *f.* beer 1.8
ceviche *m.* marinated fish
  dish 1.8
  ceviche de camarón *m.*
   lemon-marinated shrimp 1.8
chaleco *m.* vest
champán *m.* champagne 1.9
champiñón *m.* mushroom 1.8
champú *m.* shampoo 1.7
chaqueta *f.* jacket 1.6
chau *fam. interj.* bye 1.1
chévere *adj., fam.* terrific
chico/a *m., f.* boy; girl 1.1
chino/a *adj.* Chinese 1.3
chocar (con) *v.* to run into
chocolate *m.* chocolate 1.9
chuleta *f.* chop (*food*) 1.8
  chuleta de cerdo *f.* pork
   chop 1.8
cibercafé *m.* cybercafé
ciclismo *m.* cycling 1.4
cien(to) *n., adj.* one hundred 1.2
ciencia *f.* science 1.2
cinco *n., adj.* five 1.1
cincuenta *n., adj.* fifty 1.2
cine *m.* movie theater 1.4
cinta *f.* (audio)tape 1.6
cinturón *m.* belt 1.6
cita *f.* date; appointment 1.9
ciudad *f.* city 1.4
clase *f.* class 1.2
cliente/a *m., f.* customer 1.6
color *m.* color 1.3, 1.6
comenzar (e:ie) *v.* to begin 1.4
comer *v.* to eat 1.3
comida *f.* food; meal 1.8
como *prep., conj.* like; as 1.8
¿cómo? *adv.* what?; how? 1.1
  ¿Cómo es...? What's...
   like? 1.3
  ¿Cómo está usted? *form.*
   How are you? 1.1
  ¿Cómo estás? *fam.* How are
   you? 1.1
  **¿Cómo se llama
  (usted)?** *form.* What's your
   name? 1.1
  ¿Cómo te llamas (tú)? *fam.*
   What's your name? 1.1
cómodo/a *adj.* comfortable 1.5
compañero/a de clase *m., f.*
  classmate 1.2
compañero/a de cuarto *m., f.*
  roommate 1.2

compartir *v.* to share **1.3**

completamente *adv.* completely **1.5**

comprar *v.* to buy **1.2**

compras *f., pl.* purchases **1.5**
  ir de compras to go shopping **1.5**

comprender *v.* to understand **1.3**

comprobar (o:ue) *v.* to check

comprometerse (con) *v.* to get engaged (to) **1.9**

computación *f.* computer science **1.2**

computadora *f.* computer **1.1**

comunidad *f.* community **1.1**

con *prep.* with **1.2**
  Con permiso. Pardon me.; Excuse me. **1.1**

concordar (o:ue) *v.* to agree

conducir *v.* to drive **1.6**

conductor(a) *m., f.* driver **1.1**

confirmar *v.* to confirm **1.5**
  confirmar *v.* **una reservación** *f.* to confirm a reservation **1.5**

confundido/a *adj.* confused **1.5**

conmigo *pron.* with me **1.4, 1.9**

conocer *v.* to know; to be acquainted with **1.6**

conocido/a *adj.; p.p.* known

conseguir (e:i) *v.* to get; to obtain **1.4**

consejo *m.* advice

construir *v.* to build

contabilidad *f.* accounting **1.2**

contar (o:ue) *v.* to count; to tell **1.4**

contento/a *adj.* happy; content **1.5**

contestar *v.* to answer **1.2**

contigo *fam. pron.* with you **1.9**

control *m.* control **1.7**

conversación *f.* conversation **1.1**

conversar *v.* to converse, to chat **1.2**

corbata *f.* tie **1.6**

correo electrónico *m.* e-mail **1.4**

correr *v.* to run **1.3**

cortesía *f.* courtesy

corto/a *adj.* short (in length) **1.6**

cosa *f.* thing **1.1**

Costa Rica *f.* Costa Rica **1.1**

costar (o:ue) *f.* to cost **1.6**

costarricense *adj.* Costa Rican **1.3**

creer (en) *v.* to believe (in) **1.3**

crema de afeitar *f.* shaving cream **1.7**

cuaderno *m.* notebook **1.1**

¿cuál(es)? *pron.* which?; which one(s)? **1.2**
  ¿Cuál es la fecha de hoy? What is today's date? **1.5**

cuando *conj.* when **1.7**

¿cuándo? *adv.* when? **1.2**

¿cuánto(s)/a(s)? *adj.* how much/how many? **1.1**
  ¿Cuánto cuesta...? How much does... cost? **1.6**
  ¿Cuántos años tienes? How old are you? **1.3**

cuarenta *n., adj.* forty **1.2**

cuarto *m.* room **1.2; 1.7**
  cuarto de baño *m.* bathroom **1.7**

cuarto/a *n., adj.* fourth **1.5**
  menos cuarto quarter to *(time)*
  y cuarto quarter after *(time)* **1.1**

cuatro *n., adj.* four **1.1**

cuatrocientos/as *n., adj.* four hundred **1.2**

Cuba *f.* Cuba **1.1**

cubano/a *adj.* Cuban **1.3**

cubiertos *m., pl.* silverware

cubierto/a *p.p.* covered

cubrir *v.* to cover

cultura *f.* culture **1.2**

cuenta *f.* bill **1.8**

cuidado *m.* care **1.3**

cumpleaños *m., sing.* birthday **1.9**

cumplir años *v.* to have a birthday **1.9**

cuñado/a *m., f.* brother-in-law; sister-in-law **1.3**

curso *m.* course **1.2**

D

dar *v.* to give **1.6, 1.9**
  dar un consejo *v.* to give advice

de *prep.* of; from **1.1**
  ¿De dónde eres? *fam.* Where are you from? **1.1**
  ¿De dónde es usted? *form.* Where are you from? **1.1**
  ¿de quién...? whose...? *sing.* **1.1**
  ¿de quiénes...? whose...? *pl.* **1.1**
  de algodón (made) of cotton **1.6**
  de buen humor in a good mood **1.5**
  de compras shopping **1.5**
  de cuadros plaid **1.6**
  de excursión hiking **1.4**
  de hecho in fact
  de ida y vuelta roundtrip **1.5**
  de la mañana in the morning; A.M. **1.1**

  de la noche in the evening; at night; P.M. **1.1**
  de la tarde in the afternoon; in the early evening; P.M. **1.1**
  de lana (made) of wool **1.6**
  de lunares polka-dotted **1.6**
  de mal humor in a bad mood **1.5**
  de moda in fashion **1.6**
  De nada. You're welcome. **1.1**
  de rayas striped **1.6**
  de repente *adv.* suddenly **1.6**
  de seda (made) of silk **1.6**

debajo de *prep.* below; under **1.2**

deber (+ inf.) *v.* should; must; ought to **1.3**
  Debe ser... It must be... **1.6**

decidir (+ inf.) *v.* to decide **1.3**

décimo/a *adj.* tenth **1.5**

decir (e:i) *v.* to say; to tell **1.4, 1.9**
  decir la respuesta to say the answer **1.4**
  decir la verdad to tell the truth **1.4**
  decir mentiras to tell lies **1.4**

dejar una propina *v.* to leave a tip **1.9**

del (contraction of **de + el**) of the; from the

delante de *prep.* in front of **1.2**

delgado/a *adj.* thin; slender **1.3**

delicioso/a *adj.* delicious **1.8**

demás *adj.* the rest

demasiado *adj., adv.* too much **1.6**

dependiente/a *m., f.* clerk **1.6**

deporte *m.* sport **1.4**

deportista *m.* sports person

deportivo/a *adj.* sports-related **1.4**

derecha *f.* right **1.2**
  a la derecha de to the right of **1.2**

derecho *adj.* straight (ahead)

desayunar *v.* to have breakfast **1.2**

desayuno *m.* breakfast **1.8**

descansar *v.* to rest **1.2**

describir *v.* to describe **1.3**

desde *prep.* from **1.6**

desear *v.* to wish; to desire **1.2**

desordenado/a *adj.* disorderly **1.5**

despedida *f.* farewell; good-bye

despedirse (e:i) (de) *v.* to say good-bye (to) **1.7**

despejado/a *adj.* clear (*weather*)

despertador *m.* alarm clock **1.7**

despertarse (e:ie) *v.* to wake up **1.7**

después *adv.* afterwards; then **1.7**

después de *prep.* after   1.7
detrás de *prep.* behind   1.2
día *m.* day   1.1
   día de fiesta holiday   1.9
diario/a *adj.* daily   1.7
diccionario *m.* dictionary   1.1
diciembre *m.* December   1.5
diecinueve *n., adj.* nineteen   1.1
dieciocho *n., adj.* eighteen   1.1
dieciséis *n., adj.* sixteen   1.1
diecisiete *n., adj.* seventeen   1.1
diente *m.* tooth   1.7
diez *n., adj.* ten   1.1
difícil *adj.* difficult; hard   1.3
dinero *m.* money   1.6
diseño *m.* design
diversión *f.* fun activity;
   entertainment; recreation   1.4
divertido/a *adj.* fun   1.7
divertirse (e:ie) *v.* to have
   fun   1.9
divorciado/a *adj.* divorced   1.9
divorciarse (de) *v.* to get
   divorced (from)   1.9
divorcio *m.* divorce   1.9
doble *adj.* double
doce *n., adj.* twelve   1.1
doctor(a) *m., f.* doctor   1.3
documentos de viaje *m.,
   pl.* travel documents
domingo *m.* Sunday   1.2
don *m.* Mr.; sir   1.1
doña *m.* Mrs.; ma'am   1.1
donde *prep.* where
   ¿dónde? *adv.* where?   1.1
   ¿Dónde está...? Where
      is...?   1.2
dormir (o:ue) *v.* to sleep   1.4
dormirse (o:ue) *v.* to go to sleep;
   to fall asleep   1.7
dos *n., adj.* two   1.1
   dos veces *f.* twice; two
      times   1.6
doscientos/as *n., adj.* two
   hundred   1.2
ducha *f.* shower   1.7
ducharse *v.* to shower; to take a
   shower   1.7
dueño/a *m., f.* owner;
   landlord   1.8
dulces *m., pl.* sweets; candy   1.9
durante *prep.* during   1.7

E

e *conj.* (used instead of *y* before
   words beginning with *i* and *hi*)
   and   1.4
economía *f.* economics   1.2
Ecuador *m.* Ecuador   1.1
ecuatoriano/a *adj.* Ecuadorian
   1.3
edad *f.* age   1.9
(en) efectivo *m.* cash   1.6
el *m., sing., def. art.* the   1.1

él *sub. pron.* he   1.1; *pron., obj.
   of prep.* him   1.9
elegante *adj.* elegant   1.6
ella *sub. pron.* she   1.1; *pron.,
   obj. of prep.* her   1.9
ellos/as *sub. pron.* they   1.1;
   pron., obj. of prep. them   1.9
emocionante *adj.* exciting
empezar (e:ie) *v.* to begin   1.4
empleado/a *m., f.* employee   1.5
en *prep.* in; on; at   1.2
   en casa at home   1.7
   en línea inline   1.4
   en mi nombre in my name
   en punto on the dot; exactly;
      sharp (*time*)   1.1
   en qué in what; how   1.2
   ¿En qué puedo servirles?
      How can I help you?   1.5
enamorado/a (de) *adj.* in love
   (with)   1.5
enamorarse (de) *v.* to fall in love
   (with)   1.9
encantado/a *adj.* delighted;
   pleased to meet you   1.1
encantar *v.* to like very much; to
   love (*inanimate objects*)   1.7
encima de *prep.* on top of   1.2
encontrar (o:ue) *v.* to find   1.4
enero *m.* January   1.5
enojado/a *adj.* mad; angry   1.5
enojarse (con) *v.* to get angry
   (with)   1.7
ensalada *f.* salad   1.8
enseguida *adv.* right away   1.8
enseñar *v.* to teach   1.2
entender (e:ie) *v.* to understand
   1.4
entonces *adv.* then   1.7
entre *prep.* between; among   1.2
entremeses *m., pl.* hors
   d'oeuvres; appetizers   1.8
equipaje *m.* luggage   1.5
equipo *m.* team   1.4
equivocado/a *adj.* wrong   1.5
eres *fam.* you are   1.1
es he/she/it is   1.1
   Es de... He/She is from...   1.1
   Es la una. It's one o'clock.   1.1
esa(s) *f., adj.* that; those   1.6
ésa(s) *f., pron.* those (ones)   1.6
escalar *v.* to climb   1.4
   escalar montañas *v.* to climb
      mountains   1.4
escoger *v.* to choose   1.8
escribir *v.* to write   1.3
   **escribir un mensaje
      electrónico** to write an
      e-mail message   1.4
   escribir una carta to write a
      letter   1.4
   escribir una postal to write a
      postcard
escritorio *m.* desk   1.2
escuchar *v.* to listen (to)   1.2

escuchar la radio to listen
   to the radio   1.2
escuchar música to listen to
   music   1.2
escuela *f.* school   1.1
ese *m., sing., adj.* that   1.6
ése *m., sing., pron.* that
   (one)   1.6
eso *neuter pron.* that;
   that thing   1.6
esos *m., pl., adj.* those   1.6
ésos *m., pl., pron.* those
   (ones)   1.6
España *f.* Spain   1.1
español *m.* Spanish (language)
   1.2
español(a) *adj.* Spanish   1.3
espárragos *m., pl.* asparagus
   1.8
especialización *f.* major   1.2
espejo *m.* mirror   1.7
esperar (+ *inf.*) *v.* to wait (for); to
   hope   1.2
esposo/a *m., f.* husband; wife;
   spouse   1.3
esquí (acuático) *m.* (water)
   skiing   1.4
esquiar *v.* to ski   1.4
está he/she/it is, you are   1.2
   Está (muy) despejado. It's
      (very) clear. (*weather*)
   Está lloviendo. It's raining.
      1.5
   Está nevando. It's snowing.
      1.5
   Está (muy) nublado. It's
      (very) cloudy. (*weather*)   1.5
esta(s) *f., adj.* this; these   1.6
   esta noche tonight   1.4
ésta(s) *f., pron.* this (one); these
   (ones)   1.6
   Ésta es... *f.* This is...
      (*introducing someone*)   1.1
estación *f.* station; season   1.5
   estación de autobuses
      bus station   1.5
   estación del metro subway
      station   1.5
   estación de tren train
      station   1.5
estadio *m.* stadium   1.2
estado civil *m.* marital status
   1.9
Estados Unidos *m.* (EE.UU.;
   E.U.) United States   1.1
estadounidense *adj.* from the
   United States   1.3
estampado/a *adj.* print
estar *v.* to be   1.2
   estar aburrido/a to be
      bored   1.5
   estar bajo control to be
      under control   1.7
   estar de moda to be in
      fashion   1.6

estar de vacaciones to be on vacation 1.5

estar seguro/a to be sure 1.5

No está nada mal. It's not bad at all. 1.5

este *m., sing., adj.* this 1.6

éste *m., sing., pron.* this (one) 1.6

Éste es... *m.* This is... (*introducing someone*) 1.1

estilo *m.* style

esto *neuter pron.* this; this thing 1.6

estos *m., pl., adj.* these 1.6

éstos *m., pl., pron.* these (ones) 1.6

estudiante *m., f.* student 1.1, 1.2

estudiantil *adj.* student 1.2

estudiar *v.* to study 1.2

estupendo/a *adj.* stupendous 1.5

etapa *f.* stage 1.9

examen *m.* test; exam 1.2

excelente *adj.* excellent 1.5

excursión *f.* hike; tour; excursion 1.4

excursionista *m., f.* hiker

explicar *v.* to explain 1.2

explorar *v.* to explore

expresión *f.* expression

F

fabuloso/a *adj.* fabulous 1.5

fácil *adj.* easy 1.3

falda *f.* skirt 1.6

faltar *v.* to lack; to need 1.7

familia *f.* family 1.3

fascinar *v.* to fascinate 1.7

favorito/a *adj.* favorite 1.4

febrero *m.* February 1.5

fecha *f.* date 1.5

feliz *adj.* happy 1.5

¡Feliz cumpleaños! Happy birthday! 1.9

¡Felicidades! Congratulations! 1.9

¡Felicitaciones! Congratulations! 1.9

fenomenal *adj.* great, phenomenal 1.5

feo/a *adj.* ugly 1.3

fiesta *f.* party 1.9

fijo/a *adj.* fixed, set 1.6

fin *m.* end 1.4

fin de semana weekend 1.4

física *f.* physics 1.2

flan (de caramelo) *m.* baked (caramel) custard 1.9

folleto *m.* brochure

foto(grafía) *f.* photograph 1.1

francés, francesa *adj.* French 1.3

frenos *m., pl.* brakes

fresco/a *adj.* cool 1.5

frijoles *m., pl.* beans 1.8

frío/a *adj.* cold 1.5

frito/a *adj.* fried 1.8

fruta *f.* fruit 1.8

frutilla *f.* strawberry

fuera *adv.* outside

fútbol *m.* soccer 1.4

fútbol americano *m.* football 1.4

G

gafas (de sol) *f., pl.* (sun)glasses 1.6

gafas (oscuras) *f., pl.* (sun)glasses

galleta *f.* cookie 1.9

ganar *v.* to win 1.4

ganga *f.* bargain 1.6

gastar *v.* to spend (*money*) 1.6

gemelo/a *m., f.* twin 1.3

gente *f.* people 1.3

geografía *f.* geography 1.2

gimnasio *m.* gymnasium 1.4

golf *m.* golf 1.4

gordo/a *adj.* fat 1.3

gracias *f., pl.* thank you; thanks 1.1

Gracias por todo. Thanks for everything. 1.9

Gracias una vez más. Thanks again. 1.9

graduarse (de/en) *v.* to graduate (from/in) 1.9

gran, grande *adj.* big; large 1.3

grillo *m.* cricket

gris *adj.* gray 1.6

gritar *v.* to scream 1.7

guantes *m., pl.* gloves 1.6

guapo/a *adj.* handsome; good-looking 1.3

guía *m., f.* guide

gustar *v.* to be pleasing to; to like 1.2

Me gustaría... I would like...

gusto *m.* pleasure 1.1

El gusto es mío. The pleasure is mine. 1.1

Mucho gusto. Pleased to meet you. 1.1

H

habitación *f.* room 1.5

habitación doble double room 1.5

habitación individual single room 1.5

hablar *v.* to talk; to speak 1.2

hacer *v.* to do; to make 1.4

Hace buen tiempo. The weather is good. 1.5

Hace (mucho) calor. It's (very) hot. (*weather*) 1.5

Hace fresco. It's cool. (*weather*) 1.5

Hace (mucho) frío. It's very cold. (*weather*) 1.5

Hace mal tiempo. The weather is bad. 1.5

Hace (mucho) sol. It's (very) sunny. (*weather*) 1.5

Hace (mucho) viento. It's (very) windy. (*weather*) 1.5

hacer juego (con) to match (with) 1.6

hacer las maletas to pack (one's) suitcases 1.5

hacer (wind)surf to (wind) surf 1.5

hacer turismo to go sightseeing

hacer un viaje to take a trip 1.5

hacer una excursión to go on a hike; to go on a tour

hambre *f.* hunger 1.3

hamburguesa *f.* hamburger 1.8

hasta *prep.* until 1.6; toward

Hasta la vista. See you later. 1.1

Hasta luego. See you later. 1.1

Hasta mañana. See you tomorrow. 1.1

Hasta pronto. See you soon. 1.1

hay *v.* there is; there are 1.1

Hay (mucha) contaminación. It's (very) smoggy.

Hay (mucha) niebla. It's (very) foggy.

No hay de qué. You're welcome. 1.1

helado/a *adj.* iced 1.8

helado *m.* ice cream 1.9

hermanastro/a *m., f.* stepbrother; stepsister 1.3

hermano/a *m., f.* brother; sister 1.3

hermano/a mayor/menor *m., f.* older/younger brother/sister 1.3

hermanos *m., pl.* siblings (brothers and sisters) 1.3

hermoso/a *adj.* beautiful 1.6

hijastro/a *m., f.* stepson; stepdaughter 1.3

hijo/a *m., f.* son; daughter 1.3

hijo/a único/a *m., f.* only child 1.3

hijos *m., pl.* children 1.3

historia *f.* history 1.2

hockey *m.* hockey 1.4

hola *interj.* hello; hi 1.1

hombre *m.* man 1.1

hora *f.* hour **1.1**; the time
horario *m.* schedule **1.2**
hotel *m.* hotel **1.5**
hoy *adv.* today **1.2**
  hoy día *adv.* nowadays
  Hoy es... Today is... **1.2**
huésped *m., f.* guest **1.5**
huevo *m.* egg **1.8**
humanidades *f., pl.* humanities **1.2**

I

ida *f.* one way (*travel*)
idea *f.* idea **1.4**
iglesia *f.* church **1.4**
igualmente *adv.* likewise **1.1**
impermeable *m.* raincoat **1.6**
importante *adj.* important **1.3**
importar *v.* to be important to; to matter **1.7**
increíble *adj.* incredible **1.5**
individual *adj.* private (*room*) **1.5**
ingeniero/a *m., f.* engineer **1.3**
inglés *m.* English (*language*) **1.2**
inglés, inglesa *adj.* English **1.3**
inodoro *m.* toilet **1.7**
inspector(a) de aduanas *m., f.* customs inspector **1.5**
inteligente *adj.* intelligent **1.3**
intercambiar *v.* to exchange
interesante *adj.* interesting **1.3**
interesar *v.* to be interesting to; to interest **1.7**
invierno *m.* winter **1.5**
invitado/a *m., f.* guest **1.9**
invitar *v.* to invite **1.9**
ir *v.* to go **1.4**
  ir a (+ *inf.*) to be going to *do something* **1.4**
  ir de compras to go shopping **1.5**
  ir de excursión (a las montañas) to go on a hike (in the mountains) **1.4**
  ir de pesca to go fishing
  ir de vacaciones to go on vacation **1.5**
  ir en autobús to go by bus **1.5**
  ir en auto(móvil) to go by car **1.5**
  ir en avión to go by plane **1.5**
  ir en barco to go by boat **1.5**
  ir en metro to go by subway
  ir en motocicleta to go by motorcycle **1.5**
  ir en taxi to go by taxi **1.5**
  ir en tren to go by train
irse *v.* to go away; to leave **1.7**

italiano/a *adj.* Italian **1.3**
izquierdo/a *adj.* left **1.2**
  a la izquierda de to the left of **1.2**

J

jabón *m.* soap **1.7**
jamás *adv.* never; not ever **1.7**
jamón *m.* ham **1.8**
japonés, japonesa *adj.* Japanese **1.3**
joven *adj. m., f., sing.* (**jóvenes** *pl.*) young **1.3**
joven *m., f., sing.* (**jóvenes** *pl.*) youth; young person **1.1**
jubilarse *v.* to retire (*from work*) **1.9**
juego *m.* game
jueves *m., sing.* Thursday **1.2**
jugador(a) *m., f.* player **1.4**
jugar (u:ue) *v.* to play **1.4**
  jugar a las cartas to play cards **1.5**
jugo *m.* juice **1.8**
  jugo de fruta *m.* fruit juice **1.8**
julio *m.* July **1.5**
junio *m.* June **1.5**
juntos/as *adj.* together **1.9**
juventud *f.* youth **1.9**

L

la *f., sing., def. art.* the **1.1**
la *f., sing., d.o. pron.* her, it; *form.* you **1.5**
laboratorio *m.* laboratory **1.2**
lana *f.* wool **1.6**
langosta *f.* lobster **1.8**
lápiz *m.* pencil **1.1**
largo/a *adj.* long **1.6**
las *f., pl., def. art.* the **1.1**
las *f., pl., d.o. pron.* them; *form.* you **1.5**
lavabo *m.* sink **1.7**
lavarse *v.* to wash oneself **1.7**
  lavarse la cara to wash one's face **1.7**
  lavarse las manos to wash one's hands **1.7**
le *sing., i.o. pron.* to/for him, her; *form.* you **1.6**
  Le presento a... *form.* I would like to introduce you to (name). **1.1**
lección *f.* lesson **1.1**
leche *f.* milk **1.8**
lechuga *f.* lettuce **1.8**
leer *v.* to read **1.3**
  leer correo electrónico to read e-mail **1.4**
  leer un periódico to read a newspaper **1.4**

leer una revista to read a magazine **1.4**
lejos de *prep.* far from **1.2**
lengua *f.* language **1.2**
  lenguas extranjeras *f., pl.* foreign languages **1.2**
lentes (de sol) (sun)glasses
lentes de contacto *m., pl.* contact lenses
les *pl., i.o. pron.* to/for them; *form.* you **1.6**
levantarse *v.* to get up **1.7**
libre *adj.* free **1.4**
librería *f.* bookstore **1.2**
libro *m.* book **1.2**
limón *m.* lemon **1.8**
limpio/a *adj.* clean **1.5**
línea *f.* line
listo/a *adj.* ready; smart **1.5**
literatura *f.* literature **1.2**
llamarse *v.* to be called; to be named **1.7**
llave *f.* key **1.5**
llegada *f.* arrival **1.5**
llegar *v.* to arrive **1.2**
llevar *v.* to carry **1.2**; to wear; to take **1.6**
  llevarse bien/mal (con) to get along well/badly (with) **1.9**
llover (o:ue) *v.* to rain **1.5**
  Llueve. It's raining. **1.5**
lo *m., sing., d.o. pron.* him, it; *form.* you **1.5**
  Lo siento. I'm sorry. **1.1**
  Lo siento muchísimo. I'm so sorry. **1.4**
loco/a *adj.* crazy **1.6**
los *m., pl., def. art.* the **1.1**
los *m., pl., d.o. pron.* them; *form.* you **1.5**
luego *adv.* then **1.7**; *adv.* later **1.1**
lugar *m.* place **1.4**
lunares *m.* polka dots **1.6**
lunes *m., sing.* Monday **1.2**

M

madrastra *f.* stepmother **1.3**
madre *f.* mother **1.3**
madurez *f.* maturity; middle age **1.9**
magnífico/a *adj.* magnificent **1.5**
maíz *m.* corn **1.8**
mal, malo/a *adj.* bad **1.3**
maleta *f.* suitcase **1.1**
mamá *f.* mom **1.3**
mano *f.* hand **1.1**
  ¡Manos arriba! Hands up!
mantequilla *f.* butter **1.8**
manzana *f.* apple **1.8**
mañana *f.* morning, A.M. **1.1**; tomorrow **1.1**

mapa *m.* map 1.2
maquillaje *m.* makeup 1.7
maquillarse *v.* to put on makeup 1.7
mar *m.* sea 1.5
maravilloso/a *adj.* marvelous 1.5
margarina *f.* margarine 1.8
mariscos *m., pl.* shellfish 1.8
marrón *adj.* brown 1.6
martes *m., sing.* Tuesday 1.2
marzo *m.* March 1.5
más *pron.* more 1.2
  más de (+ *number***)** more than 1.8
  más tarde later (on) 1.7
  más... que more... than 1.8
matemáticas *f., pl.* mathematics 1.2
materia *f.* course 1.2
matrimonio *m.* marriage 1.9
mayo *m.* May 1.5
mayonesa *f.* mayonnaise 1.8
mayor *adj.* older 1.3
  el/la mayor *adj.* the eldest 1.8; the oldest
me *sing., d.o. pron.* me 1.5; *sing. i.o. pron.* to/for me 1.6
  Me gusta... I like... 1.2
  No me gustan nada. I don't like them at all. 1.2
  Me llamo... My name is... 1.1
  Me muero por... I'm dying to (for)...
mediano/a *adj.* medium
medianoche *f.* midnight 1.1
medias *f., pl.* pantyhose, stockings 1.6
médico/a *m., f.* doctor 1.3
medio/a *adj.* half 1.3
  medio/a hermano/a *m., f.* half-brother; half-sister 1.3
  mediodía *m.* noon 1.1
  y media thirty minutes past the hour (*time*) 1.1
mejor *adj.* better 1.8
  el/la mejor *adj.* the best 1.8
melocotón *m.* peach 1.8
menor *adj.* younger 1.3
  el/la menor *adj.* the youngest 1.8
menos *adv.* less
  menos cuarto..., menos quince... quarter to... (*time*) 1.1
  menos de (+ *number***)** fewer than 1.8
  menos... que less... than 1.8
mensaje electrónico *m.* e-mail message 1.4
mentira *f.* lie 1.4
menú *m.* menu 1.8
mercado *m.* market 1.6

mercado al aire libre *m.* open-air market 1.6
merendar (e:ie) *v.* to snack 1.8; to have an afternoon snack
mes *m.* month 1.5
mesa *f.* table 1.2
metro *m.* subway 1.5
mexicano/a *adj.* Mexican 1.3
México *m.* Mexico 1.1
mí *pron., obj. of prep.* me 1.9
mi(s) *poss. adj.* my 1.3
miedo *m.* fear 1.3
miércoles *m., sing.* Wednesday 1.2
mil *m.* one thousand 1.2
  Mil perdones. I'm so sorry. (*lit. A thousand pardons.*) 1.4
mil millones *m.* billion
millón *m.* million 1.2
millones (de) *m.* millions (of)
minuto *m.* minute 1.1
mirar *v.* to look (at); to watch 1.2
  mirar (la) televisión to watch television 1.2
mismo/a *adj.* same 1.3
mochila *f.* backpack 1.2
moda *f.* fashion 1.6
módem *m.* modem
molestar *v.* to bother; to annoy 1.7
montaña *f.* mountain 1.4
montar a caballo *v.* to ride a horse 1.5
monumento *m.* monument 1.4
mora *f.* blackberry 1.8
morado/a *adj.* purple 1.6
moreno/a *adj.* brunet(te) 1.3
morir (o:ue) *v.* to die 1.8
mostrar (o:ue) *v.* to show 1.4
motocicleta *f.* motorcycle 1.5
motor *m.* motor
muchacho/a *m., f.* boy; girl 1.3
mucho/a *adj., adv.* a lot of; much 1.2; many 1.3
  (Muchas) gracias. Thank you (very much).; Thanks (a lot). 1.1
  Muchísimas gracias. Thank you very, very much. 1.9
  Mucho gusto. Pleased to meet you. 1.1
muchísimo very much 1.2
muela *f.* tooth; molar
muerte *f.* death 1.9
mujer *f.* woman 1.1
  mujer policía *f.* female police officer
multa *f.* fine
mundial *adj.* worldwide
municipal *adj.* municipal
museo *m.* museum 1.4
música *f.* music 1.2

muy *adv.* very 1.1
  Muy amable. That's very kind of you. 1.5
  (Muy) bien, gracias. (Very) well, thanks. 1.1

N

nacer *v.* to be born 1.9
nacimiento *m.* birth 1.9
nacionalidad *f.* nationality 1.1
nada *pron., adv.* nothing 1.1; not anything 1.7
  nada mal not bad at all 1.5
nadar *v.* to swim 1.4
nadie *pron.* no one, nobody, not anyone 1.7
naranja *f.* orange 1.8
natación *f.* swimming 1.4
Navidad *f.* Christmas 1.9
necesitar (+ *inf.***)** *v.* to need 1.2
negativo/a *adj.* negative
negro/a *adj.* black 1.3
nervioso/a *adj.* nervous 1.5
nevar (e:ie) *v.* to snow 1.5
  Nieva. It's snowing. 1.5
ni... ni neither... nor 1.7
niebla *f.* fog
nieto/a *m., f.* grandson; granddaughter 1.3
nieve *f.* snow
ningún, ninguno/a(s) *adj., pron.* no; none; not any 1.7
  ningún problema no problem
niñez *f.* childhood 1.9
niño/a *m., f.* child 1.3
no *adv.* no; not 1.1
  ¿no? right? 1.1
  No está nada mal. It's not bad at all. 1.5
  no estar de acuerdo to disagree
  No estoy seguro. I'm not sure.
  no hay there is not; there are not 1.1
  No hay de qué. You're welcome. 1.1
  No hay problema. No problem. 1.7
  No me gustan nada. I don't like them at all. 1.2
  no muy bien not very well 1.1
  No quiero. I don't want to. 1.4
  No sé. I don't know.
  No se preocupe. (*form.*) Don't worry. 1.7
  No te preocupes. (*fam.*) Don't worry. 1.7
  no tener razón to be wrong 1.3

noche *f.* night 1.1
nombre *m.* name 1.1
norteamericano/a *adj.* (North) American 1.3
nos *pl., d.o. pron.* us 1.5; *pl., i.o. pron.* to/for us 1.6
  Nos vemos. See you. 1.1
nosotros/as *sub. pron.* we 1.1; *pron., obj. of prep.* us 1.9
novecientos/as *n., adj.* nine hundred 1.2
noveno/a *n., adj.* ninth 1.5
noventa *n., adj.* ninety 1.2
noviembre *m.* November 1.5
novio/a *m., f.* boyfriend/girlfriend 1.3
nublado/a *adj.* cloudy 1.5
  Está (muy) nublado. It's very cloudy. 1.5
nuera *f.* daughter-in-law 1.3
nuestro(s)/a(s) *poss. adj.* our 1.3
nueve *n., adj.* nine 1.1
nuevo/a *adj.* new 1.6
número *m.* number 1.1; (shoe) size 1.6
nunca *adv.* never; not ever 1.7

O

o *conj.* or 1.7
  o... o; either... or 1.7
océano *m.* ocean
ochenta *n., adj.* eighty 1.2
ocho *n., adj.* eight 1.1
ochocientos/as *n., adj.* eight hundred 1.2
octavo/a *n., adj.* eighth 1.5
octubre *m.* October 1.5
ocupado/a *adj.* busy 1.5
odiar *v.* to hate 1.9
ofrecer *v.* to offer 1.6
oír *v.* to hear 1.4
  Oiga./Oigan. *form., sing./pl.* Listen. (*in conversation*) 1.1
  Oye. *fam., sing.* Listen. (*in conversation*) 1.1
once *n., adj.* eleven 1.1
ordenado/a *adj.* orderly 1.5
ordinal *adj.* ordinal (number)
ortografía *f.* spelling
ortográfico/a *adj.* spelling
os *fam., pl., d.o. pron.* you 1.5; *fam., pl., i.o. pron.* to/for you 1.6
otoño *m.* autumn 1.5
otro/a *adj.* other; another 1.6
  otra vez *adv.* again

P

padrastro *m.* stepfather 1.3
padre *m.* father 1.3
  padres *m., pl.* parents 1.3

pagar *v.* to pay 1.6, 1.9
  pagar la cuenta to pay the bill 1.9
país *m.* country 1.1
paisaje *m.* landscape 1.5
palabra *f.* word 1.1
pan *m.* bread 1.8
  pan tostado *m.* toasted bread 1.8
pantalones *m., pl.* pants 1.6
  pantalones cortos *m., pl.* shorts 1.6
pantuflas *f., pl.* slippers 1.7
papa *f.* potato 1.8
  papas fritas *f., pl.* fried potatoes; French fries 1.8
papá *m.* dad 1.3
  papás *m., pl.* parents 1.3
papel *m.* paper 1.2
papelera *f.* wastebasket 1.2
par *m.* pair 1.6
  par de zapatos *m.* pair of shoes 1.6
parecer *v.* to seem 1.6
pareja *f.* (married) couple; partner 1.9
parientes *m., pl.* relatives 1.3
parque *m.* park 1.4
párrafo *m.* paragraph
partido *m.* game; match (*sports*) 1.4
pasado/a *adj.* last; past 1.6
  pasado *p.p.* passed
pasaje *m.* ticket 1.5
  pasaje de ida y vuelta *m.* roundtrip ticket 1.5
pasajero/a *m., f.* passenger 1.1
pasaporte *m.* passport 1.5
pasar *v.* to go through 1.5
  pasar por la aduana to go through customs
  pasar tiempo to spend time
  pasarlo bien/mal to have a good/bad time 1.9
pasatiempo *m.* pastime; hobby 1.4
pasear *v.* to take a walk; to stroll 1.4
  pasear en bicicleta to ride a bicycle 1.4
  pasear por to walk around 1.4
pasta *f.* **de dientes** toothpaste 1.7
pastel *m.* cake; pie 1.9
  pastel de chocolate *m.* chocolate cake 1.9
  pastel de cumpleaños *m.* birthday cake
patata *f.* potato 1.8
  patatas fritas *f., pl.* fried potatoes; French fries 1.8
patinar (en línea) *v.* to (inline) skate 1.4
patineta *f.* skateboard 1.4

pavo *m.* turkey 1.8
pedir (e:i) *v.* to ask for; to request 1.4; to order (*food*) 1.8
peinarse *v.* to comb one's hair 1.7
película *f.* movie 1.4
pelirrojo/a *adj.* red-haired 1.3
pelo *m.* hair 1.7
pelota *f.* ball 1.4
pensar (e:ie) *v.* to think 1.4
  pensar (+ inf.) *v.* to intend to; to plan to (*do something*) 1.4
  pensar en *v.* to think about 1.4
pensión *f.* boardinghouse
peor *adj.* worse 1.8
  el/la peor *adj.* the worst 1.8
pequeño/a *adj.* small 1.3
pera *f.* pear 1.8
perder (e:ie) *v.* to lose; to miss 1.4
Perdón. Pardon me.; Excuse me. 1.1
perezoso/a *adj.* lazy
perfecto/a *adj.* perfect 1.5
periódico *m.* newspaper 1.4
periodismo *m.* journalism 1.2
periodista *m., f.* journalist 1.3
permiso *m.* permission
pero *conj.* but 1.2
persona *f.* person 1.3
pesca *f.* fishing
pescado *m.* fish (*cooked*) 1.8
pescador(a) *m., f.* fisherman/fisherwoman
pescar *v.* to fish 1.5
pimienta *f.* black pepper 1.8
piña *f.* pineapple 1.8
piscina *f.* swimming pool 1.4
piso *m.* floor (*of a building*) 1.5
pizarra *f.* blackboard 1.2
planes *m., pl.* plans
planta baja *f.* ground floor 1.5
plato *m.* dish (*in a meal*) 1.8
  plato principal *m.* main dish 1.8
playa *f.* beach 1.5
plaza *f.* city or town square 1.4
pluma *f.* pen 1.2
pobre *adj.* poor 1.6
pobreza *f.* poverty
poco/a *adj.* little; few 1.5
poder (o:ue) *v.* to be able to; can 1.4
pollo *m.* chicken 1.8
  pollo asado *m.* roast chicken 1.8
ponchar *v.* to go flat
poner *v.* to put; to place 1.4
ponerse (+ adj.) *v.* to become (+ *adj.*) 1.7; to put on 1.7

por *prep.* in exchange for; for; by; in; through; around; along; during; because of; on account of; on behalf of; in search of; by way of
  por avión by plane
  por favor please **1.1**
  por la mañana in the morning **1.7**
  por la noche at night **1.7**
  por la tarde in the afternoon **1.7**
  ¿por qué? why? **1.2**
  por teléfono by phone; on the phone
  por último finally **1.7**
porque *conj.* because **1.2**
posesivo/a *adj.* possessive **1.3**
postal *f.* postcard
postre *m.* dessert **1.9**
practicar *v.* to practice **1.2**
  practicar deportes *m., pl.* to play sports **1.4**
precio (fijo) *m.* (fixed; set) price **1.6**
preferir (e:ie) *v.* to prefer **1.4**
pregunta *f.* question
preguntar *v.* to ask (*a question*) **1.2**
preocupado/a (por) *adj.* worried (about) **1.5**
preocuparse (por) *v.* to worry (about) **1.7**
preparar *v.* to prepare **1.2**
preposición *f.* preposition
presentación *f.* introduction
presentar *v.* to introduce
  Le presento a... I would like to introduce you to (name). **1.1**
  Te presento a... I would like to introduce you to (name). (*fam.*) **1.1**
prestado/a *adj.* borrowed
prestar *v.* to lend; to loan **1.6**
primavera *f.* spring **1.5**
primer, primero/a *n., adj.* first **1.5**
primo/a *m., f.* cousin **1.3**
principal *adj.* main **1.8**
prisa *f.* haste **1.3**
probar (o:ue) *v.* to taste; to try **1.8**
probarse (o:ue) *v.* to try on **1.7**
problema *m.* problem **1.1**
profesión *f.* profession **1.3**
profesor(a) *m., f.* teacher **1.1**, **1.2**
programa *m.* **1.1**
programador(a) *m., f.* computer programmer **1.3**
pronombre *m.* pronoun
propina *f.* tip **1.8**
prueba *f.* test; quiz **1.2**

psicología *f.* psychology **1.2**
pueblo *m.* town **1.4**
puerta *f.* door **1.2**
Puerto Rico *m.* Puerto Rico **1.1**
puertorriqueño/a *adj.* Puerto Rican **1.3**
pues *conj.* well **1.2**

que *conj.* that; which
  ¡Qué...! How...! **1.3**
  ¡Qué dolor! What pain!
  ¡Qué ropa más bonita! What pretty clothes! **1.6**
  ¡Qué sorpresa! What a surprise!
  ¿qué? *pron.* what? **1.1**
  ¿Qué día es hoy? What day is it? **1.2**
  ¿Qué hay de nuevo? What's new? **1.1**
  ¿Qué hora es? What time is it? **1.1**
  ¿Qué les parece? What do you (*pl.*) think?
  ¿Qué pasa? What's happening?; What's going on? **1.1**
  ¿Qué precio tiene? What is the price?
  ¿Qué tal...? How are you?; How is it going? **1.1**; How is/are...? **1.2**
  ¿Qué talla lleva/usa? What size do you wear? (*form.*) **1.6**
  ¿Qué tiempo hace? How's the weather? **1.5**
  ¿En qué...? In which...? **1.2**
quedar *v.* to be left over; to fit (*clothing*) **1.7**
quedarse *v.* to stay; to remain **1.7**
querer (e:ie) *v.* to want; to love **1.4**
queso *m.* cheese **1.8**
quien(es) *pron.* who; whom
  ¿Quién es...? Who is...? **1.1**
  ¿quién(es)? *pron.* who?; whom? **1.1**
química *f.* chemistry **1.2**
quince *n., adj.* fifteen **1.1**
  menos quince quarter to (*time*) **1.1**
  y quince quarter after (*time*) **1.1**
quinceañera *f.* young woman celebrating her fifteenth birthday **1.9**
quinientos/as *n., adj.* five hundred **1.2**
quinto/a *n., adj.* fifth **1.5**
quitarse *v.* to take off **1.7**
quizás *adv.* maybe **1.5**

radio *f.* radio (*medium*) **1.2**
  radio *m.* radio (*set*) **1.2**
ratos libres *m., pl.* spare (*free*) time **1.4**
raya *f.* stripe **1.6**
razón *f.* reason **1.3**
rebaja *f.* sale **1.6**
recibir *v.* to receive **1.3**
recién casado/a *m., f.* newlywed **1 9**
recomendar (e:ie) *v.* to recommend **1.8**
recordar (o:ue) *v.* to remember **1.4**
recorrer *v.* to tour an area
refresco *m.* soft drink **1.8**
regalar *v.* to give (a gift) **1.9**
regalo *m.* gift **1.6**
regatear *v.* to bargain **1.6**
regresar *v.* to return **1.2**
regular *adj.* so-so; OK **1.1**
reírse (e:i) *v.* to laugh **1.9**
relaciones *f., pl.* relationships
relajarse *v.* to relax **1.9**
reloj *m.* clock; watch **1.2**
repetir (e:i) *v.* to repeat **1.4**
residencia estudiantil *f.* dormitory **1.2**
respuesta *f.* answer
restaurante *m.* restaurant **1.4**
revista *f.* magazine **1.4**
rico/a *adj.* rich **1.6**; tasty; delicious **1.8**
riquísimo/a *adj.* extremely delicious **1.8**
rojo/a *adj.* red **1.3**
romper (con) *v.* to break up (with) **1.9**
ropa *f.* clothing; clothes **1.6**
  ropa interior *f.* underwear **1.6**
rosado/a *adj.* pink **1.6**
rubio/a *adj.* blond(e) **1.3**
ruso/a *adj.* Russian **1.3**
rutina *f.* routine **1.7**
  rutina diaria *f.* daily routine **1.7**

sábado *m.* Saturday **1.2**
saber *v.* to know; to know how **1.6**; to taste **1.8**
  saber a to taste like **1.8**
sabrosísimo/a *adj.* extremely delicious **1.8**
sabroso/a *adj.* tasty; delicious **1.8**
sacar *v.* to take out
  sacar fotos to take photos **1.5**
sal *f.* salt **1.8**
salchicha *f.* sausage **1.8**

salida *f.* departure; exit **1.5**
salir *v.* to leave **1.4**; to go out
  salir (con) to go out (with);
    to date **1.9**
  salir de to leave from
  salir para to leave for
    (*a place*)
salmón *m.* salmon **1.8**
saludo *m.* greeting **1.1**
  saludos a... greetings
    to... **1.1**
sandalia *f.* sandal **1.6**
sandía *f.* watermelon
sándwich *m.* sandwich **1.8**
se *ref. pron.* himself, herself,
  itself; *form.* yourself, themselves,
  yourselves **1.7**
secarse *v.* to dry oneself **1.7**
sección de (no) fumar *f.*
  (non) smoking section **1.8**
secuencia *f.* sequence
sed *f.* thirst **1.3**
seda *f.* silk **1.6**
seguir (e:i) *v.* to follow; to
  continue **1.4**
según *prep.* according to
segundo/a *n., adj.* second **1.5**
seguro/a *adj.* sure; safe **1.5**
seis *n., adj.* six **1.1**
seiscientos/as *n., adj.* six
  hundred **1.2**
semana *f.* week **1.2**
  fin *m.* **de semana**
    weekend **1.4**
  semana *f.* **pasada** last
    week **1.6**
semestre *m.* semester **1.2**
sentarse (e:ie) *v.* to sit
  down **1.7**
sentir(se) (e:ie) *v.* to feel **1.7**
señor (Sr.) *m.* Mr.; sir **1.1**
señora (Sra.) *f.* Mrs.; ma'am **1.1**
señorita (Srta.) *f.* Miss **1.1**
separado/a *adj.* separated **1.9**
separarse (de) *v.* to separate
  (from) **1.9**
septiembre *m.* September **1.5**
séptimo/a *adj.* seventh **1.5**
ser *v.* to be **1.1**
  ser aficionado/a (a) to be a
    fan (of) **1.4**
serio/a *adj.* serious
servir (e:i) *v.* to serve **1.8**; to
  help **1.5**
sesenta *n., adj.* sixty **1.2**
setecientos/as *n., adj.* seven
  hundred **1.2**
setenta *n., adj.* seventy **1.2**
sexto/a *n., adj.* sixth **1.5**
sí *adv.* yes **1.1**
si *conj.* if **1.4**
siempre *adv.* always **1.7**
siete *n., adj.* seven **1.1**
silla *f.* seat **1.2**
similar *adj.* similar

simpático/a *adj.* nice; likeable
  1.3
sin *prep.* without **1.2**
  sin duda without a doubt
  sin embargo however
sino *conj.* but (rather) **1.7**
situado/a *adj., p.p.* located
sobre *prep.* on; over **1.2**
sobrino/a *m., f.* nephew;
  niece **1.3**
sociología *f.* sociology **1.2**
sol *m.* sun **1.4**; **1.5**
soleado/a *adj.* sunny
sólo *adv.* only **1.3**
solo *adj.* alone
soltero/a *adj.* single **1.9**
sombrero *m.* hat **1.6**
Son las dos. It's two o'clock. **1.1**
sonreír (e:i) *v.* to smile **1.9**
sopa *f.* soup **1.8**
sorprender *v.* to surprise **1.9**
sorpresa *f.* surprise **1.9**
soy I am **1.1**
  Soy yo. That's me. **1.1**
  Soy de... I'm from... **1.1**
su(s) *poss. adj.* his, her, its; *form.*
  your, their **1.3**
sucio/a *adj.* dirty **1.5**
suegro/a *m., f.* father-in-law;
  mother-in-law **1.3**
sueño *m.* sleep **1.3**
suerte *f.* luck **1.3**
suéter *m.* sweater **1.6**
suponer *v.* to suppose **1.4**
sustantivo *m.* noun

T

tabla de (wind)surf *f.* surf
  board/sailboard **1.5**
tal vez *adv.* maybe **1.5**
talla *f.* size **1.6**
  talla grande *f.* large
también *adv.* also; too **1.2**; **1.7**
tampoco *adv.* neither; not
  either **1.7**
tan *adv.* so **1.5**
  tan... como as... as **1.8**
tanto *adv.* so much
  tanto... como as much...
    as **1.8**
  tantos/as... como as
    many... as **1.8**
tarde *adv.* late **1.7**
tarde *f.* afternoon; evening;
  P.M. **1.1**
tarea *f.* homework **1.2**
tarjeta *f.* card
  tarjeta de crédito *f.* credit
    card **1.6**
  tarjeta postal *f.* postcard
taxi *m.* taxi **1.5**
te *sing., fam., d.o. pron.* you **1.5**;
  sing., fam., i.o. pron. to/for you
  1.6

Te presento a... *fam.* I would
  like to introduce you to (name).
  1.1
¿Te gusta(n)...? Do you
  like...? **1.2**
té *m.* tea **1.8**
  té helado *m.* iced tea **1.8**
televisión *f.* television **1.2**
temprano *adv.* early **1.7**
tener *v.* to have **1.3**
  tener... años to be... years
    old **1.3**
  Tengo... años. I'm... years
    old. **1.3**
  tener (mucho) calor to be
    (very) hot **1.3**
  tener (mucho) cuidado to
    be (very) careful **1.3**
  tener (mucho) frío to be
    (very) cold **1.3**
  tener ganas de (+ *inf.*) to feel
    like (*doing something*) **1.3**
  tener (mucha) hambre to
    be (very) hungry **1.3**
  tener (mucho) miedo (de)
    to be (very) afraid (of); to be
    (very) scared (of) **1.3**
  tener miedo (de) que to be
    afraid that
  tener planes to have plans
  tener (mucha) prisa to be in
    a (big) hurry **1.3**
  tener que (+ *inf.*) *v.* to have
    to (*do something*) **1.3**
  tener razón to be right **1.3**
  tener (mucha) sed to be
    (very) thirsty **1.3**
  tener (mucho) sueño to be
    (very) sleepy **1.3**
  tener (mucha) suerte *f.* to be
    (very) lucky **1.3**
  tener tiempo to have time
    1.4
  tener una cita to have a date;
    to have an appointment **1.9**
tenis *m.* tennis **1.4**
tercer, tercero/a *n., adj.* third
  1.5
terminar *v.* to end; to finish **1.2**
  terminar de (+ *inf.*) *v.* to finish
    (*doing something*) **1.4**
ti *pron., obj. of prep., fam.* you
  1.9
tiempo *m.* time **1.4**; weather
  1.5
  tiempo libre free time
tienda *f.* shop; store **1.6**
  tienda de campaña tent
tinto/a *adj.* red (wine) **1.8**
tío/a *m., f.* uncle; aunt **1.3**
tíos *m.* aunts and uncles **1.3**
título *m.* title
tiza *f.* chalk **1.2**
toalla *f.* towel **1.7**
todavía *adv.* yet; still **1.5**

todo *m.* everything **1.5**
  Todo está bajo control.
    Everything is under
    control. **1.7**
todo(s)/a(s) *adj.* all; whole **1.4**
todos *m., pl.* all of us;
  everybody; everyone
tomar *v.* to take; to drink **1.2**
  tomar clases to take classes
    1.2
  tomar el sol to sunbathe **1.4**
  tomar en cuenta to take into
    account
  tomar fotos to take photos
    1.5
tomate *m.* tomato **1.8**
tonto/a *adj.* silly; foolish **1.3**
tortilla *f.* tortilla **1.8**
  tortilla de maíz corn tortilla
    1.8
tostado/a *adj.* toasted **1.8**
trabajador(a) *adj.* hard-working
  1.3
trabajar *v.* to work **1.2**
traducir *v.* to translate **1.6**
traer *v.* to bring **1.4**
traje *m.* suit **1.6**
  traje de baño *m.* bathing
    suit **1.6**
tranquilo/a *adj.* calm
  Tranquilo. Relax. **1.7**
trece *n., adj.* thirteen **1.1**
treinta *n., adj.* thirty **1.1, 1.2**
  y treinta thirty minutes past
    the hour (*time*) **1.1**
tren *m.* train **1.5**
tres *n., adj.* three **1.1**
trescientos/as *n., adj.* three
  hundred **1.2**
trimestre *m.* trimester; quarter
  1.2
triste *adj.* sad **1.5**
tú *fam. sub. pron.* you **1.1**
  Tú eres... You are... **1.1**
tu(s) *fam. poss. adj.* your **1.3**
turismo *m.* tourism **1.5**
turista *m., f.* tourist **1.1**
turístico/a *adj.* touristic

Ud. *form. sing.* you **1.1**
Uds. *form., pl.* you **1.1**
último/a *adj.* last
un, uno/a *indef. art.* a, an;
  one **1.1**
  uno/a *m., f., sing. pron.* one
    1.1
  a la una at one o'clock **1.1**
  una vez *adv.* once; one time
    1.6
  una vez más one more
    time **1.9**
  unos/as *m., f., pl. indef. art.*
    some; *pron.* some **1.1**

único/a *adj.* only **1.3**
universidad *f.* university;
  college **1.2**
usar *v.* to wear; to use **1.6**
usted (Ud.) *form. sing.* you **1.1**
  ustedes (Uds.) *form., pl.* you
    1.1
útil *adj.* useful
uva *f.* grape **1.8**

vacaciones *f. pl.* vacation **1.5**
vamos let's go **1.4**
varios/as *adj., pl.* various;
  several **1.8**
veces *f., pl.* times **1.6**
veinte *n., adj.* twenty **1.1**
veinticinco *n., adj.* twenty-five
  1.1
veinticuatro *n., adj.* twenty-four
  1.1
veintidós *n., adj.* twenty-two
  1.1
veintinueve *n., adj.* twenty-nine
  1.1
veintiocho *n., adj.* twenty-eight
  1.1
veintiséis *n., adj.* twenty-six
  1.1
veintisiete *n., adj.* twenty-seven
  1.1
veintitrés *n., adj.* twenty-three
  1.1
veintiún, veintiuno/a *n., adj.*
  twenty-one **1.1**
vejez *f.* old age **1.9**
vendedor(a) *m., f.*
  salesperson **1.6**
vender *v.* to sell **1.6**
venir *v.* to come **1.3**
ventana *f.* window **1.2**
ver *v.* to see **1.4**
  a ver let's see **1.2**
  ver películas to see
    movies **1.4**
verano *m.* summer **1.5**
verbo *m.* verb
verdad *f.* truth
  ¿verdad? right? **1.1**
verde *adj.* green **1.3**
verduras *f., pl.* vegetables **1.8**
vestido *m.* dress **1.6**
vestirse (e:i) *v.* to get
  dressed **1.7**
vez *f.* time **1.6**
viajar *v.* to travel **1.2**
viaje *m.* trip **1.5**
viajero/a *m., f.* traveler **1.5**
vida *f.* life **1.9**
video *m.* video **1.1**
videojuego *m.* video game **1.4**
viejo/a *adj.* old **1.3**
viento *m.* wind **1.5**
viernes *m., sing.* Friday **1.2**

vinagre *m.* vinegar **1.8**
vino *m.* wine **1.8**
  vino blanco *m.* white
    wine **1.8**
  vino tinto *m.* red wine **1.8**
visitar *v.* to visit **1.4**
  visitar monumentos to visit
    monuments **1.4**
viudo/a *adj.* widower;
  widow **1.9**
vivir *v.* to live **1.3**
vivo/a *adj.* bright; lively; living
vóleibol *m.* volleyball **1.4**
volver (o:ue) *v.* to return **1.4**
vos *pron.* you
vosotros/as *pron., form., pl.*
  you **1.1**
vuelta *f.* return trip
vuestro(s)/a(s) *form., poss. adj.*
  your **1.3**

walkman *m.* walkman

y *conj.* and **1.1**
  y cuarto quarter after
    (*time*) **1.1**
  y media half-past (*time*) **1.1**
  y quince quarter after (*time*)
    1.1
  y treinta thirty (minutes past
    the hour) **1.1**
  ¿Y tú? *fam.* And you? **1.1**
  ¿Y usted? *form.* And you?
    1.1
ya *adv.* already **1.6**
yerno *m.* son-in-law **1.3**
yo *sub. pron.* I **1.1**
  Yo soy... I'm... **1.1**
yogur *m.* yogurt **1.8**

zanahoria *f.* carrot **1.8**
zapatos *m., pl.* shoes
  zapatos de tenis
    tennis shoes, sneakers **1.6**

English-Spanish

A

a **un, uno/a** *m., f., sing.; indef. art.* 1.1
A.M. **mañana** *f.* 1.1
able: be able to **poder (o:ue)** *v.* 1.4
aboard **a bordo** 1.1
accounting **contabilidad** *f.* 1.2
acquainted: be acquainted with **conocer** *v.* 1.6
additional **adicional** *adj.*
adjective **adjetivo** *m.*
adolescence **adolescencia** *f.* 1.9
advice **consejo** *m.* 1.6
give advice **dar consejos** 1.6
affirmative **afirmativo/a** *adj.*
afraid: be (very) afraid (of) **tener (mucho) miedo (de)** 1.3
be afraid that **tener miedo (de) que**
after **después de** *prep.* 1.7
afternoon **tarde** *f.* 1.1
afterward **después** *adv.* 1.7
again *adv.* **otra vez**
age **edad** *f.* 1.9
agree **concordar (o:ue)** *v.*
airplane **avión** *m.* 1.5
airport **aeropuerto** *m.* 1.5
alarm clock **despertador** *m.* 1.7
all **todo(s)/a(s)** *adj.* 1.4
all of us **todos** 1.1
all over the world **en todo el mundo**
alleviate **aliviar** *v.*
alone **solo/a** *adj.*
already **ya** *adv.* 1.6
also **también** *adv.* 1.2; 1.7
although *conj.* **aunque**
always **siempre** *adv.* 1.7
American (North) **norteamericano/a** *adj.* 1.3
among **entre** *prep.* 1.2
amusement **diversión** *f.*
and **y** 1.1, **e** (before words beginning with *i* or *hi*) 1.4
And you? **¿Y tú?** *fam.* 1.1; **¿Y usted?** *form.* 1.1
angry **enojado/a** *adj.* 1.5
get angry (with) **enojarse** *v.* **(con)** 1.7
anniversary **aniversario** *m.* 1.9
(wedding) anniversary **aniversario** *m.* (de bodas) 1.9
annoy **molestar** *v.* 1.7
another **otro/a** *adj.* 1.6
answer **contestar** *v.* 1.2; **respuesta** *f.*
any **algún, alguno/a(s)** *adj.* 1.7
anyone **alguien** *pron.* 1.7
anything **algo** *pron.* 1.7
appear **parecer** *v.*
appetizers **entremeses** *m.,*

pl. 1.8
apple **manzana** *f.* 1.8
appointment **cita** *f.* 1.9
have an appointment **tener** *v.* **una cita** 1.9
April **abril** *m.* 1.5
aquatic **acuático/a** *adj.* 1.4
archaeology **arqueología** *f.* 1.2
Argentina **Argentina** *f.* 1.1
Argentine **argentino/a** *adj.* 1.3
arrival **llegada** *f.* 1.5
arrive **llegar** *v.* 1.2
art **arte** *m.* 1.2
artist **artista** *m., f.* 1.3
as **como** 1.8
as… as **tan… como** 1.8
as many… as **tantos/as… como** 1.8
as much… as **tanto… como** 1.8
ask (a question) **preguntar** *v.* 1.2
ask for **pedir (e:i)** *v.* 1.4
asparagus **espárragos** *m., pl.* 1.8
at **a** *prep.* 1.1; **en** *prep.* 1.2
at + *time* **a la(s)** + *time* 1.1
at home **en casa** 1.7
at night **por la noche** 1.7
At what time…? **¿A qué hora…?** 1.1
attend **asistir (a)** *v.* 1.3
attract **atraer** *v.* 1.4
August **agosto** *m.* 1.5
aunt **tía** *f.* 1.3
aunts and uncles **tíos** *m., pl.* 1.3
automatic **automático/a** *adj.*
automobile **automóvil** *m.* 1.5
autumn **otoño** *m.* 1.5
avenue **avenida** *f.*

B

backpack **mochila** *f.* 1.2
bad **mal, malo/a** *adj.* 1.3
It's not at all bad. **No está nada mal.** 1.5
bag **bolsa** *f.* 1.6
ball **pelota** *f.* 1.4
banana **banana** *f.* 1.8
bargain **ganga** *f.* 1.6; **regatear** *v.* 1.6
baseball (*game*) **béisbol** *m.* 1.4
basketball (*game*) **baloncesto** *m.* 1.4
bathe **bañarse** *v.* 1.7
bathing suit **traje** *m.* **de baño** 1.6
bathroom **baño** *m.* 1.7; **cuarto de baño** *m.* 1.7
be **ser** *v.* 1.1; **estar** *v.* 1.2
be… years old **tener… años** 1.3
beach **playa** *f.* 1.5
beans **frijoles** *m., pl.* 1.8

beautiful **hermoso/a** *adj.* 1.6
because **porque** *conj.* 1.2
become (+ *adj.*) **ponerse (+** *adj.***)** 1.7; **convertirse (e:ie)** *v.*
bed **cama** *f.* 1.5
go to bed **acostarse (o:ue)** *v.* 1.7
beef **carne de res** *f.* 1.8
before **antes** *adv.* 1.7; **antes de** *prep.* 1.7
begin **comenzar (e:ie)** *v.* 1.4; **empezar (e:ie)** *v.* 1.4
behind **detrás de** *prep.* 1.2
believe (in) **creer** *v.* **(en)** 1.3
bellhop **botones** *m., f. sing.* 1.5
below **debajo de** *prep.* 1.2
belt **cinturón** *m.* 1.6
beside **al lado de** *prep.* 1.2
best **mejor** *adj.*
the best **el/la mejor** *adj.* 1.8
better **mejor** *adj.* 1.8
between **entre** *prep.* 1.2
bicycle **bicicleta** *f.* 1.4
big **gran, grande** *adj.* 1.3
bill **cuenta** *f.* 1.9
billion *m.* **mil millones**
biology **biología** *f.* 1.2
birth **nacimiento** *m.* 1.9
birthday **cumpleaños** *m., sing.* 1.9
have a birthday **cumplir** *v.* **años** 1.9
biscuit **bizcocho** *m.*
black **negro/a** *adj.* 1.3
blackberry **mora** *f.* 1.8
blackboard **pizarra** *f.* 1.2
blond(e) **rubio/a** *adj.* 1.3
blouse **blusa** *f.* 1.6
blue **azul** *adj.* 1.3
boardinghouse **pensión** *f.*
boat **barco** *m.* 1.5
book **libro** *m.* 1.2
bookstore **librería** *f.* 1.2
boot **bota** *f.* 1.6
bore **aburrir** *v.* 1.7
bored **aburrido/a** *adj.* 1.5
be bored **estar** *v.* **aburrido/a** 1.5
boring **aburrido/a** *adj.* 1.5
born: be born **nacer** *v.* 1.9
borrowed **prestado/a** *adj.*
bother **molestar** *v.* 1.7
bottle **botella** *f.* 1.9
bottom **fondo** *m.*
boulevard **bulevar** *m.*
boy **chico** *m.* 1.1; **muchacho** *m.* 1.3
boyfriend **novio** *m.* 1.3
brakes **frenos** *m., pl.*
bread **pan** *m.* 1.8
break up (with) **romper** *v.* **(con)** 1.9
breakfast **desayuno** *m.* 1.2, 1.8
have breakfast **desayunar** *v.* 1.2
bring **traer** *v.* 1.4

brochure **folleto** *m.*
brother **hermano** *m.* 1.3
   brothers and sisters **hermanos**
     m., pl. 1.3
brother-in-law **cuñado** *m.* 1.3
brown **café** *adj.* 1.6;
   marrón *adj.* 1.6
brunet(te) **moreno/a** *adj.* 1.3
brush **cepillar** *v.* 1.7
   brush one's hair **cepillarse el**
     pelo 1.7
   brush one's teeth **cepillarse los**
     dientes 1.7
build **construir** *v.* 1.4
bus **autobús** *m.* 1.1
   bus station **estación** *f.* **de**
     autobuses 1.5
business administration
   administración *f.* **de**
     empresas 1.2
busy **ocupado/a** *adj.* 1.5
but **pero** *conj.* 1.2; *(rather)* **sino**
   conj. (in negative sentences) 1.7
butter **mantequilla** *f.* 1.8
buy **comprar** *v.* 1.2
by plane **en avión** 1.5
bye **chau** *interj. fam.* 1.1

C

café **café** *m.* 1.4
cafeteria **cafetería** *f.* 1.2
cake **pastel** *m.* 1.9
   chocolate cake **pastel de**
     chocolate *m.* 1.9
calculator **calculadora** *f.* 1.2
call **llamar** *v.*
   call on the phone **llamar por**
     teléfono
   be called **llamarse** *v.* 1.7
camp **acampar** *v.* 1.5
can **poder (o:ue)** *v.* 1.4
Canadian **canadiense** *adj.* 1.3
candy **dulces** *m., pl.* 1.9
capital city **capital** *f.* 1.1
car **auto(móvil)** *m.* 1.5
caramel **caramelo** *m.* 1.9
card **tarjeta** *f.;*
   (playing) **carta** *f.* 1.5
care **cuidado** *m.* 1.3
careful: be (very) careful **tener** *v.*
   (mucho) cuidado 1.3
carrot **zanahoria** *f.* 1.8
carry **llevar** *v.* 1.2
cash **(en) efectivo** 1.6
cash register **caja** *f.* 1.6
cashier **cajero/a** *m., f.*
celebrate **celebrar** *v.* 1.9
celebration **celebración** *f.*
   young woman's fifteenth
     birthday celebration
     quinceañera *f.* 1.9
cereal **cereales** *m., pl.* 1.8
chalk **tiza** *f.* 1.2
champagne **champán** *m.* 1.9

change **cambiar** *v.* **(de)** 1.9
chat **conversar** *v.* 1.2
chauffeur **conductor(a)** *m., f.* 1.1
cheap **barato/a** *adj.* 1.6
cheese **queso** *m.* 1.8
chemistry **química** *f.* 1.2
chicken **pollo** *m.* 1.8
child **niño/a** *m., f.* 1.3
childhood **niñez** *f.* 1.9
children **hijos** *m., pl.* 1.3
Chinese **chino/a** *adj.* 1.3
chocolate **chocolate** *m.* 1.9
   chocolate cake **pastel** *m.* **de**
     chocolate 1.9
choose **escoger** *v.* 1.8
chop *(food)* **chuleta** *f.* 1.8
Christmas **Navidad** *f.* 1.9
church **iglesia** *f.* 1.4
city **ciudad** *f.* 1.4
class **clase** *f.* 1.2
   take classes **tomar clases** 1.2
classmate **compañero/a** *m., f.* **de**
   clase 1.2
clean **limpio/a** *adj.* 1.5
clear *(weather)* **despejado/a** *adj.*
   It's (very) clear. *(weather)*
     Está (muy) despejado.
clerk **dependiente/a** *m., f.* 1.6
climb **escalar** *v.* 1.4
   climb mountains **escalar**
     montañas 1.4
clock **reloj** *m.* 1.2
close **cerrar (e:ie)** *v.* 1.4
closed **cerrado/a** *adj.* 1.5
clothes **ropa** *f.* 1.6
clothing **ropa** *f.* 1.6
cloudy **nublado/a** *adj.* 1.5
   It's (very) cloudy. **Está (muy)**
     nublado. 1.5
coat **abrigo** *m.* 1.6
coffee **café** *m.* 1.8
cold **frío** *m.* 1.5;
   be (feel) (very) cold **tener**
     (mucho) frío 1.3
   It's (very) cold. *(weather)* **Hace**
     (mucho) frío. 1.5
college **universidad** *f.* 1.2
color **color** *m.* 1.3, 1.6
comb one's hair **peinarse** *v.* 1.7
come **venir** *v.* 1.3
comfortable **cómodo/a** *adj.* 1.5
community **comunidad** *f.* 1.1
comparison **comparación** *f.*
computer **computadora** *f.* 1.1
   computer disc **disco** *m.*
   computer programmer
     programador(a) *m., f.* 1.3
   computer science **computación**
     f. 1.2
confirm **confirmar** *v.* 1.5
   confirm a reservation **confirmar**
     una reservación 1.5
confused **confundido/a** *adj.* 1.5
Congratulations! **¡Felicidades!;**
   ¡Felicitaciones! *f. pl.* 1.9
contamination **contaminación** *f.*

content **contento/a** *adj.* 1.5
continue **seguir (e:i)** *v.* 1.4
control **control** *m.*
   be under control **estar bajo**
     control 1.7
conversation **conversación** *f.* 1.1
converse **conversar** *v.* 1.2
cookie **galleta** *f.* 1.9
cool **fresco/a** *adj.* 1.5
   Be cool. **Tranquilo/a.**
   It's cool. *(weather)* **Hace**
     fresco. 1.5
corn **maíz** *m.* 1.8
cost **costar (o:ue)** *v.* 1.6
Costa Rica **Costa Rica** *f.* **1.1**
Costa Rican **costarricense** *adj.*
   1.3
cotton **algodón** *f.* 1.6
   (made of) cotton **de**
     algodón 1.6
count (on) **contar (o:ue)** *v.*
   (con) 1.4
country *(nation)* **país** *m.* 1.1
countryside **campo** *m.* 1.5
couple (married) **pareja** *f.* 1.9
course **curso** *m.* 1.2; **materia** *f.*
   1.2
courtesy **cortesía** *f.*
cousin **primo/a** *m., f.* 1.3
cover **cubrir** *v.*
covered **cubierto** *p.p.*
crazy **loco/a** *adj.* 1.6
create **crear** *v.*
credit **crédito** *m.* 1.6
   credit card **tarjeta** *f.* **de**
     crédito 1.6
Cuba **Cuba** *f.* **1.1**
Cuban **cubano/a** *adj.* **1.3**
culture **cultura** *f.* **1.2**
currency exchange **cambio** *m.* **de**
   moneda
custard *(baked)* **flan** *m.* 1.9
custom **costumbre** *f.* 1.1
customer **cliente/a** *m., f.* 1.6
customs **aduana** *f.* 1.5
   customs inspector **inspector(a)**
     m., f. **de aduanas** 1.5
cycling **ciclismo** *m.* 1.4

D

dad **papá** *m.* 1.3
daily **diario/a** *adj.* 1.7
   daily routine **rutina** *f.* **diaria**
     1.7
dance **bailar** *v.* 1.2
date *(appointment)* **cita** *f.* 1.9;
   (calendar) **fecha** *f.* 1.5;
   (someone) **salir** *v.* **con**
     (alguien) 1.9
   have a date **tener una**
     cita 1.9
daughter **hija** *f.* 1.3
daughter-in-law **nuera** *f.* 1.3
day **día** *m.* 1.1

day before yesterday
anteayer *adv.* 1.6

death **muerte** *f.* 1.9

December **diciembre** *m.* 1.5

decide **decidir** *v.* (**+ inf.**) 1.3

delicious **delicioso/a** *adj.* 1.8;
rico/a *adj.* 1.8; **sabroso/a**
adj. 1.8

delighted **encantado/a** *adj.* 1.1

department store **almacén** *m.* 1.6

departure **salida** *f.* 1.5

describe **describir** *v.* 1.3

design **diseño** *m.*

desire **desear** *v.* 1.2

desk **escritorio** *m.* 1.2

dessert **postre** *m.* 1.9

diary **diario** *m.* 1.1

dictionary **diccionario** *m.* 1.1

die **morir (o:ue)** *v.* 1.8

difficult **difícil** *adj.* 1.3

dinner **cena** *f.* 1.2, 1.8
have dinner **cenar** *v.* 1.2

dirty **ensuciar** *v.*; **sucio/a**
adj. 1.5

disagree **no estar de acuerdo**

dish **plato** *m.* 1.8
main dish *m.* **plato principal**
1.8

disk **disco** *m.*

disorderly **desordenado/a**
adj. 1.5

dive **bucear** *v.* 1.4

divorce **divorcio** *m.* 1.9

divorced **divorciado/a** *adj.* 1.9
get divorced (from) **divorciarse**
v. (**de**) 1.9

do **hacer** *v.* 1.4
(I) don't want to. **No quiero.**
1.4

doctor **doctor(a)** *m., f.* 1.3;
médico/a *m., f.* 1.3

domestic **doméstico/a** *adj.*
domestic appliance
electrodoméstico *m.*

door **puerta** *f.* 1.2

dormitory **residencia** *f.*
estudiantil 1.2

double **doble** *adj.* 1.5
double room **habitación** *f.*
doble 1.5

downtown **centro** *m.* 1.4

draw **dibujar** *v.* 1.2

dress **vestido** *m.* 1.6
get dressed **vestirse (e:i)** *v.*
1.7

drink **beber** *v.* 1.3; **tomar** *v.*
1.2
bebida *f.* 1.8

drive **conducir** *v.* 1.6

driver **conductor(a)** *m., f.* 1.1

dry oneself **secarse** *v.* 1.7

during **durante** *prep.* 1.7

E

each **cada** *adj.* 1.6

eagle **águila** *f.*

early **temprano** *adv.* 1.7

ease **aliviar** *v.*

easy **fácil** *adj.* 1.3

eat **comer** *v.* 1.3

economics **economía** *f.* 1.2

Ecuador **Ecuador** *m.* 1.1

Ecuadorian **ecuatoriano/a**
adj. 1.3

effective **eficaz** *adj.*

egg **huevo** *m.* 1.8

eight **ocho** *n., adj.* 1.1

eight hundred **ochocientos/as**
n., adj. 1.2

eighteen **dieciocho** *n., adj.* 1.1

eighth **octavo/a** *adj.* 1.5

eighty **ochenta** *n., adj.* 1.2

either… or **o… o** *conj.* 1.7

eldest **el/la mayor** *adj.* 1.8

elegant **elegante** *adj.* 1.6

elevator **ascensor** *m.* 1.5

eleven **once** *n., adj.* 1.1

e-mail **correo** *m.* **electrónico**
1.4
e-mail message **mensaje** *m.*
electrónico 1.4
read e-mail **leer** *v.* **el correo**
electrónico 1.4

embarrassed **avergonzado/a**
adj. 1.5

employee **empleado/a** *m., f.* 1.5

end **fin** *m.* 1.4; **terminar** *v.* 1.2

engaged: get engaged (to)
comprometerse *v.* (**con**) 1.9

engineer **ingeniero/a** *m., f.* 1.3

English (*language*) **inglés** *m.* 1.2;
inglés, inglesa *adj.* 1.3

entertainment **diversión** *f.* 1.4

eraser **borrador** *m.* 1.2

establish **establecer** *v.*

evening **tarde** *f.* 1.1

everybody **todos** *m., pl.*

everything **todo** *m.* 1.5
Everything is under control.
Todo está bajo control. 1.7

exactly **en punto** 1.1

exam **examen** *m.* 1.2

excellent **excelente** *adj.* 1.5

exciting **emocionante** *adj.*

excursion **excursión** *f.*

excuse **disculpar** *v.*
Excuse me. (*May I?*) **Con**
permiso. 1.1; (*I beg*
your pardon.) **Perdón.** 1.1

exit **salida** *f.* 1.5

expensive **caro/a** *adj.* 1.6

explain **explicar** *v.* 1.2

explore **explorar** *v.*

expression **expresión** *f.*

extremely delicious **riquísimo/a**
adj. 1.8

F

fabulous **fabuloso/a** *adj.* 1.5

face **cara** *f.* 1.7

fact: in fact **de hecho**

fall (*season*) **otoño** *m.* 1.5

fall: fall asleep **dormirse (o:ue)**
v. 1.7
fall in love (with) **enamorarse**
v. (**de**) 1.9

family **familia** *f.* 1.3

fan **aficionado/a** *adj.* 1.4
be a fan (of) **ser aficionado/a**
(**a**) 1.4

far from **lejos de** *prep.* 1.2

farewell **despedida** *f.* 1.1

fascinate **fascinar** *v.* 1.7

fashion **moda** *f.* 1.6
be in fashion **estar de**
moda 1.6

fast **rápido/a** *adj.*

fat **gordo/a** *adj.* 1.3

father **padre** *m.* 1.3

father-in-law **suegro** *m.* 1.3

favorite **favorito/a** *adj.* 1.4

fear **miedo** *m.* 1.3

February **febrero** *m.* 1.5

feel **sentir(se) (e:ie)** *v.* 1.7
feel like (*doing something*)
tener ganas de (+ inf.) 1.3

few **pocos/as** *adj., pl.*
fewer than **menos de**
(**+ number**) 1.8

field: major field of study
especialización *f.*

fifteen **n., adj. quince** 1.1
fifteen-year-old girl
quinceañera *f.* 1.9
young woman celebrating her
fifteenth birthday
quinceañera *f.* 1.9

fifth **quinto/a** *n., adj.* 1.5

fifty **cincuenta** *n., adj.* 1.2

figure (*number*) **cifra** *f.*

finally **por último** 1.7

find **encontrar (o:ue)** *v.* 1.4
find (each other) **encontrar(se)**
v.

fine **multa** *f.*

finish **terminar** *v.* 1.2
finish (*doing something*)
terminar *v.* **de (+ inf.)** 1.4

first **primer, primero/a** *n.,*
adj. 1.5

fish (*food*) **pescado** *m.* 1.8

fisherman **pescador** *m.*

fisherwoman **pescadora** *f.*

fishing **pesca** *f.* 1.5

fit (*clothing*) **quedar** *v.* 1.7

five **cinco** *n., adj.* 1.1

five hundred **quinientos/as** *n.,*
adj. 1.2

fixed **fijo/a** *adj.* 1.6

flag **bandera** *f.*

flank steak **lomo** *m.* 1.8

floor (*of a building*) **piso** *m.* 1.5
    ground floor **planta** *f.* **baja** 1.5
    top floor **planta** *f.* **alta**
fog **niebla** *f.*
follow **seguir (e:i)** *v.* 1.4
food **comida** *f.* 1.8; **alimento** *m.*
foolish **tonto/a** *adj.* 1.3
football **fútbol** *m.*
    americano 1.4
for me **para mí** 1.8
forbid **prohibir** *v.*
foreign languages **lenguas**
    f. pl. **extranjeras** 1.2
forty **cuarenta** *n., adj.* 1.2
four **cuatro** *n., adj.* 1.1
four hundred **cuatrocientos/as**
    n., adj. 1.2
fourteen **catorce** *n., adj.* 1.1
fourth **cuarto/a** *n., adj.* 1.5
free **libre** *adj.* 1.4
    free time **tiempo libre;**
    ratos libres 1.4
French **francés, francesa**
    adj. 1.3
French fries **papas** *f., pl.*
    fritas 1.8; **patatas** *f., pl.*
    fritas 1.8
Friday **viernes** *m., sing.* 1.2
fried **frito/a** *adj.* 1.8
    fried potatoes **papas** *f., pl.*
       fritas 1.8; **patatas** *f., pl.*
       fritas 1.8
friend **amigo/a** *m., f.* 1.3
friendly **amable** *adj.* 1.5
friendship **amistad** *f.* 1.9
from **de** *prep.* 1.1; **desde**
    prep. 1.6
    from the United States
       estadounidense *adj.* 1.3
    He/She/It is from… **Es de….**
       1.1
    I'm from… **Soy de…** 1.1
fruit **fruta** *f.* 1.8
    fruit juice **jugo** *m.* **de**
       fruta 1.8
fun **divertido/a** *adj.* 1.7
    fun activity **diversión** *f.* 1.4
    have fun **divertirse (e:ie)** *v.*
       1.9
function **funcionar** *v.*

G

game **juego** *m.*; *(match)*
    partido *m.* 1.4
garlic **ajo** *m.* 1.8
geography **geografía** *f.* 1.2
German **alemán, alemana**
    adj. 1.3
get **conseguir (e:i)** *v.* 1.4
    get along well/badly (with)
       llevarse bien/mal (con)
       1.9
    get up **levantarse** *v.* 1.7
gift **regalo** *m.* 1.6

girl **chica** *f.* 1.1;
    muchacha *f.* 1.3
girlfriend **novia** *f.* 1.3
give **dar** *v.* 1.6, 1.9;
    (as a gift) **regalar** 1.9
glasses **gafas** *f., pl.* 1.6
    sunglasses **gafas** *f., pl.*
       de sol 1.6
gloves **guantes** *m., pl.* 1.6
go **ir** *v.* 1.4
    go away **irse** 1.7
    go by boat **ir en barco** 1.5
    go by bus **ir en autobús** 1.5
    go by car **ir en auto(móvil)**
       1.5
    go by motorcycle **ir en**
       motocicleta 1.5
    go by taxi **ir en taxi** 1.5
    go down **bajar(se)** *v.*
    go on a hike (in the mountains)
       ir de excursión (a las
       montañas) 1.4
    go out **salir** *v.* 1.9
    go out (with) **salir** *v.* **(con)**
       1.9
    go up **subir** *v.*
    Let's go. **Vamos.** 1.4
    be going to (*do something*) **ir a**
       (+ inf.) 1.4
golf **golf** *m.* 1.4
good **buen, bueno/a** *adj.*
    1.3, 1.6
    Good afternoon. **Buenas**
       tardes. 1.1
    Good evening. **Buenas**
       noches. 1.1
    Good idea. **Buena idea.** 1.4
    Good morning. **Buenos**
       días. 1.1
    Good night. **Buenas**
       noches. 1.1
good-bye **adiós** *m.* 1.1
    say good-bye (to) **despedirse**
       (e:i) (de) *v.* 1.7
good-looking **guapo/a** *adj.* 1.3
graduate (from/in) **graduarse** *v.*
    (de/en) 1.9
grains **cereales** *m., pl.* 1.8
granddaughter **nieta** *f.* 1.3
grandfather **abuelo** *m.* 1.3
grandmother **abuela** *f.* 1.3
grandparents **abuelos** *m. pl.* 1.3
grandson **nieto** *m.* 1.3
grape **uva** *f.* 1.8
gray **gris** *adj.* 1.6
great **fenomenal** *adj.* 1.5
great-grandfather **bisabuelo** *m.*
    1.3
great-grandmother **bisabuela** *f.*
    1.3
green **verde** *adj.* 1.3
greeting **saludo** *m.* 1.1
    Greetings to… **Saludos a…**
       1.1
    grilled flank steak **lomo** *m.* **a**
       la plancha 1.8

ground floor **planta baja** *f.* 1.5
guest (at a house/hotel) **huésped**
    m., f. 1.5; *(invited to a func-*
    tion) **invitado/a** *m., f.* 1.9
gymnasium **gimnasio** *m.* 1.4

H

hair **pelo** *m.* 1.7
half **medio/a** *adj.* 1.3
    half-past… *(time)* …**y**
       media 1.1
half-brother **medio hermano**
    1.3
half-sister **media hermana** 1.3
ham **jamón** *m.* 1.8
hamburger **hamburguesa** *f.* 1.8
hand **mano** *f.* 1.1
    Hands up! **¡Manos arriba!**
handsome **guapo/a** *adj.* 1.3
happiness **alegría** *v.* 1.9
happy **alegre** *adj.* 1.5;
    contento/a *adj.* 1.5; **feliz**
       adj. 1.5
    Happy birthday! **¡Feliz**
       cumpleaños! 1.9
hard **difícil** *adj.* 1.3
hard-working **trabajador(a)**
    adj. 1.3
haste **prisa** *f.* 1.3
hat **sombrero** *m.* 1.6
hate **odiar** *v.* 1.9
have **tener** *v.* 1.3
    Have a good trip! **¡Buen**
       viaje! 1.1
    have time **tener tiempo** 1.4
    have to (*do something*) **tener**
       que (+ inf.) 1.3; **deber**
       (+ inf.)
he **él** *sub. pron.* 1.1
hear **oír** *v.* 1.4
heat **calor** *m.* 1.5
Hello. **Hola.** 1.1
help **servir (e:i)** *v.* 1.5
her **su(s)** *poss. adj.* 1.3;
    la *f., sing., d.o. pron.* 1.5
    to/for her **le** *f., sing., i.o.*
    pron. 1.6
here **aquí** *adv.* 1.1
    Here it is. **Aquí está.** 1.5
    Here we are at/in… **Aquí**
       estamos en…
Hi. **Hola.** 1.1
hike **excursión** *f.* 1.4
    go on a hike **hacer una**
       excursión; ir de
       excursión 1.4
hiker **excursionista** *m., f.*
hiking **de excursión** 1.4
him **lo** *m., sing., d.o. pron.* 1.5
    to/for him **le** *m., sing., i.o.*
    pron. 1.6
his **su(s)** *poss. adj.* 1.3
history **historia** *f.* 1.2
hobby **pasatiempo** *m.* 1.4

hockey **hockey** *m.* 1.4
holiday **día** *m.* **de fiesta** 1.9
home **casa** *f.* 1.2
homework **tarea** *f.* 1.2
hope **esperar** *v.* **(+** *inf.***)** 1.2
hors d'oeuvres **entremeses** *m.,
  pl.* 1.8
horse **caballo** *m.* 1.5
hot: be *(feel)* (very) hot **tener
  (mucho) calor** 1.3
  It's (very) hot **Hace (mucho)
  calor** 1.5
hotel **hotel** *m.* 1.5
hour **hora** *f.* 1.1
house **casa** *f.* 1.2
How...! **¡Qué...!** 1.3
  how? **¿cómo?** *adv.* 1.1
  How are you? **¿Qué tal?** 1.1
  How are you? **¿Cómo estás?**
  fam. 1.1
  How are you? **¿Cómo está
  usted?** *form.* 1.1
  How can I help you? **¿En qué
  puedo servirles?** 1.5
  How is it going? **¿Qué tal?** 1.1
  How is/are...? **¿Qué
  tal...?** 1.2
  How much/many?
  ¿Cuánto(s)/a(s)? 1.1
  How much does... cost?
  ¿Cuánto cuesta...? 1.6
  How old are you? **¿Cuántos
  años tienes?** *fam.* 1.3
however **sin embargo**
humanities **humanidades** *f., pl.*
  1.2
hundred **cien, ciento** *n., adj.* 1.2
hunger **hambre** *f.* 1.3
hungry: be (very) hungry **tener** *v.*
  (mucha) hambre 1.3
hurry
  be in a (big) hurry **tener** *v.*
  (mucha) prisa 1.3
husband **esposo** *m.* 1.3

I

I **Yo** *sub. pron.* 1.1
  I am... **Yo soy...** 1.1
ice cream **helado** *m.* 1.9
iced **helado/a** *adj.* 1.8
  iced tea **té** *m.* **helado** 1.8
idea **idea** *f.* 1.4
if **si** *conj.* 1.4
important **importante** *adj.* 1.3
  be important to **importar** *v.*
  1.7
in **en** *prep.* 1.2
  in a bad mood **de mal
  humor** 1.5
  in a good mood **de buen
  humor** 1.5
  in front of **delante de** *prep.* 1.2
  in love (with) **enamorado/a
  (de)** 1.5

in the afternoon **de la tarde**
  1.1; **por la tarde** 1.7
in the direction of **para**
  prep. 1.1
in the early evening **de la
  tarde** 1.1
in the evening **de la noche**
  1.1; **por la tarde** 1.7
in the morning **de la mañana**
  1.1; **por la mañana** 1.7
incredible **increíble** *adj.* 1.5
inside **dentro** *adv.*
intelligent **inteligente** *adj.* 1.3
intend to **pensar** *v.* **(+** *inf.***)** 1.4
interest **interesar** *v.* 1.7
interesting **interesante** *adj.* 1.3
  be interesting to **interesar** *v.* 1.7
introduction **presentación** *f.*
  I would like to introduce you to
  (name). **Le presento a...**
  form. 1.1; **Te presento a...**
  fam. 1.1
invite **invitar** *v.* 1.9
it **lo/la** *sing., d.o., pron.* 1.5
  It's me. **Soy yo.** 1.1
Italian **italiano/a** *adj.* 1.3
its **su(s)** *poss. adj.* 1.3

J

jacket **chaqueta** *f.* 1.6
January **enero** *m.* 1.5
Japanese **japonés, japonesa**
  adj. 1.3
jeans **(blue)jeans** *m., pl.* 1.6
jog **correr** *v.*
journalism **periodismo** *m.* 1.2
journalist **periodista** *m., f.* 1.3
joy **alegría** *f.* 1.9
  give joy **dar** *v.* **alegría** 1.9
joyful **alegre** *adj.* 1.5
juice **jugo** *m.* 1.8
July **julio** *m.* 1.5
June **junio** *m.* 1.5
just **apenas** *adv.*
  have just *(done something)*
  acabar de *(+ inf.)* 1.6

K

key **llave** *f.* 1.5
kind: That's very kind of
  you. **Muy amable.** 1.5
kiss **beso** *m.* 1.9
know **saber** *v.* 1.6;
  conocer *v.* 1.6
  know how **saber** *v.* 1.6

L

laboratory **laboratorio** *m.* 1.2
lack **faltar** *v.* 1.7
landlord **dueño/a** *m., f.* 1.8
landscape **paisaje** *m.* 1.5

language **lengua** *f.* 1.2
large **grande** *adj.* 1.3;
  (clothing size) **talla
  grande**
last **pasado/a** *adj.* 1.6;
  último/a *adj.*
  last name **apellido** *m.* 1.3
  last night **anoche** *adv.* 1.6
  last week **semana** *f.* **pasada**
  1.6
  last year **año** *m.* **pasado** 1.6
late **tarde** *adv.* 1.7
later (on) **más tarde** 1.7
  See you later. **Hasta la vista.**
  1.1; **Hasta luego.** 1.1
laugh **reírse (e:i)** *v.* 1.9
lazy **perezoso/a** *adj.*
learn **aprender** *v.* **(a +** *inf.***)** 1.3
leave **salir** *v.* 1.4; **irse** *v.* 1.7
  leave a tip **dejar una
  propina** 1.9
  leave for *(a place)* **salir para**
  leave from **salir de**
left **izquierdo/a** *adj.* 1.2
  be left over **quedar** *v.* 1.7
  to the left of **a la izquierda
  de** 1.2
lemon **limón** *m.* 1.8
lend **prestar** *v.* 1.6
less **menos** *adv.*
  less... than **menos... que** 1.8
  less than **menos de (+** *number*)
  1.8
lesson **lección** *f.* 1.1
let's see **a ver** 1.2
letter **carta** *f.* 1.4
lettuce **lechuga** *f.* 1.8
library **biblioteca** *f.* 1.2
lie **mentira** *f.* 1.4
life **vida** *f.* 1.9
like **como** *prep.* 1.8;
  gustar *v.* 1.2
  Do you like...? **¿Te
  gusta(n)...?** 1.2
  I don't like them at all. **No me
  gustan nada.** 1.2
  I like... **Me gusta(n)...** 1.2
  like very much **encantar** *v.*;
  fascinar *v.* 1.7
likeable **simpático/a** *adj.* 1.3
likewise **igualmente** *adv.* 1.1
line **línea** *f.*
listen (to) **escuchar** *v.* 1.2
  Listen! *(command)* **¡Oye!** *fam.,
  sing.* 1.1; **¡Oiga/Oigan!**
  form., sing./pl. 1.1
  listen to music **escuchar
  música** 1.2
  listen (to) the radio **escuchar
  la radio** 1.2
literature **literatura** *f.* 1.2
little *(quantity)* **poco/a**
  adj. 1.5
live **vivir** *v.* 1.3
loan **prestar** *v.* 1.6
lobster **langosta** *f.* 1.8

long **largo/a** *adj.* 1.6
look (at) **mirar** *v.* 1.2
   look for **buscar** *v.* 1.2
lose **perder (e:ie)** *v.* 1.4
lot of, a **mucho/a** *adj.* 1.2, 1.3
love (*another person*) **querer
   (e:ie)** *v.* 1.4; (*inanimate objects*)
   encantar *v.* 1.7; **amor** *m.*
   1.9
   in love **enamorado/a** *adj.* 1.5
luck **suerte** *f.* 1.3
lucky: be (very) lucky **tener
   (mucha) suerte** 1.3
luggage **equipaje** *m.* 1.5
lunch **almuerzo** *m.* 1.8
   have lunch **almorzar (o:ue)** *v.*
   1.4

M

ma'am **señora (Sra.)** *f.* 1.1
mad **enojado/a** *adj.* 1.5
magazine **revista** *f.* 1.4
magnificent **magnífico/a**
   adj. 1.5
main **principal** *adj.* 1.8
major **especialización** *f.* 1.2
make **hacer** *v.* 1.4
makeup **maquillaje** *m.* 1.7
   put on makeup **maquillarse**
   v. 1.7
man **hombre** *m.* 1.1
many **mucho/a** *adj.* 1.3
map **mapa** *m.* 1.2
March **marzo** *m.* 1.5
margarine **margarina** *f.* 1.8
marinated fish **ceviche** *m.* 1.8
   lemon-marinated shrimp
   ceviche *m.* **de camarón** 1.8
marital status **estado** *m.*
   civil 1.9
market **mercado** *m.* 1.6
   open-air market **mercado al
   aire libre** 1.6
marriage **matrimonio** *m.* 1.9
married **casado/a** *adj.* 1.9
   get married (to) **casarse** *v.*
   (con) 1.9
marvelous **maravilloso/a**
   adj. 1.5
match (*sports*) **partido** *m.* 1.4
   match (with) **hacer** *v.* **juego
   (con)** 1.6
mathematics **matemáticas**
   f., pl. 1.2
matter **importar** *v.* 1.7
maturity **madurez** *f.* 1.9
May **mayo** *m.* 1.5
maybe **tal vez** *adv.* 1.5; **quizás**
   adv. 1.5
mayonnaise **mayonesa** *f.* 1.8
me **me** *sing., d.o. pron.* 1.5; *mí*
   pron., obj. of prep. 1.9
   to/for me **me** *sing., i.o.*
   pron. 1.6

meal **comida** *f.* 1.8
meat **carne** *f.* 1.8
medium **mediano/a** *adj.*
meet (*each other*) **conocer(se)** *v.*
   1.8
menu **menú** *m.* 1.8
message **mensaje** *m.*
Mexican **mexicano/a** *adj.* 1.3
Mexico **México** *m.* 1.1
middle age **madurez** *f.* 1.9
midnight **medianoche** *f.* 1.1
milk **leche** *f.* 1.8
million **millón** *m.* 1.2
   million of **millón de** *m.* 1.2
mineral water **agua** *f.*
   mineral 1.8
minute **minuto** *m.* 1.1
mirror **espejo** *m.* 1.7
Miss **señorita (Srta.)** *f.* 1.1
miss **perder (e:ie)** *v.* 1.4
mistaken **equivocado/a** *adj.*
modem **módem** *m.*
mom **mamá** *f.* 1.3
Monday **lunes** *m., sing.* 1.2
money **dinero** *m.* 1.6
month **mes** *m.* 1.5
monument **monumento** *m.* 1.4
more **más** 1.2
   more... than **más... que** 1.8
   more than **más de
   (+ number)** 1.8
morning **mañana** *f.* 1.1
mother **madre** *f.* 1.3
mother-in-law **suegra** *f.* 1.3
motor **motor** *m.*
motorcycle **motocicleta** *f.* 1.5
mountain **montaña** *f.* 1.4
movie **película** *f.* 1.4
movie theater **cine** *m.* 1.4
Mr. **señor (Sr.); don** *m.* 1.1
Mrs. **señora (Sra.); doña** *f.* 1.1
much **mucho/a** *adj.* 1.2, 1.3
   very much **muchísimo/a**
   adj. 1.2
municipal **municipal** *adj. m., f.*
museum **museo** *m.* 1.4
mushroom **champiñón** *m.* 1.8
music **música** *f.* 1.2
must **deber** *v.* **(+ inf.)** 1.3
   It must be... **Debe ser...** 1.6
my **mi(s)** *poss. adj.* 1.3

N

name **nombre** *m.* 1.1
   be named **llamarse** *v.* 1.7
   in the name of **a nombre
   de** 1.5
   last name *m.* **apellido**
   My name is... **Me
   llamo...** 1.1
nationality **nacionalidad** *f.* 1.1
near **cerca de** *prep.* 1.2
need **faltar** *v.* 1.7; **necesitar** *v.*
   (+ inf.) 1.2

negative **negativo/a** *adj.*
neither **tampoco** *adv.* 1.7
neither... nor **ni... ni** *conj.* 1.7
nephew **sobrino** *m.* 1.3
nervous **nervioso/a** *adj.* 1.5
never **nunca** *adv.* 1.7;
   jamás *adv.* 1.7
new **nuevo/a** *adj.* 1.6
newlywed **recién casado/a**
   m., f. 1.9
newspaper **periódico** *m.* 1.4
next to **al lado de** *prep.* 1.2
nice **simpático/a** *adj.* 1.3;
   amable *adj.* 1.5
niece **sobrina** *f.* 1.3
night **noche** *f.* 1.1
nine **nueve** *n., adj.* 1.1
nine hundred
   novecientos/as *n., adj.* 1.2
nineteen **diecinueve** *n., adj.* 1.1
ninety **noventa** *n., adj.* 1.2
ninth **noveno/a** *n., adj.* 1.5
no **no** *adv.* 1.1; **ningún,
   ninguno/a(s)** *adj.* 1.7
   no one **nadie** *pron.* 1.7
   No problem. **No hay
   problema.** 1.7
nobody **nadie** *pron.* 1.7
none **ningún, ninguno/a(s)**
   pron. 1.7
noon **mediodía** *m.* 1.1
nor **ni** *conj.* 1.7
not **no** 1.1
   not any **ningún, ninguno/a(s)**
   adj. 1.7
   not anyone **nadie** *pron.* 1.7
   not anything **nada** *pron.* 1.7
   not bad at all **nada mal** 1.5
   not either **tampoco** *adv.* 1.7
   not ever **nunca** *adv.* 1.7;
   jamás *adv.* 1.7
   Not very well. **No muy
   bien.** 1.1
notebook **cuaderno** *m.* 1.1
nothing **nada** *pron.* 1.1; 1.7
noun **sustantivo** *m.*
November **noviembre** *m.* 1.5
now **ahora** *adv.* 1.2
nowadays **hoy día** *adv.*
number **número** *m.* 1.1

O

obtain **conseguir (e:i)** *v.* 1.4
o'clock: It's... o'clock. **Son
   las...** 1.1
   It's one o'clock. **Es la una.** 1.1
October **octubre** *m.* 1.5
of **de** *prep.* 1.1
offer **ofrecer** *v.* 1.6
Oh! **¡Ay!**
oil **aceite** *m.* 1.8
OK **regular** *adj.* 1.1
   It's okay. **Está bien.**
old **viejo/a** *adj.* 1.3

old age **vejez** *f.* 1.9
older **mayor** *adj.* 1.3
  older brother/sister **hermano/a
  mayor** *m., f.* 1.3
oldest **el/la mayor** *adj.* 1.8
on **en** *prep.* 1.2; **sobre** *prep.* 1.2
  on the dot **en punto** 1.1
  on top of **encima de** 1.2
once **una vez** 1.6
one **un, uno/a** *m., f., sing.
  pron.* 1.1
  one hundred **cien(to)** *n., adj.*
  1.2
  one million **un millón** *m.* 1.2
  one more time **una vez más**
  1.9
  one thousand **mil** *n., adj.* 1.2
  one time **una vez** 1.6
onion **cebolla** *f.* 1.8
only **sólo** *adv.* 1.3; **único/a**
  adj. 1.3
  only child **hijo/a único/a**
  m., f. 1.3
open **abierto/a** *adj.* 1.5;
  abrir *v.* 1.3
open-air **al aire libre** 1.6
or **o** *conj.* 1.7
orange **anaranjado/a** *adj.* 1.6;
  naranja *f.* 1.8
order (*food*) **pedir (e:i)** *v.* 1.8
orderly **ordenado/a** *adj.* 1.5
ordinal (*numbers*) **ordinal** *adj.*
other **otro/a** *adj.* 1.6
ought to **deber** *v.* (+ *inf.*) 1.3
our **nuestro(s)/a(s)** *poss. adj.*
  1.3
over **sobre** *prep.* 1.2
over there **allá** *adv.* 1.2
owner **dueño/a** *m., f.* 1.8

P

P.M. **tarde** *f.* 1.1
pack (one's suitcases) **hacer** *v.* **las
  maletas** 1.5
pair **par** *m.* 1.6
  pair of shoes **par de
  zapatos** *m.* 1.6
pants **pantalones** *m., pl.* 1.6
pantyhose **medias** *f., pl.* 1.6
paper **papel** *m.* 1.2
Pardon me. (*May I?*) **Con
  permiso.** 1.1; (*Excuse me.*)
  Pardon me. **Perdón.** 1.1
parents **padres** *m., pl.* 1.3;
  papás *m., pl.* 1.3
park **parque** *m.* 1.4
partner (*one of a married couple*)
  pareja *f.* 1.9
party **fiesta** *f.* 1.9
passed **pasado/a** *adj., p.p.*
passenger **pasajero/a** *m., f.* 1.1
passport **pasaporte** *m.* 1.5
past **pasado/a** *adj.* 1.6
pastime **pasatiempo** *m.* 1.4

pay **pagar** *v.* 1.6
  pay the bill **pagar la
  cuenta** 1.9
pea **arveja** *m.* 1.8
peach **melocotón** *m.* 1.8
pear **pera** *f.* 1.8
pen **pluma** *f.* 1.2
pencil **lápiz** *m.* 1.1
people **gente** *f.* 1.3
pepper (*black*) **pimienta** *f.* 1.8
perfect **perfecto/a** *adj.* 1.5
perhaps **quizás** *adv.*; **tal vez** *adv.*
permission **permiso** *m.*
person **persona** *f.* 1.3
phenomenal **fenomenal** *adj.* 1.5
photograph **foto(grafía)** *f.* 1.1
physician **doctor(a)** *m., f.,*
  médico/a *m., f.* 1.3
physics **física** *f. sing.* 1.2
pie **pastel** *m.* 1.9
pineapple **piña** *f.* 1.8
pink **rosado/a** *adj.* 1.6
place **lugar** *m.* 1.4; **poner** *v.*
  1.4
plaid **de cuadros** 1.6
plans **planes** *m., pl.*
  have plans **tener planes**
play **jugar (u:ue)** *v.* 1.4; (*cards*)
  jugar a (las cartas) 1.5
  play sports **practicar
  deportes** 1.4
player **jugador(a)** *m., f.* 1.4
pleasant **agradable** *adj.*
please **por favor** 1.1
  Pleased to meet you. **Mucho
  gusto.** 1.1; **Encantado/a.**
  adj. 1.1
pleasing: be pleasing to **gustar** *v.*
  1.2, 1.7
pleasure **gusto** *m.* 1.1
  The pleasure is mine. **El gusto
  es mío.** 1.1
polka-dotted **de lunares** 1.6
pool **piscina** *f.* 1.4
poor **pobre** *adj.* 1.6
pork **cerdo** *m.* 1.8
  pork chop **chuleta** *f.* **de
  cerdo** 1.8
possessive **posesivo/a** *adj.* 1.3
postcard **postal** *f.*
potato **papa** *f.* 1.8;
  patata *f.* 1.8
practice **practicar** *v.* 1.2
prefer **preferir (e:ie)** *v.* 1.4
prepare **preparar** *v.* 1.2
preposition **preposición** *f.*
pretty **bonito/a** *adj.* 1.3
price **precio** *m.* 1.6
  (fixed, set) price **precio** *m.*
  fijo 1.6
print **estampado/a** *adj*
private (*room*) **individual** *adj.*
problem **problema** *m.* 1.1
profession **profesión** *f.* 1.3
professor **profesor(a)** *m., f.*

program **programa** *m.* 1.1
programmer **programador(a)**
  m., f. 1.3
pronoun **pronombre** *m.*
psychology **psicología** *f.* 1.2
Puerto Rican **puertorriqueño/a**
  adj. 1.3
Puerto Rico **Puerto Rico** *m.* 1.1
pull a tooth **sacar una muela**
purchases **compras** *f., pl.* 1.5
purple **morado/a** *adj.* 1.6
purse **bolsa** *f.* 1.6
put **poner** *v.* 1.4
  put on (*clothing*) **ponerse** *v.* 1.7
  put on makeup **maquillarse** *v.*
  1.7

Q

quality **calidad** *f.* 1.6
quarter **trimestre** *m.* 1.2
  quarter after (*time*) **y
  cuarto** 1.1; **y quince** 1.1
  quarter to (*time*)
  menos cuarto 1.1;
  menos quince 1.1
question **pregunta** *f.* 1.2
quiz **prueba** *f.* 1.2

R

radio (*medium*) **radio** *f.* 1.2
rain **llover (o:ue)** *v.* 1.5
  It's raining. **Llueve.** 1.5; **Está
  lloviendo.** 1.5
raincoat **impermeable** *m.* 1.6
read **leer** *v.* 1.3.
  read e-mail **leer correo
  electrónico** 1.4
  read a magazine **leer una
  revista** 1.4
  read a newspaper **leer un
  periódico** 1.4
ready **listo/a** *adj.* 1.5
receive **recibir** *v.* 1.3
recommend **recomendar (e:ie)** *v.*
  1.8
recreation **diversión** *f.* 1.4
red **rojo/a** *adj.* 1.3
red-haired **pelirrojo/a** *adj.* 1.3
relatives **parientes** *m., pl.* 1.3
relax **relajarse** *v.* 1.9;
  Tranquilo/a. 1.7
remain **quedarse** *v.* 1.7
remember **acordarse (o:ue)** *v.*
  (de) 1.7; **recordar (o:ue)** *v.*
  1.4
repeat **repetir (e:i)** *v.* 1.4
request **pedir (e:i)** *v.* 1.4
reservation **reservación** *f.* 1.5
rest **descansar** *v.* 1.2
restaurant **restaurante** *m.* 1.4
retire (*from work*) **jubilarse** *v.* 1.9
return **regresar** *v.* 1.2; **volver**

(o:ue) *v.* 1.4
     return trip **vuelta** *f.*
rice **arroz** *m.* 1.8
rich **rico/a** *adj.* 1.6
ride: ride a bicycle **pasear** *v.* **en bicicleta** 1.4
     ride a horse **montar** *v.* **a caballo** 1.5
right **derecha** *f.* 1.2
     be right **tener razón** 1.3
     right away **enseguida** *adv.* 1.9
     right now **ahora mismo** 1.5
     to the right of **a la derecha de** 1.2
     right? (*question tag*) **¿no?** 1.1; **¿verdad?** 1.1
road **camino** *m.*
roast **asado/a** *adj.* 1.8
roast chicken **pollo** *m.* **asado** 1.8
rollerblade **patinar en línea** *v.*
room **habitación** *f.* 1.5; **cuarto** *m.* 1.2; 1.7
roommate **compañero/a** *m., f.* **de cuarto** 1.2
roundtrip **de ida y vuelta** 1.5
     roundtrip ticket **pasaje** *m.* **de ida y vuelta** 1.5
routine **rutina** *f.* 1.7
run **correr** *v.* 1.3
Russian **ruso/a** *adj.* 1.3

S

sad **triste** *adj.* 1.5
safe **seguro/a** *adj.* 1.5
sailboard **tabla de windsurf** *f.* 1.5
salad **ensalada** *f.* 1.8
sale **rebaja** *f.* 1.6
salesperson **vendedor(a)** *m., f.* 1.6
salmon **salmón** *m.* 1.8
salt **sal** *f.* 1.8
same **mismo/a** *adj.* 1.3
sandal **sandalia** *f.* 1.6
sandwich **sándwich** *m.* 1.8
Saturday **sábado** *m.* 1.2
sausage **salchicha** *f.* 1.8
say **decir** *v.* 1.4
     say (that) **decir (que)** *v.* 1.4, 1.9
     say the answer **decir la respuesta** 1.4
scared: be (very) scared (of) **tener (mucho) miedo (de)** 1.3
schedule **horario** *m.* 1.2
school **escuela** *f.* 1.1
science *f.* **ciencia** 1.2
scuba dive **bucear** *v.* 1.4
sea **mar** *m.* 1.5
season **estación** *f.* 1.5
seat **silla** *f.* 1.2
second **segundo/a** *n., adj.* 1.5

see **ver** *v.* 1.4
     see movies **ver películas** 1.4
     See you. **Nos vemos.** 1.1
     See you later. **Hasta la vista.** 1.1; **Hasta luego.** 1.1
     See you soon. **Hasta pronto.** 1.1
     See you tomorrow. **Hasta mañana.** 1.1
seem **parecer** *v.* 1.6
sell **vender** *v.* 1.6
semester **semestre** *m.* 1.2
separate (from) **separarse** *v.* **(de)** 1.9
separated **separado/a** *adj.* 1.9
September **septiembre** *m.* 1.5
sequence **secuencia** *f.*
serve **servir (e:i)** *v.* 1.8
set (*fixed*) **fijo/a** *adj.* 1.6
seven **siete** *n., adj.* 1.1
seven hundred **setecientos/as** *n., adj.* 1.2
seventeen **diecisiete** *n., adj.* 1.1
seventh **séptimo/a** *n., adj.* 1.5
seventy **setenta** *n., adj.* 1.2
several **varios/as** *adj. pl.* 1.8
shampoo **champú** *m.* 1.7
share **compartir** *v.* 1.3
sharp (*time*) **en punto** 1.1
shave **afeitarse** *v.* 1.7
shaving cream **crema** *f.* **de afeitar** 1.7
she **ella** *sub. pron.* 1.1
shellfish **mariscos** *m., pl.* 1.8
ship **barco** *m.*
shirt **camisa** *f.* 1.6
shoe **zapato** *m.* 1.6
     shoe size **número** *m.* 1.6
     tennis shoes **zapatos** *m., pl.* **de tenis** 1.6
shop **tienda** *f.* 1.6
shopping: to go shopping **ir de compras** 1.5
shopping mall **centro comercial** *m.* 1.6
short (*in height*) **bajo/a** *adj.* 1.3; (*in length*) **corto/a** *adj.* 1.6
shorts **pantalones cortos** *m., pl.* 1.6
should (*do something*) **deber** *v.* **(+ inf.)** 1.3
show **mostrar (o:ue)** *v.* 1.4
shower **ducha** *f.* 1.7; **ducharse** *v.* 1.7
shrimp **camarón** *m.* 1.8
siblings **hermanos/as** *m., f. pl.* 1.3
silk **seda** *f.* 1.6
     (made of) silk **de seda** 1.6
silly **tonto/a** *adj.* 1.3
since **desde** *prep.*
sing **cantar** *v.* 1.2
single **soltero/a** *adj.* 1.9
     single room **habitación** *f.* **individual** 1.5
sink **lavabo** *m.* 1.7

sir **señor (Sr.)** *m.* 1.1
sister **hermana** *f.* 1.3
sister-in-law **cuñada** *f.* 1.3
sit down **sentarse (e:ie)** *v.* 1.7
six **seis** *n., adj.* 1.1
six hundred **seiscientos/as** *n., adj.* 1.2
sixteen **dieciséis** *n., adj.* 1.1
sixth **sexto/a** *n., adj.* 1.5
sixty **sesenta** *n., adj.* 1.2
size **talla** *f.* 1.6
     shoe size **número** *m.* 1.6
skate (in-line) **patinar** *v.* **(en línea)** 1.4
skateboard **andar en patineta** *v.* 1.4
ski **esquiar** *v.* 1.4
skiing **esquí** *m.* 1.4
     waterskiing **esquí** *m.* **acuático** 1.4
skirt **falda** *f.* 1.6
sleep **dormir (o:ue)** *v.* 1.4; **sueño** *m.* 1.3
     go to sleep **dormirse (o:ue)** *v.* 1.7
sleepy: be (very) sleepy **tener (mucho) sueño** 1.3
slender **delgado/a** *adj.* 1.3
slippers **pantuflas** *f.* 1.7
small **pequeño/a** *adj.* 1.3
smart **listo/a** *adj.* 1.5
smile **sonreír (e:i)** *v.* 1.9
smoggy: It's (very) smoggy. **Hay (mucha) contaminación.**
smoke **fumar** *v.* 1.8
smoking section **sección** *f.* **de fumar** 1.8
     nonsmoking section *f.* **sección de no fumar** 1.8
snack **merendar** *v.* 1.8
sneakers **los zapatos de tenis** 1.6
snow **nevar (e:ie)** *v.* 1.5; **nieve** *f.*
snowing: It's snowing. **Nieva.** 1.5; **Está nevando.** 1.5
so **tan** *adv.* 1.5
     so much **tanto** *adv.*
     so-so **regular** 1.1
soap **jabón** *m.* 1.7
soccer **fútbol** *m.* 1.4
sociology **sociología** *f.* 1.2
sock(s) **calcetín (calcetines)** *m.* 1.6
soft drink **refresco** *m.* 1.8
some **algún, alguno/a(s)** *adj.* 1.7; **unos/as** *pron. m., f. pl.; indef. art.* 1.1
somebody **alguien** *pron.* 1.7
someone **alguien** *pron.* 1.7
something **algo** *pron.* 1.7
son **hijo** *m.* 1.3
son-in-law **yerno** *m.* 1.3
soon **pronto** *adv.*
     See you soon. **Hasta pronto.** 1.1
sorry

I'm sorry. **Lo siento.**   1.4
I'm so sorry. **Mil perdones.**
   1.4; **Lo siento**
   muchísimo.   1.4
soup **sopa** f.   1.8
Spain **España** f.   1.1
Spanish (language) **español** m.
   1.2; **español(a)** adj.   1.3
spare time **ratos libres**   1.4
speak **hablar** v.   1.2
spelling **ortografía** f.;
   ortográfico/a adj.
spend (money) **gastar** v.   1.6
sport **deporte** m.   1.4
sports-related **deportivo/a**
   adj.   1.4
spouse **esposo/a** m., f.   1.3
spring **primavera** f.   1.5
square (city or town) **plaza** f.   1.4
stadium **estadio** m.   1.2
stage **etapa** f.   1.9
station **estación** f.   1.5
status: marital status **estado** m.
   civil   1.9
stay **quedarse** v.   1.7
steak **bistec** m.   1.8
step **etapa** f.
stepbrother **hermanastro**
   m.   1.3
stepdaughter **hijastra** f.   1.3
stepfather **padrastro** m.   1.3
stepmother **madrastra** f.   1.3
stepsister **hermanastra** f.   1.3
stepson **hijastro** m.   1.3
still **todavía** adv.   1.5
stockings **medias** f., pl.   1.6
store **tienda** f.   1.6
strawberry **frutilla** f.; **fresa** f.
stripe **raya** f.   1.6
   striped **de rayas**   1.6
stroll **pasear** v.   1.4
student **estudiante** m., f.
   1.1, 1.2; **estudiantil** adj.   1.2
study **estudiar** v.   1.2
stupendous **estupendo/a**
   adj.   1.5
style **estilo** m.
subway **metro** m.   1.5
   subway station **estación** f.
   del metro   1.5
such as **tales como**
suddenly **de repente** adv.   1.6
sugar **azúcar** m.   1.8
suit **traje** m.   1.6
suitcase **maleta** f.   1.1
summer **verano** m.   1.5
sun **sol** m.   1.5
sunbathe **tomar** v. **el sol**   1.4
Sunday **domingo** m.   1.2
sunglasses **gafas** f., pl.
   de sol   1.6
sunny: It's (very) sunny. **Hace**
   (mucho) sol.   1.5
suppose **suponer** v.   1.4
sure **seguro/a** adj.   1.5

be sure **estar seguro/a**   1.5
surfboard **tabla de surf** f.   1.5
surprise **sorprender** v.   1.9;
   sorpresa f.   1.9
sweater **suéter** m.   1.6
sweets **dulces** m., pl.   1.9
swim **nadar** v.   1.4
swimming **natación** f.   1.4
swimming pool **piscina** f.   1.4

T

table **mesa** f.   1.2
take **tomar** v.   1.2; **llevar** v.   1.6
   take a bath **bañarse** v.   1.7
   take (wear) a shoe size v.
   calzar   1.6
   take a shower **ducharse** v.   1.7
   take off **quitarse** v.   1.7
   take photos **tomar fotos**   1.5;
   sacar fotos   1.5
talk v. **hablar**   1.2
tall **alto/a** adj.   1.3
tape (audio) **cinta** f.
taste **probar (o:ue)** v.   1.8;
   saber v.   1.8
   taste like **saber a**   1.8
tasty **rico/a** adj.   1.8; **sabroso/a**
   adj.   1.8
taxi **taxi** m.   1.5
tea **té** m.   1.8
teach **enseñar** v.   1.2
teacher **profesor(a)** m., f.
   1.1, 1.2
team **equipo** m.   1.4
television **televisión** f.   1.2
tell **contar (o:ue)** v.   1.4; **decir**
   v.   1.4
tell (that) **decir** v. **(que)**   1.4, 1.9
   tell lies **decir mentiras**   1.4
   tell the truth **decir la verdad**
   1.4
ten **diez** n., adj.   1.1
tennis **tenis** m.   1.4
tennis shoes **zapatos** m., pl. **de**
   tenis   1.6
tent **tienda** f. **de campaña**
tenth **décimo/a** n., adj.   1.5
terrific **chévere** adj.
test **prueba** f.   1.2; **examen**
   m.   1.2
Thank you. **Gracias.**   1.1
   Thank you (very much).
   (Muchas) gracias.   1.1
   Thank you very, very much.
   Muchísimas gracias.   1.9
   Thanks (a lot). **(Muchas)**
   gracias.   1.1
   Thanks again. (lit. Thanks one
   more time.) **Gracias una vez**
   más.   1.9
   Thanks for everything. **Gracias**
   por todo.   1.9
that (one) **ése, ésa, eso** pron.
   1.6; **ese, esa** adj.   1.6

that (over there) **aquél,**
   aquélla, aquello pron.   1.6;
   aquel, aquella adj.   1.6
that's me **soy yo**   1.1
the **el** m., sing. **la** f. sing., **los** m.,
   pl. **las** f., pl.
their **su(s)** poss. adj.   1.3
them **los/las** pl., d.o. pron.   1.5;
   ellos/as pron., obj. of prep.   1.9
   to/for them **les** pl., i.o. pron.
   1.6
then **después** (afterward)
   adv.   1.7; **entonces** (as a
   result) adv.   1.7; **luego** (next)
   adv.   1.7
there **allí** adv.   1.2
   There is/are... **Hay...**   1.1
   There is/are not... **No hay...**
   1.1
these **éstos, éstas** pron.   1.6;
   estos, estas adj.   1.6
they **ellos** m., pron. **ellas** f., pron.
thin **delgado/a** adj.   1.3
thing **cosa** f.   1.1
think **pensar (e:ie)** v.   1.4;
   (believe) **creer** v.
   think about **pensar en** v.   1.4
third **tercero/a** n., adj.   1.5
thirst **sed** f.   1.3
thirsty: be (very) thirsty **tener**
   (mucha) sed   1.3
thirteen **trece** n., adj.   1.1
thirty **treinta** n., adj.   1.1;   1.2
   thirty minutes past the hour **y**
   treinta; y media   1.1
this **este, esta** adj.; **éste, ésta,**
   esto pron.   1.6
   This is... (introduction) **Éste/a**
   es...   1.1
those **ésos, ésas** pron.   1.6;
   esos, esas adj.   1.6
those (over there) **aquéllos,**
   aquéllas pron.   1.6; **aquellos,**
   aquellas adj.   1.6
thousand **mil** n., adj.   1.6
three **tres** n., adj.   1.1
three hundred
   trescientos/as n., adj.   1.2
Thursday **jueves** m., sing.   1.2
thus (in such a way) **así** adj.
ticket **pasaje** m.   1.5
tie **corbata** f.   1.6
time **vez** f.   1.6; **tiempo** m.   1.4
   have a good/bad time **pasarlo**
   bien/mal   1.9
   What time is it? **¿Qué hora**
   es?   1.1
   (At) What time...? **¿A qué**
   hora...?   1.1
times **veces** f., pl.   1.6
   two times **dos veces**   1.6
tip **propina** f.   1.9
tired **cansado/a** adj.   1.5
   be tired **estar cansado/a**
   1.5

to **a** *prep.* 1.1
toast (*drink*) **brindar** *v.* 1.9
toasted **tostado/a** *adj.* 1.8
  toasted bread **pan tostado**
    m. 1.8
today **hoy** *adv.* 1.2
  Today is... **Hoy es...** 1.2
together **juntos/as** *adj.* 1.9
toilet **inodoro** *m.* 1.7
tomato **tomate** *m.* 1.8
tomorrow **mañana** *f.* 1.1
  See you tomorrow. **Hasta**
    mañana. 1.1
tonight **esta noche** *adv.* 1.4
too **también** *adv.* 1.2; 1.7
  too much **demasiado**
    adv. 1.6
tooth **diente** *m.* 1.7
toothpaste **pasta** *f.* **de**
  dientes 1.7
tortilla **tortilla** *f.* 1.8
tour **excursión** *f.* 1.4
  tour an area **recorrer** *v.*
tourism **turismo** *m.* 1.5
tourist **turista** *m., f.* 1.1;
  turístico/a *adj.*
towel **toalla** *f.* 1.7
town **pueblo** *m.* 1.4
train **tren** *m.* 1.5
  train station **estación** *f.* **(de)**
    tren *m.* 1.5
translate **traducir** *v.* 1.6
travel **viajar** *v.* 1.2
travel agent **agente** *m., f.*
  de viajes 1.5
traveler **viajero/a** *m., f.* 1.5
trillion **billón** *m.*
trimester **trimestre** *m.* 1.2
trip **viaje** *m.* 1.5
  take a trip **hacer un viaje** 1.5
truth **verdad** *f.*
try **intentar** *v.;* **probar (o:ue)**
  v. 1.8
  try on **probarse (o:ue)** *v.* 1.7
t-shirt **camiseta** *f.* 1.6
Tuesday **martes** *m., sing.* 1.2
tuna **atún** *m.* 1.8
turkey **pavo** *m.* 1.8
twelve **doce** *n., adj.* 1.1
twenty **veinte** *n., adj.* 1.1
twenty-eight **veintiocho** *n., adj.*
  1.1
twenty-five **veinticinco** *n., adj.*
  1.1
twenty-four **veinticuatro** *n., adj.*
  1.1
twenty-nine **veintinueve** *n., adj.*
  1.1
twenty-one **veintiún,**
  veintiuno/a *n., adj.* 1.1
twenty-seven **veintisiete** *n.,*
  adj. 1.1
twenty-six **veintiséis** *n., adj.* 1.1
twenty-three **veintitrés** *n., adj.*
  1.1

twenty-two **veintidós** *n., adj.*
  1.1
twice **dos veces** *adv.* 1.6
twin **gemelo/a** *m., f.* 1.3
two **dos** *n., adj.* 1.1
  two hundred **doscientos/as**
    n., adj. 1.2
  two times **dos veces** *adv.* 1.6

U

ugly **feo/a** *adj.* 1.3
uncle **tío** *m.* 1.3
under **bajo** *adv.* 1.7;
  debajo de *prep.* 1.2
understand **comprender** *v.* 1.3;
  entender (e:ie) *v.* 1.4
underwear **ropa interior** *f.* 1.6
United States **Estados Unidos**
  (EE.UU.) *m. pl.* 1.1
university **universidad** *f.* 1.2
unmarried **soltero/a** *adj.*
unpleasant **antipático/a**
  adj. 1.3
until **hasta** *prep.* 1.6
us **nos** *pl., d.o. pron.* 1.5
  to/for us **nos** *pl., i.o. pron.* 1.6
use **usar** *v.* 1.6
useful **útil** *adj.*

V

vacation **vacaciones** *f. pl.* 1.5
  be on vacation **estar de**
    vacaciones 1.5
  go on vacation **ir de**
    vacaciones 1.5
various **varios/as** *adj., pl.* 1.8
vegetables **verduras** *pl., f.* 1.8
verb **verbo** *m.*
very **muy** *adv.* 1.1
  very much **muchísimo**
    adv. 1.2
  (Very) well, thank you. **(Muy)**
    bien gracias. 1.1
video **video** *m.* 1.1
video game **videojuego** *m.* 1.4
vinegar **vinagre** *m.* 1.8
visit **visitar** *v.* 1.4
  visit monuments **visitar**
    monumentos 1.4
volleyball **vóleibol** *m.* 1.4

W

wait (for) **esperar** *v.* (+ *inf.*) 1.2
waiter/waitress **camarero/a**
  m., f. 1.8
wake up **despertarse (e:ie)** *v.*
  1.7
walk **caminar** *v.* 1.2
  take a walk **pasear** *v.* 1.4
  walk around **pasear por** 1.4

walkman **walkman** *m.*
wallet **cartera** *f.* 1.6
want **querer (e:ie)** *v.* 1.4
wash **lavar** *v.*
  wash one's face/hands **lavarse**
    la cara/las manos 1.7
  wash oneself **lavarse** *v.* 1.7
wastebasket **papelera** *f.* 1.2
watch **mirar** *v.* 1.2; **reloj** *m.* 1.2
  watch television **mirar (la)**
    televisión 1.2
water **agua** *f.* 1.8
waterskiing *m.* **esquí**
  acuático 1.4
we **nosotros(as)** *m., f. sub. pron.*
  1.1
wear **llevar** *v.* 1.6; **usar** *v.* 1.6
weather **tiempo** *m.*
  The weather is bad. **Hace mal**
    tiempo. 1.5
  The weather is good. **Hace**
    buen tiempo. 1.5
wedding **boda** *f.* 1.9
Wednesday **miércoles** *m.,*
  sing. 1.2
week **semana** *f.* 1.2
weekend **fin** *m.* **de semana** 1.4
well **pues** *adv.* 1.2; **bueno**
  adv. 1.2
  (Very) well, thanks. **(Muy) bien,**
    gracias. 1.1
  well organized **ordenado/a** *adj.*
what? **¿qué?** *pron.* 1.1
  At what time...? **¿A qué**
    hora...? 1.1
  What day is it? **¿Qué día es**
    hoy? 1.2
  What do you guys think? **¿Qué**
    les parece? 1.9
  What is today's date? **¿Cuál es**
    la fecha de hoy? 1.5
  What nice clothes! **¡Qué ropa**
    más bonita! 1.6
  What size do you take? **¿Qué**
    talla lleva (usa)? 1.6
  What time is it? **¿Qué hora**
    es? 1.1
  What's going on? **¿Qué**
    pasa? 1.1
  What's happening? **¿Qué**
    pasa? 1.1
  What's... like? **¿Cómo**
    es...? 1.3
  What's new? **¿Qué hay de**
    nuevo? 1.1
  What's the weather like? **¿Qué**
    tiempo hace? 1.5
  What's your name? **¿Cómo se**
    llama usted? *form.* 1.1
  What's your name? **¿Cómo te**
    llamas (tú)? *fam.* 1.1
when **cuando** *conj.* 1.7
  When? **¿Cuándo?** *adv.* 1.2
where **donde** *prep.*
  where (to)? (*destination*)

¿**adónde?** *adv.* 1.2;
(*location*)
¿**dónde?** *adv.* 1.1
Where are you from? ¿**De
dónde eres (tú)?** *fam.* 1.1;
¿**De dónde es (usted)?**
form. 1.1
Where is…? ¿**Dónde
está…?** 1.2
which? ¿**cuál?** *pron.* 1.2; ¿**qué?**
adj. 1.2
In which…? ¿**En qué…?** 1.2
which one(s)? ¿**cuál(es)?** *pron.*
1.2
white **blanco/a** *adj.* 1.3
white wine **vino blanco** 1.8
who? ¿**quién(es)?** *pron.* 1.1
Who is…? ¿**Quién es…?** 1.1
whole **todo/a** *adj.*
whose ¿**de quién(es)?** *pron., adj.*
1.1
why? ¿**por qué?** *adv.* 1.2
widower/widow **viudo/a**
adj. 1.9
wife **esposa** *f.* 1.3
win **ganar** *v.* 1.4
wind **viento** *m.* 1.5
window **ventana** *f.* 1.2
windy: It's (very) windy. **Hace
(mucho) viento.** 1.5
wine **vino** *m.* 1.8
red wine **vino tinto** 1.8
white wine **vino blanco** 1.8
winter **invierno** *m.* 1.5
wish **desear** *v.* 1.2
with **con** *prep.* 1.2
with me **conmigo** 1.4; 1.9
with you **contigo** *fam.* 1.9
without **sin** *prep.* 1.2
woman **mujer** *f.* 1.1
wool **lana** *f.* 1.6
(made of) wool **de lana** 1.6
word **palabra** *f.* 1.1
work **trabajar** *v.* 1.2
worldwide **mundial** *adj.*
worried (about) **preocupado/a
(por)** *adj.* 1.5
worry (about) **preocuparse** *v.*
(por) 1.7
Don't worry. **No se preocupe.**
form. 1.7; **No te preocupes.**
fam. 1.7; **Tranquilo.** *adj.*
worse **peor** *adj.* 1.8
worst **el/la peor** *adj.* **lo peor** *n.*
1.8
Would you like to…? ¿**Te
gustaría…?** *fam.* 1.4
write **escribir** *v.* 1.3
write a letter/e-mail message
**escribir una carta/un
mensaje electrónico** 1.4
wrong **equivocado/a** *adj.* 1.5
be wrong **no tener razón** 1.3

<hr>

X

x-ray **radiografía** *f.*

<hr>

Y

year **año** *m.* 1.5
be… years old **tener…
años** 1.3
yellow **amarillo/a** *adj.* 1.3
yes **sí** *interj.* 1.1
yesterday **ayer** *adv.* 1.6
yet **todavía** *adv.* 1.5
yogurt **yogur** *m.* 1.8
you *sub pron.* **tú** *fam. sing.*,
usted (Ud.) *form. sing.*,
vosotros/as *fam. pl.*, **ustedes
(Uds.)** *form. pl.* 1.1; *d. o.*
pron. **te** *fam. sing.*, **lo/la** *form.*
sing., **os** *fam. pl.*, **los/las** *form.*
pl. 1.5; *obj. of prep.* **ti** *fam.*
sing., **usted (Ud.)** *form. sing.*,
vosotros/as *fam. pl.*, **ustedes
(Uds.)** *form. pl.* 1.9
(to, for) you *i.o. pron.* **te**
fam. sing., **le** *form. sing.*, **os**
fam. pl., **les** *form. pl.* 1.6
You are… **Tú eres…** 1.1
You're welcome. **De nada.**
1.1; **No hay de qué.** 1.1
young **joven** *adj., sing.* (**jóvenes**
pl.) 1.3
young person **joven** *m., f., sing.*
(**jóvenes** *pl.*) 1.1
young woman **señorita
(Srta.)** *f.*
younger **menor** *adj.* 1.3
younger brother/sister *m.,*
f. **hermano/a menor** 1.3
youngest **el/la menor** *m., f.* 1.8
your **su(s)** *poss. adj. form.* 1.3;
tu(s) *poss. adj. fam. sing.* 1.3;
vuestro/a(s) *poss. adj. form.*
pl. 1.3
youth *f.* **juventud** 1.9

<hr>

Z

zero **cero** *m.* 1.1

MATERIAS — ACADEMIC SUBJECTS

la administración de empresas	business administration
la agronomía	agriculture
el alemán	German
el álgebra	algebra
la antropología	anthropology
la arqueología	archaeology
la arquitectura	architecture
el arte	art
la astronomía	astronomy
la biología	biology
la bioquímica	biochemistry
la botánica	botany
el cálculo	calculus
el chino	Chinese
las ciencias políticas	political science
la computación	computer science
las comunicaciones	communications
la contabilidad	accounting
la danza	dance
el derecho	law
la economía	economics
la educación	education
la educación física	physical education
la enfermería	nursing
el español	Spanish
la filosofía	philosophy
la física	physics
el francés	French
la geografía	geography
la geología	geology
el griego	Greek
el hebreo	Hebrew
la historia	history
la informática	computer science
la ingeniería	engineering
el inglés	English
el italiano	Italian
el japonés	Japanese
el latín	Latin
las lenguas clásicas	classical languages
las lenguas romances	Romance languages
la lingüística	linguistics
la literatura	literature
las matemáticas	mathematics
la medicina	medicine
el mercadeo/ la mercadotecnia	marketing
la música	music
los negocios	business
el periodismo	journalism
el portugués	Portuguese
la psicología	psychology
la química	chemistry
el ruso	Russian
los servicios sociales	social services
la sociología	sociology
el teatro	theater
la trigonometría	trigonometry

LOS ANIMALES — ANIMALS

la abeja	bee
la araña	spider
la ardilla	squirrel
el ave (f.), el pájaro	bird
la ballena	whale
el burro	donkey
la cabra	goat
el caimán	alligator
el camello	camel
la cebra	zebra
el ciervo, el venado	deer
el cochino, el cerdo, el puerco	pig
el cocodrilo	crocodile
el conejo	rabbit
el coyote	coyote
la culebra, la serpiente, la víbora	snake
el elefante	elephant
la foca	seal
la gallina	hen
el gallo	rooster
el gato	cat
el gorila	gorilla
el hipopótamo	hippopotamus
la hormiga	ant
el insecto	insect
la jirafa	giraffe
el lagarto	lizard
el león	lion
el lobo	wolf
el loro, la cotorra, el papagayo, el perico	parrot
la mariposa	butterfly
el mono	monkey
la mosca	fly
el mosquito	mosquito
el oso	bear
la oveja	sheep
el pato	duck
el perro	dog
el pez	fish
la rana	frog
el ratón	mouse
el rinoceronte	rhinoceros
el saltamontes, el chapulín	grasshopper
el tiburón	shark
el tigre	tiger
el toro	bull
la tortuga	turtle
la vaca	cow
el zorro	fox

EL CUERPO HUMANO Y LA SALUD

THE HUMAN BODY AND HEALTH

El cuerpo humano

The human body

la barba	beard
el bigote	mustache
la boca	mouth
el brazo	arm
la cabeza	head
la cadera	hip
la ceja	eyebrow
el cerebro	brain
la cintura	waist
el codo	elbow
el corazón	heart
la costilla	rib
el cráneo	skull
el cuello	neck
el dedo	finger
el dedo del pie	toe
la espalda	back
el estómago	stomach
la frente	forehead
la garganta	throat
el hombro	shoulder
el hueso	bone
el labio	lip
la lengua	tongue
la mandíbula	jaw
la mejilla	cheek
el mentón, la barba, la barbilla	chin
la muñeca	wrist
el músculo	muscle
el muslo	thigh
las nalgas, el trasero, las asentaderas	buttocks
la nariz	nose
el nervio	nerve
el oído	(inner) ear
el ojo	eye
el ombligo	navel, belly button
la oreja	(outer) ear
la pantorrilla	calf
el párpado	eyelid
el pecho	chest
la pestaña	eyelash
el pie	foot
la piel	skin
la pierna	leg
el pulgar	thumb
el pulmón	lung
la rodilla	knee
la sangre	blood
el talón	heel
el tobillo	ankle
el tronco	torso, trunk
la uña	fingernail
la uña del dedo del pie	toenail
la vena	vein

Los cinco sentidos

The five senses

el gusto	taste
el oído	hearing
el olfato	smell
el tacto	touch
la vista	sight

La salud

Health

el accidente	accident
alérgico/a	allergic
el antibiótico	antibiotic
la aspirina	aspirin
el ataque cardiaco, el ataque al corazón	heart attack
el cáncer	cancer
la cápsula	capsule
la clínica	clinic
congestionado/a	congested
el consultorio	doctor's office
la curita	adhesive bandage
el/la dentista	dentist
el/la doctor(a), el/la médico/a	doctor
el dolor (de cabeza)	(head)ache, pain
embarazada	pregnant
la enfermedad	illness, disease
el/la enfermero/a	nurse
enfermo/a	ill, sick
la erupción	rash
el examen médico	physical exam
la farmacia	pharmacy
la fiebre	fever
la fractura	fracture
la gripe	flu
la herida	wound
el hospital	hospital
la infección	infection
el insomnio	insomnia
la inyección	injection
el jarabe	(cough) syrup
mareado/a	dizzy, nauseated
el medicamento	medication
la medicina	medicine
las muletas	crutches
la operación	operation
el/la paciente	patient
el/la paramédico/a	paramedic
la pastilla, la píldora	pill, tablet
los primeros auxilios	first aid
la pulmonía	pneumonia
los puntos	stitches
la quemadura	burn
el quirófano	operating room
la radiografía	x-ray
la receta	prescription
el resfriado	cold (illness)
la sala de emergencia(s)	emergency room
saludable	healthy, healthful
sano/a	healthy
el seguro médico	medical insurance
la silla de ruedas	wheelchair
el síntoma	symptom
el termómetro	thermometer
la tos	cough
la transfusión	transfusion

la vacuna	vaccination
la venda	bandage
el virus	virus

cortar(se)	to cut (oneself)
curar	to cure, to treat
desmayar(se)	to faint
enfermarse	to get sick
enyesar	to put in a cast
estornudar	to sneeze
guardar cama	to stay in bed
hinchar(se)	to swell
internar(se) en el hospital	to check into the hospital
lastimarse (el pie)	to hurt (one's foot)
mejorar(se)	to get better; to improve
operar	to operate
quemar(se)	to burn
respirar (hondo)	to breathe (deeply)
romperse (la pierna)	to break (one's leg)
sangrar	to bleed
sufrir	to suffer
tomarle la presión a alguien	to take someone's blood pressure
tomarle el pulso a alguien	to take someone's pulse
torcerse (el tobillo)	to sprain (one's ankle)
vendar	to bandage

EXPRESIONES ÚTILES PARA LA CLASE

USEFUL CLASSROOM EXPRESSIONS

Palabras útiles

Useful words

ausente	absent
el departamento	department
el dictado	dictation
la conversación, las conversaciones	conversation(s)
la expresión, las expresiones	expression(s)
el examen, los exámenes	test(s), exam(s)
la frase	sentence

la hoja de actividades	activity sheet
el horario de clases	class schedule
la oración, las oraciones	sentence(s)
el párrafo	paragraph
la persona	person
presente	present
la prueba	test, quiz
siguiente	following
la tarea	homework

Expresiones útiles

Useful expressions

Abra(n) su(s) libro(s).	Open your book(s).
Cambien de papel.	Change roles.
Cierre(n) su(s) libro(s).	Close your book(s).
¿Cómo se dice ___ en español?	How do you say ___ in Spanish?
¿Cómo se escribe ___ en español?	How do you write ___ in Spanish?
¿Comprende(n)?	Do you understand?
(No) comprendo.	I (don't) understand.
Conteste(n) las preguntas.	Answer the questions.
Continúe(n), por favor.	Continue, please.
Escriba(n) su nombre.	Write your name.
Escuche(n) el audio.	Listen to the audio.
Estudie(n) la Lección tres.	Study Lesson three.
Haga(n) la actividad (el ejercicio) número cuatro.	Do activity (exercise) number four.
Lea(n) la oración en voz alta.	Read the sentence aloud.
Levante(n) la mano.	Raise your hand(s).
Más despacio, por favor.	Slower, please.
No sé.	I don't know.
Páse(n)me los exámenes.	Pass me the tests.
¿Qué significa ___?	What does ___ mean?
Repita(n), por favor.	Repeat, please.
Siénte(n)se, por favor.	Sit down, please.
Siga(n) las instrucciones.	Follow the instructions.
¿Tiene(n) alguna pregunta?	Do you have any questions?
Vaya(n) a la página dos.	Go to page two.

COUNTRIES & NATIONALITIES

PAÍSES Y NACIONALIDADES

North America

Norteamérica

Canada	**Canadá**	*canadiense*
Mexico	**México**	*mexicano/a*
United States	**Estados Unidos**	*estadounidense*

Central America

Centroamérica

Belize	**Belice**	*beliceño/a*
Costa Rica	**Costa Rica**	*costarricense*
El Salvador	**El Salvador**	*salvadoreño/a*
Guatemala	**Guatemala**	*guatemalteco/a*
Honduras	**Honduras**	*hondureño/a*
Nicaragua	**Nicaragua**	*nicaragüense*
Panama	**Panamá**	*panameño/a*

The Caribbean	El Caribe	
Cuba	**Cuba**	*cubano/a*
Dominican Republic	**República Dominicana**	*dominicano/a*
Haiti	**Haití**	*haitiano/a*
Puerto Rico	**Puerto Rico**	*puertorriqueño/a*

South America	Suramérica	
Argentina	**Argentina**	*argentino/a*
Bolivia	**Bolivia**	*boliviano/a*
Brazil	**Brasil**	*brasileño/a*
Chile	**Chile**	*chileno/a*
Colombia	**Colombia**	*colombiano/a*
Ecuador	**Ecuador**	*ecuatoriano/a*
Paraguay	**Paraguay**	*paraguayo/a*
Peru	**Perú**	*peruano/a*
Uruguay	**Uruguay**	*uruguayo/a*
Venezuela	**Venezuela**	*venezolano/a*

Europe	Europa	
Armenia	**Armenia**	*armenio/a*
Austria	**Austria**	*austríaco/a*
Belgium	**Bélgica**	*belga*
Bosnia	**Bosnia**	*bosnio/a*
Bulgaria	**Bulgaria**	*búlgaro/a*
Croatia	**Croacia**	*croata*
Czech Republic	**República Checa**	*checo/a*
Denmark	**Dinamarca**	*danés, danesa*
England	**Inglaterra**	*inglés, inglesa*
Estonia	**Estonia**	*estonio/a*
Finland	**Finlandia**	*finlandés, finlandesa*
France	**Francia**	*francés, francesa*
Germany	**Alemania**	*alemán, alemana*
Great Britain (United Kingdom)	**Gran Bretaña (Reino Unido)**	*británico/a*
Greece	**Grecia**	*griego/a*
Hungary	**Hungría**	*húngaro/a*
Iceland	**Islandia**	*islandés, islandesa*
Ireland	**Irlanda**	*irlandés, irlandesa*
Italy	**Italia**	*italiano/a*
Latvia	**Letonia**	*letón, letona*
Lithuania	**Lituania**	*lituano/a*
Netherlands (Holland)	**Países Bajos (Holanda)**	*holandés, holandesa*
Norway	**Noruega**	*noruego/a*
Poland	**Polonia**	*polaco/a*
Portugal	**Portugal**	*portugués, portuguesa*
Romania	**Rumania**	*rumano/a*
Russia	**Rusia**	*ruso/a*
Scotland	**Escocia**	*escocés, escocesa*
Serbia	**Serbia**	*serbio/a*
Slovakia	**Eslovaquia**	*eslovaco/a*
Slovenia	**Eslovenia**	*esloveno/a*
Spain	**España**	*español(a)*
Sweden	**Suecia**	*sueco/a*
Switzerland	**Suiza**	*suizo/a*
Ukraine	**Ucrania**	*ucraniano/a*
Wales	**Gales**	*galés, galesa*

Asia	Asia	
Bangladesh	**Bangladés**	*bangladesí*
Cambodia	**Camboya**	*camboyano/a*
China	**China**	*chino/a*
India	**India**	*indio/a*
Indonesia	**Indonesia**	*indonesio/a*
Iran	**Irán**	*iraní*
Iraq	**Iraq, Irak**	*iraquí*

Israel	Israel	*israelí*
Japan	Japón	*japonés, japonesa*
Jordan	Jordania	*jordano/a*
Korea	Corea	*coreano/a*
Kuwait	Kuwait	*kuwaití*
Lebanon	Líbano	*libanés, libanesa*
Malaysia	Malasia	*malasio/a*
Pakistan	Pakistán	*pakistaní*
Russia	Rusia	*ruso/a*
Saudi Arabia	Arabia Saudí	*saudí*
Singapore	Singapur	*singapurés, singapuresa*
Syria	Siria	*sirio/a*
Taiwan	Taiwán	*taiwanés, taiwanesa*
Thailand	Tailandia	*tailandés, tailandesa*
Turkey	Turquía	*turco/a*
Vietnam	Vietnam	*vietnamita*

Africa / África

Algeria	Argelia	*argelino/a*
Angola	Angola	*angoleño/a*
Cameroon	Camerún	*camerunés, camerunesa*
Congo	Congo	*congolés, congolesa*
Egypt	Egipto	*egipcio/a*
Equatorial Guinea	Guinea Ecuatorial	*ecuatoguineano/a*
Ethiopia	Etiopía	*etíope*
Ivory Coast	Costa de Marfil	*marfileño/a*
Kenya	Kenia, Kenya	*keniano/a, keniata*
Libya	Libia	*libio/a*
Mali	Malí	*maliense*
Morocco	Marruecos	*marroquí*
Mozambique	Mozambique	*mozambiqueño/a*
Nigeria	Nigeria	*nigeriano/a*
Rwanda	Ruanda	*ruandés, ruandesa*
Somalia	Somalia	*somalí*
South Africa	Sudáfrica	*sudafricano/a*
Sudan	Sudán	*sudanés, sudanesa*
Tunisia	Tunicia, Túnez	*tunecino/a*
Uganda	Uganda	*ugandés, ugandesa*
Zambia	Zambia	*zambiano/a*
Zimbabwe	Zimbabue	*zimbabuense*

Australia and the Pacific / Australia y el Pacífico

Australia	Australia	*australiano/a*
New Zealand	Nueva Zelanda	*neozelandés, neozelandesa*
Philippines	Filipinas	*filipino/a*

MONEDAS DE LOS PAÍSES HISPANOS
CURRENCIES OF HISPANIC COUNTRIES

País / Country	Moneda / Currency
Argentina	el peso
Bolivia	el boliviano
Chile	el peso
Colombia	el peso
Costa Rica	el colón
Cuba	el peso
Ecuador	el dólar estadounidense
El Salvador	el dólar estadounidense
España	el euro
Guatemala	el quetzal
Guinea Ecuatorial	el franco
Honduras	el lempira
México	el peso
Nicaragua	el córdoba
Panamá	el balboa, el dólar estadounidense
Paraguay	el guaraní
Perú	el nuevo sol
Puerto Rico	el dólar estadounidense
República Dominicana	el peso
Uruguay	el peso
Venezuela	el bolívar

EXPRESIONES Y REFRANES

EXPRESSIONS AND SAYINGS

Expresiones y refranes con partes del cuerpo

Expressions and sayings with parts of the body

A cara o cruz	Heads or tails
A corazón abierto	Open heart
A ojos vistas	Clearly, visibly
Al dedillo	Like the back of one's hand
¡Choca/Vengan esos cinco!	Put it there!/Give me five!
Codo con codo	Side by side
Con las manos en la masa	Red-handed
Costar un ojo de la cara	To cost an arm and a leg
Darle a la lengua	To chatter/To gab
De rodillas	On one's knees
Duro de oído	Hard of hearing
En cuerpo y alma	In body and soul
En la punta de la lengua	On the tip of one's tongue
En un abrir y cerrar de ojos	In a blink of the eye
Entrar por un oído y salir por otro	In one ear and out the other
Estar con el agua al cuello	To be up to one's neck with/in
Estar para chuparse los dedos	To be delicious/To be finger-licking good
Hablar entre dientes	To mutter/To speak under one's breath
Hablar por los codos	To talk a lot/To be a chatterbox
Hacer la vista gorda	To turn a blind eye on something
Hombro con hombro	Shoulder to shoulder
Llorar a lágrima viva	To sob/To cry one's eyes out
Metérsele (a alguien) algo entre ceja y ceja	To get an idea in your head
No pegar ojo	Not to sleep a wink
No tener corazón	Not to have a heart
No tener dos dedos de frente	Not to have an ounce of common sense
Ojos que no ven, corazón que no siente	Out of sight, out of mind
Perder la cabeza	To lose one's head
Quedarse con la boca abierta	To be thunderstruck
Romper el corazón	To break someone's heart
Tener buen/mal corazón	Have a good/bad heart
Tener un nudo en la garganta	Have a knot in your throat
Tomarse algo a pecho	To take something too seriously
Venir como anillo al dedo	To fit like a charm/To suit perfectly

Expresiones y refranes con animales

Expressions and sayings with animals

A caballo regalado no le mires el diente.	Don't look a gift horse in the mouth.
Comer como un cerdo	To eat like a pig
Cuando menos se piensa, salta la liebre.	Things happen when you least expect it.
Llevarse como el perro y el gato	To fight like cats and dogs
Perro ladrador, poco mordedor./Perro que ladra no muerde.	His/her bark is worse than his/her bite.
Por la boca muere el pez.	Talking too much can be dangerous.
Poner el cascabel al gato	To stick one's neck out
Ser una tortuga	To be a slowpoke

Expresiones y refranes con alimentos

Expressions and sayings with food

Agua que no has de beber, déjala correr.	If you're not interested, don't ruin it for everybody else.
Con pan y vino se anda el camino.	Things never seem as bad after a good meal.
Contigo pan y cebolla.	You are all I need.
Dame pan y dime tonto.	I don't care what you say, as long as I get what I want.
Descubrir el pastel	To let the cat out of the bag
Dulce como la miel	Sweet as honey
Estar como agua para chocolate	To furious/To be at the boiling point
Estar en el ajo	To be in the know
Estar en la higuera	To have one's head in the clouds
Estar más claro que el agua	To be clear as a bell
Ganarse el pan	To earn a living/To earn one's daily bread
Llamar al pan, pan y al vino, vino.	Not to mince words.
No hay miel sin hiel.	Every rose has its thorn./There's always a catch.
No sólo de pan vive el hombre.	Man doesn't live by bread alone.
Pan con pan, comida de tontos.	Variety is the spice of life.
Ser agua pasada	To be water under the bridge
Ser más bueno que el pan	To be kindness itself
Temblar como un flan	To shake/tremble like a leaf

Expresiones y refranes con colores

Expressions and sayings with colors

Estar verde	To be inexperienced/wet behind the ears
Poner los ojos en blanco	To roll one's eyes
Ponerle a alguien un ojo morado	To give someone a black eye
Ponerse rojo	To turn red/To blush
Ponerse rojo de ira	To turn red with anger
Ponerse verde de envidia	To be green with envy
Quedarse en blanco	To go blank
Verlo todo de color de rosa	To see the world through rose-colored glasses

Refranes

A buen entendedor, pocas palabras bastan.
Ande o no ande, caballo grande.
A quien madruga, Dios le ayuda.
Cuídate, que te cuidaré.

De tal palo tal astilla.
Del dicho al hecho hay mucho trecho.
Dime con quién andas y te diré quién eres.
El saber no ocupa lugar.

Sayings

A word to the wise is enough.
Bigger is always better.

The early bird catches the worm.
Take care of yourself, and then I'll take care of you.
A chip off the old block.
Easier said than done.

A man is known by the company he keeps.
One never knows too much.

Lo que es moda no incomoda.
Más vale maña que fuerza.
Más vale prevenir que curar.
Más vale solo que mal acompañado.
Más vale tarde que nunca.
No es oro todo lo que reluce.
Poderoso caballero es don Dinero.

You have to suffer in the name of fashion.
Brains are better than brawn.

Prevention is better than cure.

Better alone than with people you don't like.
Better late than never.
All that glitters is not gold.

Money talks.

COMMON FALSE FRIENDS

False friends are Spanish words that look similar to English words but have very different meanings. While recognizing the English relatives of unfamiliar Spanish words you encounter is an important way of constructing meaning, there are some Spanish words whose similarity to English words is deceptive. Here is a list of some of the most common Spanish false friends.

actualmente ≠ actually
actualmente = nowadays, currently
actually = **de hecho, en realidad, en efecto**

argumento ≠ argument
argumento = plot
argument = **discusión, pelea**

armada ≠ army
armada = navy
army = **ejército**

balde ≠ bald
balde = pail, bucket
bald = **calvo/a**

batería ≠ battery
batería = drum set
battery = **pila**

bravo ≠ brave
bravo = wild; fierce
brave = **valiente**

cándido/a ≠ candid
cándido/a = innocent
candid = **sincero/a**

carbón ≠ carbon
carbón = coal
carbon = **carbono**

casual ≠ casual
casual = accidental, chance
casual = **informal, despreocupado/a**

casualidad ≠ casualty
casualidad = chance, coincidence
casualty = **víctima**

colegio ≠ college
colegio = school
college = **universidad**

collar ≠ collar (of a shirt)
collar = necklace
collar = **cuello (de camisa)**

comprensivo/a ≠ comprehensive
comprensivo/a = understanding
comprehensive = **completo, extensivo**

constipado ≠ constipated
estar constipado/a = to have a cold
to be constipated = **estar estreñido/a**

crudo/a ≠ crude
crudo/a = raw, undercooked
crude = **burdo/a, grosero/a**

divertir ≠ to divert
divertirse = to enjoy oneself
to divert = **desviar**

educado/a ≠ educated
educado/a = well-mannered
educated = **culto/a, instruido/a**

embarazada ≠ embarrassed
estar embarazada = to be pregnant
to be embarrassed = **estar avergonzado/a; dar/tener vergüenza**

eventualmente ≠ eventually
eventualmente = possibly
eventually = **finalmente, al final**

éxito ≠ exit
éxito = success
exit = **salida**

físico/a ≠ physician
físico/a = physicist
physician = **médico/a**

fútbol ≠ football
fútbol = soccer
football = **fútbol americano**

lectura ≠ lecture
lectura = reading
lecture = **conferencia**

librería ≠ library
librería = bookstore
library = **biblioteca**

máscara ≠ mascara
máscara = mask
mascara = **rímel**

molestar ≠ to molest
molestar = to bother, to annoy
to molest = **abusar**

oficio ≠ office
oficio = trade, occupation
office = **oficina**

rato ≠ rat
rato = while, time
rat = **rata**

realizar ≠ to realize
realizar = to carry out; to fulfill
to realize = **darse cuenta de**

red ≠ red
red = net
red = **rojo/a**

revolver ≠ revolver
revolver = to stir, to rummage through
revolver = **revólver**

sensible ≠ sensible
sensible = sensitive
sensible = **sensato/a, razonable**

suceso ≠ success
suceso = event
success = **éxito**

sujeto ≠ subject (topic)
sujeto = fellow; individual
subject = **tema, asunto**

LOS ALIMENTOS

FOODS

Frutas

Fruits

la aceituna	olive
el aguacate	avocado
el albaricoque, el damasco	apricot
la banana, el plátano	banana
la cereza	cherry
la ciruela	plum
el dátil	date
la frambuesa	raspberry
la fresa, la frutilla	strawberry
el higo	fig
el limón	lemon; lime
el melocotón, el durazno	peach
la mandarina	tangerine
el mango	mango
la manzana	apple
la naranja	orange
la papaya	papaya
la pera	pear
la piña	pineapple
el pomelo, la toronja	grapefruit
la sandía	watermelon
las uvas	grapes

Vegetales

Vegetables

la alcachofa	artichoke
el apio	celery
la arveja, el guisante	pea
la berenjena	eggplant
el brócoli	broccoli
la calabaza	squash; pumpkin
la cebolla	onion
el champiñón, la seta	mushroom
la col, el repollo	cabbage
la coliflor	cauliflower
los espárragos	asparagus
las espinacas	spinach
los frijoles, las habichuelas	beans
las habas	fava beans
las judías verdes, los ejotes	string beans, green beans
la lechuga	lettuce
el maíz, el choclo, el elote	corn
la papa, la patata	potato
el pepino	cucumber
el pimentón	bell pepper
el rábano	radish
la remolacha	beet
el tomate, el jitomate	tomato
la zanahoria	carrot

El pescado y los mariscos

Fish and shellfish

la almeja	clam
el atún	tuna
el bacalao	cod
el calamar	squid
el cangrejo	crab
el camarón, la gamba	shrimp
la langosta	lobster
el langostino	prawn
el lenguado	sole; flounder
el mejillón	mussel
la ostra	oyster
el pulpo	octopus
el salmón	salmon
la sardina	sardine
la vieira	scallop

La carne

Meat

la albóndiga	meatball
el bistec	steak
la carne de res	beef
el chorizo	hard pork sausage
la chuleta de cerdo	pork chop
el cordero	lamb
los fiambres	cold cuts, food served cold
el filete	fillet
la hamburguesa	hamburger
el hígado	liver
el jamón	ham
el lechón	suckling pig, roasted pig
el pavo	turkey
el pollo	chicken
el cerdo	pork
la salchicha	sausage
la ternera	veal
el tocino	bacon

Otras comidas

Other foods

el ajo	garlic
el arroz	rice
el azúcar	sugar
el batido	milkshake
el budín	pudding
el cacahuete, el maní	peanut
el café	coffee
los fideos	noodles, pasta
la harina	flour
el huevo	egg
el jugo, el zumo	juice
la leche	milk
la mermelada	marmalade, jam
la miel	honey
el pan	bread
el queso	cheese
la sal	salt
la sopa	soup
el té	tea
la tortilla	omelet (Spain), tortilla (Mexico)
el yogur	yogurt

Cómo describir la comida

Ways to describe food

a la plancha, a la parrilla	grilled
ácido/a	sour
al horno	baked
amargo/a	bitter
caliente	hot
dulce	sweet
duro/a	tough
frío/a	cold
frito/a	fried
fuerte	strong, heavy
ligero/a	light
picante	spicy
sabroso/a	tasty
salado/a	salty

DÍAS FESTIVOS

HOLIDAYS

enero
Año Nuevo (1)
Día de los Reyes Magos (6)
Día de Martin Luther King, Jr.

January
New Year's Day
Three Kings Day (Epiphany)

Martin Luther King, Jr. Day

febrero
Día de San Blas (Paraguay) (3)
Día de San Valentín, Día de los Enamorados (14)
Día de los Presidentes
Carnaval

February
St. Blas Day (Paraguay)

Valentine's Day

Presidents' Day
Carnival (Mardi Gras)

marzo
Día de San Patricio (17)
Nacimiento de Benito Juárez (México) (21)

March
St. Patrick's Day
Benito Juárez's Birthday (Mexico)

abril
Semana Santa
Pésaj
Pascua
Declaración de la Independencia de Venezuela (19)
Día de la Tierra (22)

April
Holy Week
Passover
Easter
Declaration of Independence of Venezuela
Earth Day

mayo
Día del Trabajo (1)
Cinco de Mayo (5) (México)
Día de las Madres
Independencia Patria (Paraguay) (15)
Día Conmemorativo

May
Labor Day
Cinco de Mayo (May 5th) (Mexico)
Mother's Day
Independence Day (Paraguay)

Memorial Day

junio
Día de los Padres
Día de la Bandera (14)
Día del Indio (Perú) (24)

June
Father's Day
Flag Day
Native People's Day (Peru)

julio
Día de la Independencia de los Estados Unidos (4)
Día de la Independencia de Venezuela (5)
Día de la Independencia de la Argentina (9)
Día de la Independencia de Colombia (20)

July
Independence Day (United States)
Independence Day (Venezuela)
Independence Day (Argentina)
Independence Day (Colombia)

Nacimiento de Simón Bolívar (24)
Día de la Revolución (Cuba) (26)
Día de la Independencia del Perú (28)

Simón Bolívar's Birthday
Revolution Day (Cuba)
Independence Day (Peru)

agosto
Día de la Independencia de Bolivia (6)
Día de la Independencia del Ecuador (10)
Día de San Martín (Argentina) (17)
Día de la Independencia del Uruguay (25)

August
Independence Day (Bolivia)
Independence Day (Ecuador)
San Martín Day (anniversary of his death) (Argentina)
Independence Day (Uruguay)

septiembre
Día del Trabajo (EE. UU.)
Día de la Independencia de Costa Rica, El Salvador, Guatemala, Honduras y Nicaragua (15)
Día de la Independencia de México (16)
Día de la Independencia de Chile (18)
Año Nuevo Judío
Día de la Virgen de las Mercedes (Perú) (24)

September
Labor Day (U.S.)
Independence Day (Costa Rica, El Salvador, Guatemala, Honduras, Nicaragua)
Independence Day (Mexico)
Independence Day (Chile)
Jewish New Year
Day of the Virgin of Mercedes (Peru)

octubre
Día de la Raza (12)
Noche de Brujas (31)

October
Columbus Day
Halloween

noviembre
Día de los Muertos (2)
Día de los Veteranos (11)
Día de la Revolución Mexicana (20)
Día de Acción de Gracias
Día de la Independencia de Panamá (28)

November
All Souls Day
Veterans' Day
Mexican Revolution Day

Thanksgiving
Independence Day (Panama)

diciembre
Día de la Virgen (8)
Día de la Virgen de Guadalupe (México) (12)
Januká
Nochebuena (24)
Navidad (25)
Año Viejo (31)

December
Day of the Virgin
Day of the Virgin of Guadalupe (Mexico)
Chanukah
Christmas Eve
Christmas
New Year's Eve

NOTE: In Spanish, dates are written with the day first, then the month. Christmas Day is **el 25 de diciembre**. In Latin America and in Europe, abbreviated dates also follow this pattern. Halloween, for example, falls on 31/10. You may also see the numbers in dates separated by periods: 27.4.16. When referring to centuries, roman numerals are always used. The 16th century, therefore, is **el siglo XVI**.

PESOS Y MEDIDAS

WEIGHTS AND MEASURES

Longitud
El sistema métrico
Metric system

Length
El equivalente estadounidense
U.S. equivalent

milímetro = 0,001 metro
millimeter = 0.001 meter = 0.039 inch
centímetro = 0,01 metro
centimeter = 0.01 meter = 0.39 inch
decímetro = 0,1 metro
decimeter = 0.1 meter = 3.94 inches
metro
meter = 39.4 inches
decámetro = 10 metros
dekameter = 10 meters = 32.8 feet
hectómetro = 100 metros
hectometer = 100 meters = 328 feet
kilómetro = 1.000 metros
kilometer = 1,000 meters = .62 mile

U.S. system
El sistema estadounidense

Metric equivalent
El equivalente métrico

inch = 2.54 centimeters
pulgada **= 2,54 centímetros**
foot = 12 inches = 30.48 centimeters
pie = 12 pulgadas **= 30,48 centímetros**
yard = 3 feet = 0.914 meter
yarda = 3 pies **= 0,914 metro**
mile = 5,280 feet = 1.609 kilometers
milla = 5.280 pies **= 1,609 kilómetros**

Superficie
El sistema métrico
Metric system

Surface Area
El equivalente estadounidense
U.S. equivalent

metro cuadrado
square meter = 10.764 square feet
área = 100 metros cuadrados
area = 100 square meters = 0.025 acre
hectárea = 100 áreas
hectare = 100 ares = 2.471 acres

U.S. system
El sistema estadounidense

Metric equivalent
El equivalente métrico

yarda cuadrada = 9 pies cuadrados = 0,836 metros cuadrados
square yard = 9 square feet = 0.836 square meters
acre = 4.840 yardas cuadradas = 0,405 hectáreas
acre = 4,840 square yards = 0.405 hectares

Capacidad
El sistema métrico
Metric system

Capacity
El equivalente estadounidense
U.S. equivalent

mililitro = 0,001 litro
milliliter = 0.001 liter = 0.034 ounces

centilitro = 0,01 litro
centiliter = 0.01 liter = 0.34 ounces
decilitro = 0,1 litro
deciliter = 0.1 liter = 3.4 ounces
litro
liter = 1.06 quarts
decalitro = 10 litros
dekaliter = 10 liters = 2.64 gallons
hectolitro = 100 litros
hectoliter = 100 liters = 26.4 gallons
kilolitro = 1.000 litros
kiloliter = 1,000 liters = 264 gallons

U.S. system
El sistema estadounidense

Metric equivalent
El equivalente métrico

ounce = 29.6 milliliters
onza **= 29,6 mililitros**
cup = 8 ounces = 236 milliliters
taza = 8 onzas **= 236 mililitros**
pint = 2 cups = 0.47 liters
pinta = 2 tazas **= 0,47 litros**
quart = 2 pints = 0.95 liters
cuarto = 2 pintas **= 0,95 litros**
gallon = 4 quarts = 3.79 liters
galón = 4 cuartos **= 3,79 litros**

Peso
El sistema métrico
Metric system

Weight
El equivalente estadounidense
U.S. equivalent

miligramo = 0,001 gramo
milligram = 0.001 gram
gramo
gram = 0.035 ounce
decagramo = 10 gramos
dekagram = 10 grams = 0.35 ounces
hectogramo = 100 gramos
hectogram = 100 grams = 3.5 ounces
kilogramo = 1.000 gramos
kilogram = 1,000 grams = 2.2 pounds
tonelada (métrica) = 1.000 kilogramos
metric ton = 1,000 kilograms = 1.1 tons

U.S. system
El sistema estadounidense

Metric equivalent
El equivalente métrico

ounce = 28.35 grams
onza **= 28,35 gramos**
pound = 16 ounces = 0.45 kilograms
libra = 16 onzas **= 0,45 kilogramos**
ton = 2,000 pounds = 0.9 metric tons
tonelada = 2.000 libras **= 0,9 toneladas métricas**

Temperatura
Grados centígrados
Degrees Celsius
To convert from Celsius to Fahrenheit, multiply by $\frac{9}{5}$ and add 32.

Temperature
Grados Fahrenheit
Degrees Fahrenheit
To convert from Fahrenheit to Celsius, subtract 32 and multiply by $\frac{5}{9}$.

NÚMEROS

Números ordinales

primer, primero/a	**1º/1ª**
segundo/a	**2º/2ª**
tercer, tercero/a	**3º/3ª**
cuarto/a	**4º/4ª**
quinto/a	**5º/5ª**
sexto/a	**6º/6ª**
séptimo/a	**7º/7ª**
octavo/a	**8º/8ª**
noveno/a	**9º/9ª**
décimo/a	**10º/10ª**

Fracciones

$\frac{1}{2}$	**un medio, la mitad**
$\frac{1}{3}$	**un tercio**
$\frac{1}{4}$	**un cuarto**
$\frac{1}{5}$	**un quinto**
$\frac{1}{6}$	**un sexto**
$\frac{1}{7}$	**un séptimo**
$\frac{1}{8}$	**un octavo**
$\frac{1}{9}$	**un noveno**
$\frac{1}{10}$	**un décimo**
$\frac{2}{3}$	**dos tercios**
$\frac{3}{4}$	**tres cuartos**
$\frac{5}{8}$	**cinco octavos**

Decimales

un décimo	**0,1**
un centésimo	**0,01**
un milésimo	**0,001**

NUMBERS

Ordinal numbers

first	1st
second	2nd
third	3rd
fourth	4th
fifth	5th
sixth	6th
seventh	7th
eighth	8th
ninth	9th
tenth	10th

Fractions

one half	
one third	
one fourth (quarter)	
one fifth	
one sixth	
one seventh	
one eighth	
one ninth	
one tenth	
two thirds	
three fourths (quarters)	
five eighths	

Decimals

one tenth	0.1
one hundredth	0.01
one thousandth	0.001

OCUPACIONES

OCCUPATIONS

el/la abogado/a	lawyer
el actor, la actriz	actor
el/la administrador(a) de empresas	business administrator
el/la agente de bienes raíces	real estate agent
el/la agente de seguros	insurance agent
el/la agricultor(a)	farmer
el/la arqueólogo/a	archaeologist
el/la arquitecto/a	architect
el/la artesano/a	artisan
el/la auxiliar de vuelo	flight attendant
el/la basurero/a	garbage collector
el/la bibliotecario/a	librarian
el/la bombero/a	firefighter
el/la cajero/a	bank teller, cashier
el/la camionero/a	truck driver
el/la cantinero/a	bartender
el/la carnicero/a	butcher
el/la carpintero/a	carpenter
el/la científico/a	scientist
el/la cirujano/a	surgeon
el/la cobrador(a)	bill collector
el/la cocinero/a	cook, chef
el/la comprador(a)	buyer
el/la consejero/a	counselor, advisor
el/la contador(a)	accountant
el/la corredor(a) de bolsa	stockbroker
el/la diplomático/a	diplomat
el/la diseñador(a) (gráfico/a)	(graphic) designer
el/la electricista	electrician
el/la empresario/a de pompas fúnebres	funeral director
el/la especialista en dietética	dietician
el/la fisioterapeuta	physical therapist
el/la fotógrafo/a	photographer
el/la higienista dental	dental hygienist
el hombre/la mujer de negocios	businessperson
el/la ingeniero/a en computación	computer engineer
el/la intérprete	interpreter
el/la juez(a)	judge
el/la maestro/a	elementary school teacher
el/la marinero/a	sailor
el/la obrero/a	manual laborer
el/la obrero/a de la construcción	construction worker
el/la oficial de prisión	prision guard
el/la optometrista	optometrist
el/la panadero/a	baker
el/la paramédico/a	paramedic
el/la peluquero/a	hairdresser
el/la piloto	pilot
el/la pintor(a)	painter
el/la plomero/a	plumber
el/la político/a	politician
el/la programador(a)	computer programer
el/la psicólogo/a	psychologist
el/la quiropráctico/a	chiropractor
el/la redactor(a)	editor
el/la reportero/a	reporter
el/la sastre	tailor
el/la secretario/a	secretary
el/la supervisor(a)	supervisor
el/la técnico/a (en computación)	(computer) technician
el/la vendedor(a)	sales representative
el/la veterinario/a	veterinarian

Television Credits

34 By permission of Edgardo Tettamanti.
72 By permission of Cencosud.
110 By permission of Jean Marie Boursicot.
146 By permission of Diego Reves.

Photo and Art Credits

All images © Vista Higher Learning unless otherwise noted. Fotonovela photos provided by Carolina Zapata.

Cover: (full pg) © Travel Ink/Getty Images.

Front Matter (SE): i © Travel Ink/Getty Images; **xx** (l) © Bettmann/Corbis; (r) © Ann Cecil/Lonely Planet Images/Getty Images; **xxi** (l) © Lawrence Manning/Corbis; (r) © Design Pics Inc./Alamy; **xxii** Carlos Gaudier; **xxiii** (l) © Digital Vision/Getty Images; (r) © andres/Big Stock Photo; **xxiv** © Fotolia IV/Fotolia.com; **xxv** (l) © Goodshoot/Corbis; (r) © Ian Shaw/Alamy; **xxvi** © Shelly Wall/Shutterstock.com; **xxvii** (t) © Colorblind/Corbis; (b) © moodboard/Fotolia.com; **xxviii** (t) © Digital Vision/Getty Images; (b) © Purestock/Getty Images.

Front Matter (TAE): T1 © Travel Ink/Getty Images; **T8** (l) © Jose Luis Pelaez Inc/Getty Images; (r) © Mike Flippo/Shutterstock.com; **T9** (l) © Jordache/Dreamstime.com; **T23** © SimmiSimons/iStockphoto; **T24** © monkeybusinessimages/Big Stock Photo.

Lesson One: 1 (full pg) Paula Díez; **2** Oscar Artavia Solano; **3** Martín Bernetti; **4** Martín Bernetti; **10** (l) Rachel Distler; (r) © Stephen Coburn/Shutterstock.com; **11** (t) © Hans Georg Roth/Corbis; (bl) © Matt Sayles/AP/Corbis; (br) Paola Rios-Schaaf; **12** (l) Janet Dracksdorf; (r) © Tom Grill/Corbis; **16** (l) © José Girarte/iStockphoto; (r) © Blend Images/Alamy; **19** (m) Anne Loubet; (r) © Elena Elisseeva/Dreamstime.com; **28** (tl, tr, bl, br) Martín Bernetti; **32** Carolina Zapata; **33** Paula Díez; **36** (t) © Robert Holmes/Corbis; (m) © Phil Schermeister/Corbis; (b) © Andresr/Shutterstock.com; **37** (tl) © PhotoDisc; (tr) © Tony Arruza/Corbis; (bl) © Schwarz Shaul/Corbis SYGMA; (br) Marta Mesa.

Lesson Two: 39 (full pg) © Miodrag GAJIC/Fotolia.com; **42** © Noam/Fotolia.com; **48** (l) © Hill Street Studios/Age Fotostock; (r) © David Ashley/Corbis; **49** © EPA/ROBERTO ESCOBAR/Corbis; **57** © Stephen Coburn/Shutterstock.com; **58** © Chris Schmidt/iStockphoto; **59** (l) Paola Rios-Schaaf; (r) © Image Source/Corbis; **64** Martín Bernetti; **67** (l) © Rick Gomez/Corbis; (r) © Hola Images/Workbook.com; **68** José Blanco; **69** (l) Mauricio Osorio; (r) Pascal Pernix; **70** (t, b) Martín Bernetti; **71** Nora y Susana © Fotocolombia.com; **74** (tl) © Tupungato/123RF; (tr) José Blanco; (m) © Elke Stolzenberg/Corbis; (b) © Reuters/Corbis; **75** (t) Photo courtesy of Charles Ommanney; (ml) Diego Velázquez. *Las meninas*. 1656. Derechos reservados © Museo Nacional del Prado, Madrid. © Erich Lessing/Art Resource; (mr) José Blanco; (bl) © Iconotec/Fotosearch; (br) © Owen Franken/Corbis.

Lesson Three: 77 (full pg) © Aldo Murillo/iStockphoto; **79** Martín Bernetti; **80** (tl) Anne Loubet; (tr) © Blend Images/Alamy; (tml) Ana Cabezas Martín; (tmr) Ventus Pictures; (bml, bmr, br) Martín Bernetti; (bl) © Kuzma/Big Stock Photo; **86** (tl) © David Cantor/AP Wide World Photos; (tr) © Rafael Perez/Reuters/Corbis; (b) © Martial Trezzini/epa./Corbis; **87** (t) © Dani Cardona/Reuters/Corbis; (b) © Ballesteros/epa/Corbis; **90** (l, r) Martín Bernetti; **92** © Andres Rodriguez/Alamy; **97** (l) © Tyler Olson/Fotolia.com; (r) Martín Bernetti; **98** Martín Bernetti; **106** (t, m, b) Martín Bernetti; **107** (t) © Yuri Arcurs/Dreamstime.com; (m) © Chuck Savage/Corbis; (b) Martín Bernetti; **108** © Monart Design/Fotolia.com; **109** © ImageShop/Corbis; **112** (tr, tl, ml, b) Martín Bernetti; (mr) Lauren Krolic; **113** (tl) Martín Bernetti; (tr) Oswaldo Guayasamín. *Madre y niño en azul*. 1986. Cortesía Fundación Guayasamín. Quito, Ecuador.; (ml, b) Martín Bernetti; (mr) Gerardo Mora.

Lesson Four: 115 (full pg) © Digital Vision/Getty Images; **117** © George Shelley/CORBIS; **119** © Nora y Susana/fotocolombia.com; **124** (l) © Javier Soriano/AFP/Getty Images; (r) © AP Photo/Fernando Bustamante; **125** (t) © sportgraphic/Shutterstock.com; (b) © Aurora Photos/Alamy; **135** The Kobal Collection at Art Resource; **139** Anne Loubet; **141** © Images.com/Corbis; **142** Martín Bernetti; **143** © Fernando Llano/AP Wide World Photos; **144** Martín Bernetti; **145** © Alexander Rochau/Fotolia.com; **148** (tl) © Randy Miramontez/Shutterstock.com; (tr) Frida Kahlo. *Autorretrato con mono*. 1938. Oil on masonite, overall 16 x 12" (40.64 x 30.48 cms.). Albright-Knox Art Gallery, Buffalo, New York. Bequest of A Conger Goodyear, 1966. © 2012 Banco de México Diego Rivera Frida Kahlo Museums Trust, Mexico, D.F./Artists Rights Society (ARS), New York. Photo credit: © Albright-Knox Art Gallery/Corbis; (ml) Ruben Varela; (mr) Carolina Zapata; (b) © Henry Romero/Reuters/Corbis; **149** (tl) © Radius Images/Alamy; (tr) © Bettmann/Corbis; (b) © David R. Frazier Photolibrary, Inc./Alamy.